KB060213

朝鲜经济变迁与中韩因素

[韩] 宣玉京(선옥경) 著

序 言

宣玉京是中国人民大学国际关系学院的研究生与博士。学习期间深入认真地探究了专业问题，很早就确定了自己的研究方向，围绕朝鲜半岛问题进行了深刻的理论思考，发表了一系列论文，产生了相当的学术影响力。宣玉京的科研方法既有案例，也有历史，还收集到了韩国鲜见的档案材料，进而在选题，视角，方法和材料等方面推进了朝鲜半岛问题的研究。应该说，她的科研能力已达到或超过有关以中文为母语的研究人员的水平。需要强调的是，作为韩国人，她看待朝鲜半岛的视角自然与中国人不同，而作为在中国从事研究工作的教师，她又体会到中国对朝鲜半岛的关切和真正的利益所在，由此便有双重切身体会。这种双重体会使其更加明白中韩在朝鲜问题上可能具有的利益交集和分歧所在，更加理解需要中韩两国对朝鲜问题进行比较，对话与沟通。

朝核问题,朝鲜半岛和平与统一以及朝鲜同周边国家关系是关系到东北亚乃至整个亚太地区和平,稳定与发展的重大问题,因而深入研究朝鲜对外关系是一个紧迫且具有重大现实意义的课题;另外,朝鲜对外政策的形成以及朝鲜在地区与国际关系中种种令人匪夷所思的对外行为与朝鲜内部体制和变革密切联系,因而对于朝鲜内部体制变革的研究也始终是学术界关注的课题。然而,由于朝鲜政治经济体制的特殊性以及朝鲜刻意对外保持神秘感的意识形态需要,该方面的研究资料与成果在国内相对少有。作为韩国留学生,宣玉京博士能够将上述两方面议题结合起来并利用母语韩文阅读相关资料的优势条件,完成本专著的写作,本身就是件了不起的事。这无疑体现了国际学者中外合璧,知行合一的研究取向以及国际政治专业研究所应具有的敏感性与前瞻性。专著的主体部分首先对朝鲜经济改革的相关理论与实践,现状作出了具体论述与分析。在此基础上,该著作还进一步阐述与分析了朝鲜在经济改革框架内与中国和韩国关系的演变与发展。

不同于国内学者研究朝鲜问题时所聚焦的东北亚地缘政治和朝核问题视角,这本专著以朝鲜的经济问题为切入点,并试图回答两个问题:第一,中国的改革开放模式是否适应朝鲜以及如何以经济改革为推手推进中朝关系的变化。第二,韩国对朝鲜经济政策的历史沿革以及韩朝双方经济合作对朝鲜半岛和平的影响。通过这两者的分析比较,进而推进对朝鲜经济问题的理解及其对朝鲜改革开放可能性的预测。这样的研究显然并不容易,只有在掌握大量的朝鲜国内经济状况材料和中韩两国对朝鲜经济开放与援助项目进展情况的前提下才有可能。宣玉京作为在中国工作的韩国人有其自身优势。必须指出的是,朝鲜经济体制的变化不可能纯粹是国内经济体制改革需求的问题,也面临着世界格局演变所提供的改革可能性问题。总的来说,宣玉京的这本专著弥补了国内多项空白,系统地梳理了朝鲜经济体制和实际状况以及中韩两国对朝经济政策的演变,更对一些经济项目作出了大胆推测,问题明确,分析严谨,思考深入,并在此基础上得出了一些有意义,有价值的结论。这将对中韩两国的外交决策部门和两国民众深化对朝鲜问题的认识有很大帮助与启发。

我还想特别指出的是，这本书的研究方法与理论框架是值得我们中国学者在国际关系研究领域好好借鉴的。我们在从事研究工作时不仅要对具体政策进行研究，还要对国家关系的发展脉络与前景提出自己的见解和依据。这也是为什么我国要大力提倡青年学者出版有分量，有理论的学术专著的原因。这本专著对朝鲜的现状分析采取的是多视角方法：首先，从经济方面讲述了朝鲜的经济发展历程，并且与其他国家进行对比（其中，宣玉京以大量的数据分析，严密的时间脉络为内容所做的增砖添瓦工作尤其值得我们学习）；其次，从政治层面讲述了中朝关系，朝韩关系的发展历程，并对东北亚局势的发展进行了大胆而又合理的思考和判断。而这两大部分的分析又是相互联系的，在叙述政治政策的同时也会对经济上的变化加以描述，使读者的阅读过程更加顺畅，也体现了内容的衔接性与关联性。宣玉京独特的民族视角，国际视野以及在中国学习研究多年的切身感受，对这一领域的研究无疑具有特别的价值与意义。它可以提供兼具本土化与国际化价值的丰富信息和资料，从而展示出更多，并与时代发展紧密结合的具有一定学术价值与现实意义的新成果，为学术界的有关研究贡献自己的一份力量，从而在某种意义上起到促进交流，启迪思考，兼收并蓄的"学术桥梁"作用。

总的来说，这本专著的整体分析框架合理，逻辑结构清晰；在内容设计方面，主体部分均以时间为线索，涵盖了朝鲜经济改革，中朝关系，朝韩关系的主要历史发展脉络，对纷繁复杂的两对双边关系以朝鲜经济改革需要为经，以历史发展先后顺序为纬的论说体现了作者良好的学术思维训练；在材料使用方面，作者交互选用了大量中文，韩文与英文材料以进一步充实文章的内容并体现了学术研究的客观性，特别是对于朝鲜出版文献的采用及直接引用极大地增强了专著的说服力。同时，专著在引文规范等技术层面的完善性亦值得肯定。可以说，其引述合理，概括得当。宣玉京博士无疑具备了较为坚实的国际政治学科理论基础和良好的应用分析能力以及相当的中文驾驭能力。总之，宣玉京博士的这部专著是一部达到了正式出版水准兼具理论分析，方法论框架和实证研究的，合乎规范的学术作品。其具有一定的学术价值与学科意义。

这本专著的即将出版使我由衷地感到高兴。宣玉京在这本书上投入了大量的时间和精力。她翻阅了各种书籍，查找了各种数据。其严谨认真的态度让我非常佩服。我也希望广大读者朋友可以与我一起品读和分享这本书的深刻内涵，为学术交流注入新鲜血液。

中国清华大学社会科学学院政治学系主任

张小劲教授

2024年 1月 1日

目　录

导　论　/ 1

第一章　朝鲜的经济体制与现状　/ 7

一. 朝鲜经济体制概况	9
1. 朝鲜计划经济体制的确立	9
2. 朝鲜经济政策的基本路线	12
3. 朝鲜经济体制的属性	14
4. 朝鲜经济体制的二元化结构	15
二. 朝鲜经济管理体制的构成	17
1. 朝鲜经济管理原则和组织	17
2. 朝鲜经济管理体制的构成	17
三. 朝鲜国内经济发展状况	20
1. 朝鲜经济的发展	20
2. 朝鲜经济现状	21
四. 朝鲜对外经济发展现状	29
1. 朝鲜对外经济贸易概况	29
五. 朝鲜面临的经济困境	37

1. 经济体制局限性 37

2. 朝鲜经济存在的问题 39

六. 结束语 43

第二章　朝鲜经济发展历程　/45

一. 金日成"主体思想"与经济发展 46

1. 金日成"主体思想" 46

2. 朝鲜半岛民主改革时期的经济 48

3. 朝鲜战争后恢复发展时期的国民经济 50

4. 1980年后经济发展状况 52

二. 金正日"强国建设"思想与经济发展 55

1. 金正日"强国建设"思想 55

2. 金正日时代经济政策的变化 60

3. 金正日的经济改革——"7.1经济管理改善措施" 68

三. 金正恩"知识经济强国"思想与经济发展 75

1. 金正恩"知识经济强国"思想 75

2. 经济建设与"核武力"建设并行 77

3. 金正恩经济改革展望 79

四. 结束语 81

第三章　中朝关系的发展变化　/83

一. 中朝友好合作互助关系 85

1. 毛泽东时期中国与朝鲜的关系 85

2.《中朝友好合作互助条约》的签订 87

3. "文化大革命"前后的中朝关系 90

二. 中朝互惠关系 93

  1. 中国对朝鲜政策的调整 93
  2. 中国与日本，韩国关系的转型 97
  3. 中朝经贸关系的发展 100

三. 中朝友好合作关系的发展 108

  1. 中国与朝鲜的务实合作 108
  2. 东北亚地区的安全合作问题 110
  3. 中朝友好关系的转型 118
  4. 中朝经济关系的发展 125

四. 中共十八大以来中朝伙伴关系的巩固 135

  1. 习近平新时代中朝关系走向 135
  2. 中共十八大以来中朝经济合作关系 138
  3. 中共十八大以来中国在朝核问题上的立场 141

五. 结束语 148

第四章 韩朝关系的发展变化 / 149

一. 韩国历届政府对朝政策的演变 151

  1. 朝鲜半岛南北敌对政权的统一索求 151
  2. 李承晚政府(1948-1960年)的"北进统一论" 152
  3. 张勉政府的"中立化统一方案"(1960-1961年) 153
  4. 朴正熙政府(1963-1979年)的"先建设后统一方案" 154
  5. 全斗焕政府(1980-1988年)的"民族和睦，民主统一方案" 157
  6. 卢泰愚政府(1988-1993年)的《大韩民国民族共同体统一方案》 158
  7. 金泳三政府(1993-1998年)的"三阶段三基调统一政策" 160
  8. 金大中政府时期(1998-2003年)的对朝"阳光政策" 163
  9. 卢武铉政府(2003-2008年)的"和平繁荣政策" 165
  10. 李明博政府(2008-2013年)的"非核，开放，3000"政策 167
  11. 朴槿惠政府(2013-2016年)的"半岛信赖进程"政策 170
  12. 文在寅政府(2017年至今)的"和平与繁荣"政策 172

二. 韩朝经济合作进程　　　　　　　　　　　176
　　1. 南北经济合作的现实基础　　　　　　176
　　2. 南北经济合作特点　　　　　　　　　182
　　3. 南北经济合作主要产业　　　　　　　204
三. 南北经济合作中存在的问题及展望　　　215
　　1. 南北经济合作中存在的问题　　　　　215
　　2. 南北经济合作问题的解决方案　　　　219
四, 结束语　　　　　　　　　　　　　　　220

第五章　朝鲜经济发展前景可期　 / 223

一. 中国经济改革成就对朝鲜的启示　　　　224
　　1. 中国经济改革的巨大成就　　　　　　224
　　2. 朝鲜仿效中国进行经济改革的可能性　226
　　3. 朝鲜仿效中国进行经济改革的路径思考　227
二. 朝核问题的和平解决有助于朝鲜经济持续稳定发展　230
　　1. 朝鲜半岛的和平发展曙光　　　　　　230
　　2. 朝核问题的解决途径　　　　　　　　231
三. 结束语　　　　　　　　　　　　　　　232

附录　参考文献　 / 235
　　一. 中文文献　　　　　　　　　　　　236
　　二. 韩国文献　　　　　　　　　　　　238
　　三. 朝鲜文献　　　　　　　　　　　　240
　　四. 英文文献　　　　　　　　　　　　241

FIGURE

图表排序

一、图序

图1.1 韩朝粮食作物栽培面积比较 ·············· 22

图1.2 韩朝经济增长率比较 ·············· 24

图1.3 朝鲜产业年均增长率比较 ·············· 25

图1.4 朝鲜产业结构 ·············· 26

图1.5 朝鲜不同经济活动实际生产总值 ·············· 27

图1.6 朝鲜不同经济活动国内生产总值 ·············· 28

图1.7 朝鲜不同年度对外贸易概况 ·············· 32

图3.1 中国对朝鲜出口物品种类 ·············· 103

图3.2 中国延边对朝边境贸易主要进口商品 ·············· 105

图3.3 韩国和中国的贸易统计图示(1992-1998年) ·············· 117

图3.4 中朝贸易不同类型所占比重(朝鲜出口) ·············· 129

图3.5 中朝贸易不同类型所占比重(朝鲜进口) ·············· 129

图3.6 朝鲜贸易趋势 ·············· 130

图4.1 韩朝交易规模 ·············· 184

图4.2 韩朝委托加工贸易状况 ·············· 189

图4.3 韩朝委托加工贸易企业及种类数量 ·············· 190

图4.4 韩朝南北交流历年人员往来状况 ·············· 193

图4.5 韩国各地对朝鲜物资援助情况 ·············· 202

图4.6 开城工业园年度生产状况 ·············· 207

图4.7 开城工业园入驻企业实际生产状况 ·············· 208

图4.8 金刚山观光游客数量 ·············· 213

二、表序

表1.1 韩朝粮食作物栽培面积比较 ·············· 22

表1.2 韩朝国民收入比较 ·············· 23

表1.3 韩朝经济增长率比较 ·············· 24

表1.4 朝鲜产业年均增长率 ·············· 25

表1.5 朝鲜产业结构 ·············· 26

表1.6 朝鲜不同经济活动实际生产总值 ·············· 27

表1.7 朝鲜不同经济活动国内生产总值 ·············· 28

表1.8 朝鲜不同年度对外贸易概况 ·············· 31

表1.9 朝鲜与不同地区贸易状况 ·············· 34

表1.10 2017年朝鲜的十大贸易伙伴 ·············· 35

表2.1 朝鲜土地改革执行状况 ·············· 49

表2.2 朝鲜国有工厂，企业数量 ·············· 50

表2.3 朝鲜第一个六年计划(1971-1976年)实际执行情况 ·············· 51

表2.4 朝鲜第二个七年计划(1978-1984年)实际执行情况 ·············· 52

表2.5 朝鲜第三个七年计划(1987-1993年)主要指标 ·············· 63

表2.6 朝鲜"7·1经济管理改善措施"主要内容 ·············· 71

表3.1 朝鲜战争时中国军队派出情况 ·············· 87

表3.2 《苏朝友好合作互助条约》和《中朝友好合作互助条约》比较 ····· 90

表3.3 中国对朝鲜援助变化 ·············· 102

表3.4 中国对朝鲜出口物品种类 ·············· 102

表3.5 20世纪90年代中国和朝鲜边境贸易 ·············· 104

表3.6 中国延边对朝边境贸易主要进口商品 ·············· 104

表3.7 朝鲜企业进入中国延边情况 ·············· 107

表3.8 中国内陆和香港企业在朝鲜罗津—先锋地区投资现状 ····· 108

表3.9 中韩高层互访记录(1992-2000年) ·············· 115

表3.10 韩国和中国的贸易统计表 ·············· 116

表3.11 中朝两国领导人重要互访一览表(2000-2011年) ·············· 122

表3.12 中国对朝鲜的正式无偿援助(2000-2005年) ·············· 126

表3.13 中朝贸易不同类型所占比重 ·············· 129

表3.14 朝鲜贸易趋势 ·············· 130

表3.15 中国对朝鲜主要投资实况 ·· 133

表3.16 朝鲜的核设施现状 ··· 142

表3.17 朝鲜导弹概况 ·· 143

表3.18 2006-2017年联合国安理会通过的历次对朝鲜制裁决议 ······· 144

表4.1 韩国《南北交流合作法》主要内容 ····························· 180

表4.2 韩国《南北交流合作基金法》主要内容 ····················· 181

表4.3 韩朝交易规模 ·· 184

表4.4 韩朝一般贸易额(1998-2017年) ····························· 187

表4.5 韩朝委托加工贸易企业及种类数量 ···························· 189

表4.6 韩朝南北交流历年人员往来状况 ································ 193

表4.7 金大中政府鼓励民间对朝鲜援助措施 ······················· 195

表4.8 1995-2016年韩国对朝鲜援助额 ································ 197

表4.9 2010-2011年韩国对朝鲜粮食援助规模 ····················· 198

表4.10 2000-2011年韩国对朝鲜化肥援助规模 ···················· 199

表4.11 2000-2011年韩国政府对朝鲜洪灾恢复物资援助规模 ····· 200

表4.12 韩国民间团体对朝鲜物资援助 ································ 202

表4.13 开城工业园官方会谈(2002-2007年)主要协议内容 ······· 206

表4.14 开城工业园生产状况 ·· 207

表4.15 开城工业园入驻企业实际生产状况 ························· 208

表4.16 开城工业园入驻企业实际出口状况 ························· 209

表4.17 南北观光事业主要推进历程 ································· 211

表4.18 金刚山观光游客数量 ·· 213

表4.19 金刚山观光合作事业企业投资状况 ························· 213

导 论

苏联和东欧社会主义国家的诞生和剧变是20世纪世界史中最重大,最有影响的事件之一。与之相应,对计划经济和市场经济的激烈争论也一直持续到20世纪末。在这一时期,除朝鲜和古巴以外的其他社会主义国家为了克服高度集中的计划经济体制弊端,先后进行了社会主义市场经济体制的转型。在这一背景下,社会主义经济的研究者,特别是关注朝鲜改革的专家学者,对朝鲜是否会和中国或以苏联为首的东欧社会主义国家一样积极推行改革展开了激烈的讨论。对此,这些专家学者们之间存在着很大的意见分歧与争议。

自从20世纪50年代中期开始,朝鲜就试图寻找出一条较为独立的经济发展道路,建立一种不依赖其他社会主义国家援助的经济发展模式,以减少来自中国和苏联等社会主义大国的影响。其具体表现就是在朝鲜内部树立一种追求自给自足经济的主体思想。然而,朝鲜由于经济规模小且实行对外贸易最小化的封闭经济模式，想要实现经济上完全的自给自足，从理论和实际上来看都是不可能的。朝鲜建国初期，通过实行计划经济，形成了以集中发展重工业为中心的产业结构，经济取得了一定的增长并获得了初步发展，从而奠定了工业化的基础。但是，随着朝鲜社会的发展，其经济结构多样化的趋向明显增强，而作为发展初期成长原动力的高度集中的计划经济已经不能发挥优势并逐步成为阻碍其经济发展现代化的绊脚石。因此，在20世纪60年代后半期朝鲜经济已经开始呈现疲软迹象。这种情况一直持续到90年代初期前后，当时东欧社会主义国家的剧变和苏联解体对朝鲜政治及经济社会发展造成了更大的冲击。

朝鲜和中国山水相连，唇齿相依。两国于1949年10月6日正式建立外交关系。因此，朝鲜是最早承认中华人民共和国的国家之一。中朝两国之间是"用鲜血凝结的友谊"。早在中国抗日战争中，朝鲜就有许多民族共产主义者加入中国军队，中国也在1950年朝鲜战争爆发时迅速组成志愿军对朝鲜实行军事援助，开展了抗美援朝战争。1961年中国和朝鲜还签订了《中朝友好合作互助条约》。从1978年中共十一届三中全会宣布改革开放路线并开始贯彻务实的对外开放政策后，特别是20世纪80年代中国在改革开放政策影响下经济飞速发展之际，以邓小平为代表的中国第二代领导人开始以经济现代化建设为中心来推进外交关系的发展。在这种环境下，中国和韩国的关系在互惠基础上得到了迅速发展，并于1992年8月正式建交。这些对中国和朝鲜的军事，政治，经济关系产生了重大影响，同时也给中朝关系带来了一些新的变化。

到了20世纪90年代，朝鲜经济中的一些困难和问题更加明显地暴露了出来。1994年7月，金日成去世。1995年以后，朝鲜由于水灾等一些自然灾害，遭受了严重的粮食危机，经济形势更加严峻。这时，"脱北者"[1]也不断增加，朝鲜陷入了粮食危机，能源危机和外币危机的三重困境之中。

---

1)"脱北者"指因各种原因离开朝鲜到别国定居或生活的朝鲜人。基于民间有关对中国，俄罗斯，东南亚，蒙古国等地逗留或经过的"脱北者"的调查，人们认为"脱北者"规模大约为10万人。参见Kim Yun：《在统一进程中南北社会融合过程的障碍因素》，延世大学行政大学院硕士学位论文，2005，第29页。

20世纪90年代，朝鲜经济一直呈负增长趋势，经济复苏面临诸多难题。继1997年10月金正日担任劳动党总书记后，朝鲜于1998年9月通过修订宪法宣告金正日时代的诞生。此后，朝鲜一方面努力向国际社会求助，从联合国等国际组织获得了粮食，肥料，医药品等物资支援，从而避免了更加严重的粮食危机；另一方面通过对中央统辖下计划经济体制进行重大改革和推动经济体制转型，在一定程度上达到了实现经济复苏的目标。1999年10月，朝鲜首次实现了经济增长，从而结束了"苦难的行军"，成功渡过了20世纪90年代的难关与困境。期间，朝鲜因1998年的宪法修订以及最高人民会议的如期召开等，政治体制也发生了巨大变化。在对外关系方面，无论是对苏联社会主义阵营，西方，还是对第三世界，朝鲜均积极努力改善彼此关系，展开了"全方位外交"。

金正日于2000年5月和2001年1月两次访问中国；于2001年7月和2002年8月访问俄罗斯等国家，积极开展各种外交活动。2000年6月，富有历史意义的韩朝南北首脑会谈的成功举行，不仅积极营造了朝鲜半岛的和平气氛，而且为中国国家主席江泽民，俄罗斯总统普京和日本首相小泉纯一郎日后的访朝创造了有利条件。2002年7月，朝鲜采取了划时代的"经济管理改革"措施。可以说，金正日时代最大的变化就是通过南北首脑会谈实现了南北和解。2000年，韩国金大中执政时举行的南北首脑会谈和发表的"6·15共同宣言"给南北关系的发展带来了划时代的变化与契机（即南北开始互相认同彼此的体制，并通过和解合作来探索和平共存的手段与模式）。其代表性事业有金刚山旅游项目和开城工业园的开发。这些举措使南北之间在人力资源交流等非经济层面的合作也有了很大的进展。韩朝经济合作事业在南北关系的发展方面起到了积极的促进作用。第一，它使60年来一直处于对峙状态的南北紧张关系在一定程度上得到了缓解；第二，它帮助朝鲜度过了严重的经济危机；第三，它缓和了韩朝两国的紧张关系，既促进了朝鲜半岛的和平进程，也成为维持东北亚和平的主要动力；第四，南北之间日趋频繁的相互交流，不仅在非政治领域特别是在经济合作领域对朝鲜裨益良多，而且是促使朝鲜对其封闭经济体制进行改革的一种有效手段与途径。

此后，朝鲜由于持续进行核试验并发射导弹，一方面给朝鲜半岛和周边国家的安全带来了极大威胁，另一方面招致了国际社会的制裁。这不仅使朝鲜期待的外部经济援助及对外经济合作受到影响，而且使朝鲜国内的经济危机日益严重并导致政局更加不稳定。2003年1月，当朝鲜宣布退出《不扩散核武器条约》时，朝核问题再次凸显。为此，美国提出了"防止大规模杀伤武器扩散构想(PSI)"，奉行逼迫朝鲜放弃其核武器技术，弹道导弹发展的强硬政策并把朝鲜列入"不良国家""邪恶轴心"名单，导致朝美关系更加紧张。与此同时，日益凸显的朝核技术与弹道导弹等国际性问题也使朝鲜无法获得国际货币基金组织(IMF)和世界银行(The World Bank)以及亚洲开发银行(ADB)等国际金融组织的经济援助和贷款。这一时期，朝鲜因年复一年的水灾所引发的粮食危机和接二连三核试验招致的国际制裁无疑处于内外交困的孤立状态。

这种状况不仅给朝鲜国家安全带来了危机，而且给其经济建设带来了诸多困难。此外，由于改革开放以后中国的外交政策更加务实，中国和朝鲜的关系经过20世纪80年代的调整，到20世纪90年代呈现出一般性国际关系(相对于冷战前期等突出强调意识形态的"阵营"关系而言)的诸多特征。在此背景下，朝鲜只能通过一系列外交举措和经济手段来自我脱困。因此，在本书结论部分，笔者针对这些问题对朝鲜经济发展前景可能发生的变化作出了自己的思考与判断。

笔者认为，朝鲜今后在世界发展变化趋势以及国内经济困难双重因素作用下将不得不进行改革。然而，由于自身情况的特殊性，朝鲜虽然不会直接照搬照抄其他国家的改革经验，但在很大程度上会以渐进式方式探索符合本国国情的经济发展方向(包括借鉴中国的改革发展经验)。因而，其发生剧变的可能性不大。

值得强调的是，本书能在中国出版具有几个层面的重要意义。首先，对于东北亚地缘政治而言，朝鲜半岛的重要性是不言而喻的。虽然中国和朝鲜是唇齿相依的关系，但是中国对朝鲜半岛的研究仍然不及西方。至今除复旦大学韩国问题研究中心，中国现代国际关系研究院和延边大学外，中国专门针对朝鲜半岛问题的研究机构凤毛麟角，相关专著也很少。这无疑给笔者提供了一个更好的研究朝鲜半岛的视角与平台。在中国人民大学的留学经历以及在河南师范大学的执教生涯不仅使笔者的认识上升到了新的高度，而且使笔者对这一问题有了更多的思考与研究的机会，并在此基础上完成了这部专著的撰写。因此，这部专著在某种程度上填补了中国对朝鲜研究的一些空白。其次，本书从朝鲜半岛经济政策的演变以及中韩对朝政策的变化等视角出发，分析了中国改革开放模式是否适应朝鲜以及如何以经济改革为抓手推进中朝关系发展的问题。同时，也分析了韩国对朝鲜的经济政策历史沿革以及韩朝双方经济合作对朝鲜半岛和平的影响。以朝鲜经济问题为中心，通过中韩两国对朝经济政策的对比研究进而推进对朝鲜经济问题的理解以及朝鲜改革开放可能性的分析，并预测朝鲜如何运用中国的改革开放模式和如何以经济改革来推进中朝关系变化的问题，以及朝韩经济的未来及其对朝鲜半岛和平的影响。这也是本书研究的亮点之一。本书比较注重以多国视角来分析朝鲜和探讨朝鲜经济策略并将朝鲜的经济政策纳入朝鲜半岛和东北亚秩序的大环境中进行研究。其在系统梳理朝鲜经济体制和实际状况的基础上得出了一些有意义的结论与观点，希望对中韩两国的外交决策部门和两国民众深化对朝鲜问题的认识会有所帮助与启发。最后，本书在分析论证过程中采用了传统的史料收集，考据，辨析方法和历史比较法，同时引用了政治学，政治经济学，国际关系学理论分析方法。考虑到中国与朝鲜密切的政治关系，笔者更多的是运用公开的经济资料为佐证以及运用"史料为主"的研究方法，来分析研究中朝，韩朝经济关系，从而使本书更清晰地勾画出朝鲜经济政策的本质特征与对外经济政策的整体面貌以及中韩两国在其中的作用与影响。

　　本书以笔者独特的民族视角和国际视野为出发点，同时立足于在中国学习研究多年的切身感受，吸收与借鉴了中国相关专家学者在这一领域的研究成果，由此得出的研究结论无疑具有独特的价值与意义。它既提供了兼具本土化与国际化价值的丰富信息和资料，也展示出了许多与时代发展紧密结合的具有一定学术价值与现实意义的新成果。这多少为学术界有关研究贡献了笔者的一份力量。随着东北亚局势呈现出新的发展态势,朝鲜问题研究的重要性会日益凸显,相信这种独特视角和视野的研究将会受到广泛的重视与支持。若本书的研究能在某种意义上起到促进交流,启迪思考,兼收并蓄的"学术桥梁"作用,笔者定当感到无限欣慰与自豪。

第一章

朝鲜的经济体制与现状

第一章

朝鲜的经济体制与现状

第二次世界大战（简称：二战）之后，刚刚脱离殖民统治的朝鲜半岛不得不面对东西冷战对峙的残酷事实。因冷战对立的加剧及委任统治的失败，朝鲜半岛最终被分裂为两个国家，朝鲜的经济建设由此陷入了不仅受朝鲜半岛南北关系，而且受周边大国关系牵制和制约的漩涡。早在1948年9月9日朝鲜建国之前，朝鲜的经济建设就曾得到苏联的支援和指导。在冷战背景下，以苏联为首的社会主义阵营对朝鲜的援助是强有力的。在国际阵营的援助之下，朝鲜迅速从日本的殖民地发展成为一个社会主义工业国家，形成了高度集中的政治经济体制。冷战期间，朝鲜以苏联，东欧和中国的强有力支援为背景，实施了相对自主的经济政策并取得一定成就。但是，东欧剧变和苏联解体让朝鲜失去了经济发展的重要依托。为了生存下去，冷战后朝鲜开始实行以主体思想为中心的自立民族经济路线。然而，在小规模经济占主体的朝鲜建立自给自足的经济，无论从理论上还是从实践上看，都有难以克服的诸多困难。冷战结束前，朝鲜一直固守斯大林模式下的计划经济和以重工业为中心的产业结构以及对外贸易最小化的封闭式经济政策。这种经济形态随着20世纪80年代后期以苏联为首的东欧社会主义国家的剧变和解体已难以为继。朝鲜也由此顿失绝大部分海外市场，对外贸易急剧减少，导致了严重的外币危机。因此，本章主要介绍朝鲜经济体制的属性，结构特征，同时通过对朝鲜经济发展历程及经济现状的阐述，剖析朝鲜经济陷入困境的主要原因。

一. 朝鲜经济体制概况

1. 朝鲜计划经济体制的确立

　　朝鲜在建国初期拥有比较完善的基础设施。此前，日本为了推进朝鲜半岛北部的工业化，曾在1910-1945年对朝鲜投入了大量的国家预算，并在朝鲜半岛北部开展了包括修筑铁路，港口，道路，上下水道，电力设施等在内的基础设施建设。朝鲜半岛北部多山少地，缺少适宜于耕作的土地，因此，日本将朝鲜半岛南部建设为农业基地，而把靠近中国东北的朝鲜半岛北部建设成日本入侵中国的工矿基地。以鸭绿江水丰水库建设为代表，日本积极发展朝鲜半岛北部的水电建设，同时实施了开发煤，石灰石，铁，铜，铅，镍，镁等地下资源的政策。随着"三菱制铁"的"兼二浦制铁所"和"日本制铁"的"清津制铁所"的建成，朝鲜半岛北部的炼钢能力大幅提高。"日本氮素"则在兴南投资建设了化工联合企业，让朝鲜半岛北部的化工行业迅速得到发展。建设港口，道路的需要又促使日本小野田，宇部，浅野等大型水泥企业相继进入，让朝鲜半岛北部的水泥工业也有了较大的发展。为了军需，日本陆军还在平壤开办了工厂，生产子弹和炸弹。后来，随着制造军服工厂的开设，朝鲜半岛北部纤维制造业也得到了发展。可以说，这些基础设施的建设，矿产资源的开发和军工企业的开办为朝鲜半岛北部工业化打下了较为坚实的基础。

随着二战和朝鲜战争的结束，朝鲜开始了经济结构转型并先后实施了土地改革，农业集体化和产业国有化政策。到1958年，继农业经济实现完全合作化之后，朝鲜手工业和个体工商业也实现了合作化，正式完成了生产关系社会主义化。[2]

(1) 土地改革

1945年8月，朝鲜从日本铁蹄下获得新生后便开始了土地改革。其宗旨是将土地无偿分配给农民所有。其宣布无偿没收日本国家，法人及私人和朝鲜民族叛徒的一切工厂，矿山，发电站，铁路运输，邮电，银行，商业机构的财产并实行国有化。1946年2月，朝鲜成立了"北朝鲜临时人民委员会"，开始进行土地改革。3月5日，北朝鲜临时人民委员会颁布了《土地改革法令》，其主要内容是：A. 废除一切封建土地所有制度，没收日本人，民族叛徒，占有5公顷或5公顷以上土地的地主和宗教团体的全部土地，并把没收的土地分给雇农和没有土地的农民。B. 废除和土地相关的一切债务。C. 没收地主所有的畜力和农器具，并对其进行分配。D. 禁止农民对土地进行买卖，抵押和收租。E. 每个农民最多拥有5公顷土地。

主导制定这些措施的就是时任临时人民委员会主席金日成。执政党内不少人士最初主张只没收日本人的土地而对朝鲜人地主的土地实施"七三制"。[3] 1946年3月23日，朝鲜颁布了《二十条政纲》，其中第11条规定：没收日本人，日本国家，卖国贼和继续出租的地主的土地，将之无偿分配给农民所有并由国家管理一切灌溉设施。[4]

朝鲜《土地改革法令》确立了"无偿没收无偿分配"的原则。其以社会主义体制为基本前提，反对日本帝国主义统治时期的半封建地主和农

---

2) Lee Hocheol：《朝鲜社会主义经济体制的变化和展望：改革开放的政治经济》，《统一问题研究》1996年上半期，第25页。

3) "七三制"是指地主和佃农按照七三比例分配收获的粮食。但是，金日成主持人民委员会工作之后就作出了土地国有化，全面废除佃农制度的大胆决策。

4) 《金日成著作选集》(第1卷)，(平壤)朝鲜外文出版社，1976，第29页。

民的租佃关系并赋予农民部分土地所有权。土地改革后，朝鲜的农业经济结构开始出现部分农业生产向小规模个体小商品生产转变的新趋向。但是，这种小规模的小商品生产经济形态并没有有效促进农村农业生产力的提高，无法促使经济的稳步发展。为此，朝鲜接着实行了人民经济的社会主义改造，农业集体化就成为了下一个阶段的改革课题。土地国有化的目的是使全国土地更加明确地遵守中央指令经济计划，以便农业部门保障供给国家工业化所需的必要物资，并通过鼓励农民从事工业生产工作以及促进实现农村经营的大单元化来形成规模经济。

(2) 设立劳动合作组织

1953年年底，朝鲜开始在一个郡内设立两到三个劳动合作组织。经过一段时期的预备，1954年着手正式开展农业集体化运动；1958年8月，强制所有农民都加入合作组织，实现农业集体化。朝鲜农业集体化虽然采用了苏联集体农场模式，但由于它在很大程度上受到了同一时期中国"人民公社"运动的影响，因此，农业合作的组织和功能与中国的"人民公社"极为相近。

(3) 产业国有化

朝鲜为进行反帝反封建事业及构建社会主义体制基础，在进行土地改革的同时，采取了主要产业国有化措施。1946年8月10日，北朝鲜临时人民委员会颁布了《产业，交通运输，邮递，银行的国有化法令》，规定没收民族叛徒和日本人的工厂，矿山，发电所，运输，邮递，银行，商业和文化机关财产，并对其进行国有化改革，使占全体产业90%以上的1034个产业设施实现了国有化。

在朝鲜社会主义体制中，所有经济部门都囊括在计划经济领域，不允许私有经济部门存在。1949年朝鲜大部分产业已经带有社会主义经济形态的特征，私有经济部门的比重还不到工业生产额的9.3%。私营手工业部门合作化运动在朝鲜战争结束以后正式实施并于1957年完成。1956年年末到1958年，朝鲜还进行了轰轰烈烈的合作化运动，实现了对资本主义工商业的改造。

2. 朝鲜经济政策的基本路线

在经济发展过程中，和其他社会主义国家一样，朝鲜也把斯大林式的计划经济体制作为基本经济体制5)，但在执行中有所侧重并坚持自己的"主体思想"。作为政治经济理念，主体思想贯穿于当时朝鲜社会所有领域，目的在于提高人民的民族自豪感和自主意识，树立自力更生的革命意识，并严格和正确贯彻"在政治上自主，在经济上自立，在国防上自卫的原则"。6) 以此原则为基础，朝鲜经济政策的基本路线就是独立建设民族经济，优先发展重工业，国防建设和经济建设并行，采用内部指向型开发政策，建立社会主义所有制。从中可以看出，它带有明显的计划经济体制特征。

(1) 建设自主型经济

苏联东欧等社会主义阵营国家从20世纪60年代开始减少了对朝鲜的经济援助，使朝鲜不得不走上自主发展道路。朝鲜由于60年代在中苏分歧问题上摇摆不定，引起了苏联党和政府的不满。到60年代后期，苏联对朝鲜的经济援助明显减少。据统计，1954-1956年，苏联对朝年平均援 助金额为4.16亿美元。从1957年开始明显减少，1957-1960年平均每年为8180万美元，1961-1970年减少到年平均4245万美元。7) 出于上述原因，朝鲜在经济发展上采用了以国内资源为主，外部资源为辅的带有高度保护性的内向型发展方式，即通过"进口替代"，8) 尽量降低对外依附度并逐步建

---

5) 韩国比较经济学会编《比较经济体制论》，博英出版社，1997，第690页。
6)《伟大领袖金日成同志的主体思想》，(平壤)社会科学出版社，1997，第7页。
7) 韩国统计厅编《北林经济统计》，1986，第81页。
 8) 进口替代是指独立发展本国工业国家，用本国生产的制成品代替从国外进口制成品来满足国内市

立本国产业体系。朝鲜劳动党提出的重工业发展方针是"建立用新技术装备起来的，主要是依靠国内自然资源和原料发展的，并且基本上能在国内生产，以供应我国国民经济所需要的材料，原料，燃料，动力和机器设备的重工业基地"。[9] 但是，朝鲜这种追求自主型经济发展模式的局限在于无法发挥其比较优势并获得国际利益。随着其后来在引进外国资本和技术方面的收效甚微，朝鲜的这种经济发展模式在一定程度上导致了它日后技术的落后和经济的衰败。[10]

(2) 优先发展重工业

朝鲜的基本经济路线是"优先发展重工业，同时发展农业和轻工业以达到社会主义的工业化"。[11] 1953年8月，朝鲜劳动党中央委员会第六次全体会议在确立战后经济建设的基本路线时，提出了优先发展重工业的战略，指出"我们要按照保证优先恢复和发展重工业，同时发展农业和轻工业来进行战后的经济建设。只有这样，才能巩固我国的经济基础，快速改善人民的生活"。[12] 金日成强调"重工业是国民经济发展的基础，如果不优先发展重工业，农业和轻工业也不能得到有效发展，人民经济的所有部门都将无法实现社会主义现代化"。[13] 但是，实行重工业为主的经济发展政策容易导致农业和轻工业部门因投资的相对缺乏而落后。就朝鲜而言，由于其优先发展重工业政策以促进军需产业的发展为中心，因此，即使重工业得到很大的发展，它所创造出的设备和物资也无法应用于农业和轻工业的建设，再加上以工业为主的增长是依靠增加投资生产要素而不是依靠发展技术来实现的，朝鲜重工业在日积月累的发展中也逐渐陷入进退两难的境地。[14]

场的需求，主要由国内市场来带动经济发展。
9) (朝)金日成，《金日成选集》(1945-1967)，人民出版社，1982，第430页。
10) 韩国统一部编《朝鲜概要》，1995，第140页。
11) 韩国(首尔)事业法人社会主义阵营问题研究所编《朝鲜大辞典》，1979，第119-120页。
12) 《金日成著作集》(第1卷)，(平壤)朝鲜外文出版社，1985，第401页。
13) 《金日成著作集》(第19卷)，(平壤)朝鲜劳动党出版社，1997，第294页。
14) Im Gangtaek：《金日成体制和朝鲜的经济政策——务实追求闭关锁国型的循环》，《朝鲜研究》，1999年第3卷第1号，第11页。

(3) 实施内部指向型发展战略

朝鲜在独立自主建设民族经济的过程中，也常常引进外国先进技术并使之国产化(即采取追求内向型增长的方式)，以期达到尽快实现自力更生的目标。朝鲜的出口一般是为了积累以后进口必要原材料所需的外币。为保证充分利用国内原材料，朝鲜规定禁止进口原材料，优先使用国内产品甚至不顾后果地优先投资节约外币的产业。结果从1970年年初起，朝鲜增加了向西方国家的借款额，并引进了更多的先进技术和设备。然而，由于在此过程中世界原油危机和主要出口产品中的非铁金属制品价格下跌等原因，朝鲜外债问题开始浮出水面，这使其在20世纪70年代末不得不致力于增加出口。不过，在世界分工体制日益明确的情况下，通过培养有竞争力的出口产业来谋求经济发展的"出口导向型发展战略"是十分困难的，最佳路径只能是依靠贸易的多元化和多样化方式来达到增加出口量的目的。15)

3．朝鲜经济体制的属性

朝鲜的经济体制是以社会主义理念为基础确立的，其最初的基本生产手段是生产资料归国家所有，不允许私有制的存在，但这只是"8·15解 放"后的过渡现象。在社会主义体制得到强化和形成生产关系的条件变化后，朝鲜1972年所修订的宪法第18条中把生产资料所有权修订为归国家和集体所有。此外，第22条规定：国家保护个人的私有财产神圣不可侵犯。

"国家所有"指生产资料归全体人民所有，也就是所有自然资源，铁道，航空，运输，邮递以及主要工厂，企业，港湾，银行等属于国家。由于所有的生产资料都归国家所有，因此公有制成为国家经济发展的主导力量并受国家保护而优先发展。而"集体所有"则是指土地，农业机械，船舶，中小

---

15) Im Gangtaek：《金日成体制和朝鲜的经济政策――务实追求闭关锁国型的循环》，《朝鲜研究》
1999年第3卷第1期，第18页。

工厂以及企业单位等都归相关团体所有劳动者集体所有且受国家保护。

由于国家对全民所有和集体所有有严格的区分并采取不同的运营方式，所以这两种分配方式就存在着体制决策过程和产品分配过程的不同。全民所有的所有权属于国家单位，集体所有的所有权则是局限于当地协作运营的集体。此外，计划经济体制下的经济计划是把生产手段和劳动力合理分配到经济各部门并组织生产和分配过程。这不仅与全体经济活动相关，而且也与企业的经营活动有机联系起来，是促进计划经济均衡发展的手段。

于是，计划经济体制下的经济计划本身就成了国家经济运营的基本课题。为了确立和发展社会主义制度，朝鲜颁布并实施了许多方针政策，而且在全国计划机关和计划部署中构筑起统一的计划体系（比如，按照国家计划委员会的指示实施短期计划的一元化方法）。这使以贯彻计划经济为主的所有经济决策及其所需的各种信息都掌握在中央手中，产生了下级组织绝对服从中央命令的中央集权经济体制（即朝鲜经济计划的决定，执行及监督和以国家计划委员会为中心的道，市，郡，工厂，企业构成了一个一元化体系）。16) 国家计划委员会监督经济领域中劳动党政策的计划执行过程。各经济部门在国家计划委员会的统一指导下贯彻保障计划的唯一性，而计划的具体化是指在社会主义经济内部不允许存在不严密的计划，特别是在材料保障方面必须制定详细具体计划。17)

4. 朝鲜经济体制的二元化结构

朝鲜实行中央集权的计划经济体制（又称：指令型经济）是事先对生产，资源分配以及产品消费进行计划的经济体制。朝鲜的经济词典把计划经济定义为根据统一的国家计划，有计划，均衡地发展社会主义经济

---

16) 韩国统一部编《朝鲜概要》，1995，第136页。
17) 《金日成著作选集》(第4卷)，(平壤)朝鲜劳动党出版社，1968，第7页。

的经济模式(即道, 市, 郡内的机关, 企业, 建设部门和流通部门的生产以及合作农场, 技术工程和科研开发都成为了国家计划的一部分且必须依靠国家的指示和命令行事); 各生产单位依据命令进行生产活动和消费活动。经济主体的所有经济活动和国家的全体产业编制都依照党的政策方向制订出经济计划, 由国家计划委员会来监督其执行过程, 没有收到命令就不能行事。但是, 朝鲜的经济结构与其所声称的"同一方式指导和管理的经济"不一致, 我们把它看作是一种二元化的经济结构。在这种结构中, 军需产业部门由"第二经济委员会"制订生产和消费, 供给和需求等计划, 并独立开展经济活动, 而不是听令于内阁所属的国家计划委员会。国家计划委员会作为内阁的一个机关, 在劳动党中央委员会的指导与管理下制订和执行反映党中央政策的经济计划。因此, 朝鲜的经济结构可看作由承担民族产业计划任务的"第一经济委员会"和承担军需产业计划任务的"第二经济委员会"组成的二元化经济结构。

但是, 除了这种二元化计划经济部门, 最近朝鲜经济结构中还出现了一些非计划经济部门。这种部门源于1990年以前作为计划经济补充的集市贸易(俗称: "私人经济"或"黑市经济")。这是因为20世纪90年代朝鲜连续负增长的经济现状导致计划经济已经不能充分有效地发挥指导作用。在此背景下, 非计划经济手段开始在流通, 生产和金融等领域, 以各种光明正大的合法或非法形式大行其道, 结果导致非计划经济所占比例急剧增加。为此, 由于担心计划经济被取代, 朝鲜于1999年4月制订了"人 民经济计划法"。[18]

---

18) Kim Hyeoncheol :《朝鲜的配给制危机和市场改革展望》, 三星经济研究所, 1997, 第25-29页。

二. 朝鲜经济管理体制的构成

1. 朝鲜经济管理原则和组织

朝鲜社会主义经济管理组织的基本特征是朝鲜劳动党通过党政机构制订，监督和执行经济计划，参与国家经济管理活动。朝鲜劳动党中央委员会制订关于经济发展的经济计划，内阁和最高人民会议等执行劳动党中央委员会政治局和秘书局制订的经济计划命令。与内阁功能不同，秘书局的经济部是为朝鲜劳动党提供经济情报信息，监督相应国家经济管理机关工作执行情况的机构。劳动党中央委员会的经济管理秘书比通常所说的内阁首相或副总理权力更大，秘书局的普通官员也比一般内阁官员或企业领导者更受人尊重，道，市，郡中的党委会作为最高机关，管理政治，经济，文化等部门的事业并对此负责。这种由党指导的经济管理形式被称为"代案的事业体系"（即所有经济部门的最高决策都由党委决定的体系）。

在朝鲜经济体制中，内阁起着协调和组织国家所有企业机关活动的作用。朝鲜通过1998年9月修订的宪法废除了中央人民委员会和政务院，设内阁并改称政务院的部为省。省，委员会作为其下级单位又分为管理各自生产活动的总局或联合企业机关。它们作为功能单位又由几个局组成。各省和委员会对下属企业机关的计划制订，原材料提供，投资和建设，经济指标的制定和下达，价格裁定，监视和监督及财产处理等有决定权。有了这样的权力，省就可以通过监督相应部门的生产机关，解决企业机关在生产和经营中遇到的问题。

2. 朝鲜经济管理体制的构成

朝鲜的经济管理体制分为财政，农业和工业三个管理体系。

(1) 财政管理体系

朝鲜把财政定义为为全国和各类企业生产发展以及人民物质文化生活水平提高与综合国力提升而形成的货币资金在分配与利用过程中的财务管理关系。朝鲜的财政分为国家财政和企业财政两种。国家财政由国家预算和地方预算组成。国家预算作为国家的基本财政收支计划由国家统一制定，以保障国家各个机关履行对内职能和对外职能，并通过在国库中设定国家所有活动所需的货币量，充当社会生产发展，人民生活改善以及国防费用支出的手段。国家预算作为社会主义财政体系的主体，规定地方预算，企业等所有国家经济部门所需资金的运营方向。国家预算包括收入和支出，朝鲜的国家预算收入全部依靠国家内部的经济积累，大部分以国营企业的内部积累为主。预算收入包括国有资产收益，国有企业的利润，贸易收入，合作团体收入等。国家预算支出包括国民经济支出，社会文化设施支出，国家管理支出，国防支出等。企业财政有社会主义社会过渡期的特征，即国有企业具有独立性，国有企业相互间进行贸易的生产资料具有商品性质。国有企业可以根据等价补偿原则，以国家定好的价格购入生产资料并售出自己的产品，企业单位的支出以货币为单位计算，售出产品获得的货币收入作为收益用来补充支出和支付工资。

(2) 农业管理体系

朝鲜的农业问题主要是粮食问题。朝鲜农业在集体化体系下管理和运营。朝鲜的农业集体化运动从1953年开始到1968年结束，但是农业集体化组织一直延续至今。农业领域的管理体系为"青山里方法(精神)"。这个方法是1960年2月金日成在平南江西区青山里合作农场停留时，根据当地情况制定并推广实施的。青山里方法的主要精神是：A.上级机关帮助下级机关，上级领导帮助下级人士贯彻党的路线和政策；B.管理者要掌握当地的实情，找出问题解决方法；C.所有社会活动都把政治思想事业放在前面，以提高大众自觉的政治热情；D.明确区别一般指导和个别指导，在关键环节集中力量全面解决问题，使所有活动组织有计划化。这一时期，朝鲜农业指导管理体系也开始了新的转机(如把以前"农业合作组织"的"里"单位，改编为"郡"单位，并采用新的管理方式)，即郡人民委员会在制定和管理以里为生产单位计划的同时，在单位委员会的紧密合作下进 行农业的运营和管理活动。

(3) 工业领域的管理体系

朝鲜于1946年8月借重要产业国有化契机，建立了社会主义工业管理体系。此后根据工业生产的发展和朝鲜的政治经济变化，社会主义工业管理体系形态也发生了几次变化。

1985年，金日成把朝鲜的工业管理体系方案推广到了企事业界，并增强了中央的指导作用，强化了集团的指导体系，完善了组织体系，继而通过刺激劳动者的积极性进行生产经营活动，主要表现为：A. 强化经济管理体制中党的指导作用，在企业管理体制中增加党的政治指导。B. 作为集中统一的生产指导体系，它弥补了以往指导体系中指导生产的管理者和指导技术的分社长之间综合统一指导作用的不足，设立了"工厂参谋部"。管理者负责和工厂管理运营相关的行政与经济活动，分社长作为管理者的第一代理人(即工厂的参谋长)，统一管理和指导生产的全过程一元体系。C. 确立中央集中的原料供应体系和后方供给体系。为保障生产的正常进行，中央集中组织原材料供应并通过后方供给体系运送，以全面保障劳动者生活。此后，工业管理体系也随着社会经济的变化而进行相应调整，直至今日依旧如此。1985年，朝鲜引入联合企业组织形态，探索工业生产的合理管理运营模式。这不仅加强了生产和技术密切相关企业之间的联系，而且使毫无关系的企业之间也相互联合起来。这种体系有助于以不同方式促进企业联合，而且它的名称也有联合企业"机关""公司""联合公司""总公司""管理总局"等不同称谓。这些联合企业都在国家计划机关的指导下独立制定计划，能够独立进行生产活动和经营活动。但是，三级以上中央工厂和企业的指导和管理则由党中央和政务院相关经济部门直接承担，地方工厂和企业则由各市郡单位委员会和道经济指导委员会来管理。

三. 朝鲜国内经济发展状况

1. 朝鲜经济的发展

朝鲜国土面积为22.23万平方公里，人口为2320万人。在朝鲜疆域中，高原和山地占国土面积的80%，平原占20%，南北距离为1100公里，最窄处为200公里，最宽处为320公里，海岸线长约为2495公里，朝鲜西北有1416公里疆域与中国接壤，东北有19公里疆域与俄罗斯接壤。[19]

从1945年开始，朝鲜经济发展大体经历了以下几个阶段。

解放初期民主改革和国民经济恢复时期(1945-1950年)

在这时期，朝鲜完成了土地改革与重要产业国有化，恢复了国民经济。在朝鲜人民的共同努力下，1947年工业总产值比1946年增长54%。1948年工业总产值增长64%，其中生产资料生产增长76%，消费品生产增长50%。1947年粮食产量与1946年相比增加了18万吨，1948年再增产60万吨，粮食年平均增长率达到11.9%。

国民经济恢复和社会主义改造时期(1953-1956年)

朝鲜战争中，朝鲜城市和农村受到极大破坏，国民经济遭到重创。为了迅速从战争的阴影中摆脱出来，朝鲜制定了恢复和发展战后人民经济的3年计划，并在全体人民的艰苦努力下，提前完成了任务。1956年，工业总产值增长到1953年的2.8倍，生产资料生产增长了4倍，消费资料生产增长了2.1倍，生产资料生产全面迅速增加，机器制造工业，金属工业和建筑材料工业的发展更为迅速。由于消费资料生产的迅速扩大和轻工业的发展，工业部门结构得到极大改善。

---

19) 孟庆义，赵文静，刘会清：《朝鲜半岛：问题与出路》，人民出版社，2006，第56-57页。

国民经济高速增长时期(1957-1976年)

在此阶段，朝鲜通过"千里马运动"，工业生产总值增加了3倍，流通中的商品总价值是1956年的2.5倍。[20]

国民经济的次高速增长与低速增长时期(1977-1989年)

由于朝鲜50%的对外贸易为朝苏贸易，因此，1989年以后的苏东剧变造成了朝鲜绝大部分海外市场的丧失，对外贸易规模急剧萎缩，朝鲜经济又回到了不景气状态。

国民经济状况再次恶化与恢复时期(1990-2001年)

20世纪90年代以来，朝鲜经济在国内外诸多不利因素综合作用下在80年代明显停滞基础上进一步恶化，其中国民总收入(GNI)从1990年起 连续9年负增长，年均下滑幅度达24.3%。这使朝鲜经济陷入了严重的困境和难以摆脱的泥淖之中。但从1999年起，朝鲜经济开始出现恢复性增长。1999年朝鲜GNI增长率达到6.12%，其中重工业增长率为11.6%，轻工业增长率为2.4%，农林渔业增长率为9.2%；2000年朝鲜GNI增长率达到1.3%，2001年实现了正增长。[21] 在这种经济增长中，国际社会的人道支援和韩国包容政策带来的韩朝经济合作发挥了重要作用。据此，朝鲜经济逐渐恢复。

2. 朝鲜经济现状

20世纪90年代以后的朝鲜经济形势与80年代时完全不同，尤其是从1998年起，朝鲜通过调整国内经济政策，积极推动经济增长。

2000年韩国粮食作物栽培面积为131.8万公顷，较之朝鲜的157.2万公顷，韩国只有朝鲜的84%。当时，韩国粮食作物栽培面积比上年减少了0.7%，而朝鲜增加了1.4%。从表1.1 中可以看出韩国粮食作物栽培面积以每

20) 金哲，于治贤，高爱华，禹颖子：《朝鲜投资指南》，大连出版社，2005，第18页。
21) 陈龙山：《我观朝鲜经济》，《当代亚太》2002年第9期，第3页。

年1% 的速度减少，相反，朝鲜却从1997年开始以每年1%-2%速度增长。

在国民收入总值方面，从表1.2可以看出，朝韩自2000年以来，国民生产总值均呈上升势头。其中，2007年韩国为9713亿美元，朝鲜为267亿 美元。

表 1.1　韩朝粮食作物栽培面积比较　(单位：公顷)

年度	韩国(公顷)	朝鲜(公顷)	韩国+朝鲜(公顷)	韩国/朝鲜(%)
1995年	1346	1486	2832	0.91
1996年	1342	1466	2808	0.92
1997年	1315	1499	2814	0.88
1998年	1332	1523	2855	0.87
1999年	1327	1550	2877	0.86
2000年	1318	1572	2890	0.84

资料来源：韩国统一部根据2001年农林部所提供资料整理。

图 1.1　韩朝粮食作物栽培面积比较　(单位：公顷)

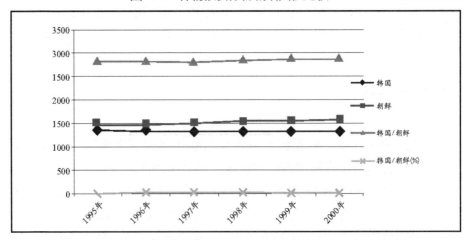

表 1.2　韩朝国民收入比较

年度	韩国		朝鲜	
	国民收入(亿美元)	人均(美元)	国民收入(亿美元)	人均(美元)
2000年	5223	11114	165	748
2001年	5656	11940	177	791
2002年	6275	13176	186	826
2003年	6682	13959	191	844
2004年	7218	15021	207	913
2005年	7524	15630	216	939
2006年	7921	16396	213	1314
2007年	8501	17545	216	931
2008年	9000	18520	238	1018
2009年	9311	19103	249	1035
2010年	10210	20887	262	1079
2011年	11708	23450	293	1204
2012年	12154	24210	297	1216
2013年	12573	24934	309	1259
2014年	13020	25659	325	1318
2015年	13698	26847	305	1231
2016年	14377	28052	313	1259
2017年7 月	15113	29380	324	1295

资料来源:《韩国银行》(2018), 参见www. Bok.or.kr。

　　韩国和朝鲜国民总收入差异从1997年的26.8%下降到1998年的24.8%。由此可以看出, 韩朝国民总收入的差距正在慢慢缩小, 但是到1999年又增加到了25.4%, 2000年再增加到了27.1%, 又呈扩大趋势。[22]

　　在经济增长率方面, 根据表1.3可知, 朝鲜2000年经济增长率(以年GDP为基准)为1.3%, 而同年韩国经济增长率为8.8%, 并呈现正增长态势。韩国经济在1990-1997年期间一直以5%-9%速度增长, 1998年由于经济危机下落到了－6.7%, 但1999年又增长到10.9%, 2000年经济生产率为8.8%。

---

22) http://www.bok.or.kr/portal/singl/pblictn/list/do?searchoptn10=TALK&menuNo=200633.

然而，从2000年开始，朝鲜经济虽持续增长，但到2006年又呈下降趋势。

1991-1998年，朝鲜各项产业增长率一直为负增长，1999年开始呈现正增长趋势。从表1.4中可以看出，朝鲜各项产业的增长率，特别是矿业，重化学工业，建筑业等方面产业的增长率到1999年才开始出现增长并呈上升趋势。特别是2000年以后的朝鲜经济仅以1%-3%的速度增长。但是，2006年朝鲜经济再次出现负增长，2007年呈更加严重下降趋势。

表 1.3　韩朝经济增长率比较　(单位：%)

年度	韩国	朝鲜	年度	韩国	朝鲜	年度	韩国	朝鲜
1997年	5.0	−6.3	2004年	4.6	2.2	2011年	3.7	0.8
1998年	−6.7	−1.1	2005年	4.2	3.8	2012年	2.3	1.3
1999年	10.9	6.2	2006年	5.1	1.1	2013年	2.9	1.1
2000年	8.8	1.3	2007年	5.0	−2.3	2014年	3.3	1.0
2001年	3.8	3.7	2008年	2.3	3.1	2015年	2.8	−1.1
2002年	7.0	1.2	2009年	0.3	−0.9	2016年	2.9	3.9
2003年	3.1	1.8	2010年	6.2	−0.5	2017年	3.1	−3.5

图 1.2　韩朝经济增长率比较　(单位：%)

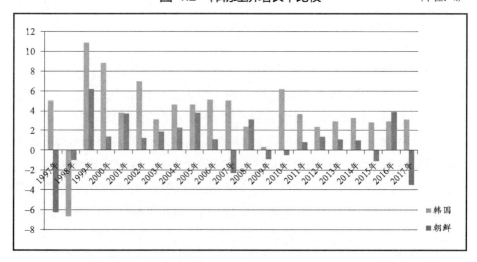

表 1.4　朝鲜产业年均增长率　(单位: %)

产业分类	1999年	2000年	2001年	2005年	2011年	2013年	2015年	2016年
农林渔业	9.2	−1.9	6.8	5.0	5.3	1.9	−0.8	2.5
矿工业	9.9	2.2	3.9	4.4	−1.4	1.5	−3.1	6.2
矿业	14.1	5.8	4.8	3.5	0.9	2.1	−2.6	8.4
轻工业	2.4	6.2	2.3	3.9	−0.1	1.4	−0.8	1.1
重化学工业	11.6	−1.5	4.1	5.4	−0.4	1.0	−4.6	6.7
电工燃气水道业	6.8	3	3.6	4.4	−4.7	2.3	−12.7	22.3
建设业	24.3	13.6	7	6.1	3.9	−1.0	4.8	1.2
服务业	−1.9	1.2	−0.3	1.3	0.3	0.3	0.8	0.6
政府	−4.5	0.5	−0.4	0.6	0.1	0.3	0.8	0.6
国内总生产	6.2	1.3	3.7	3.8	0.8	0.1	−1.1	3.9

资料来源:《韩国银行》(2017), 参见www. Bok.or.kr。

图 1.3　朝鲜产业年均增长率比较　(单位: %)

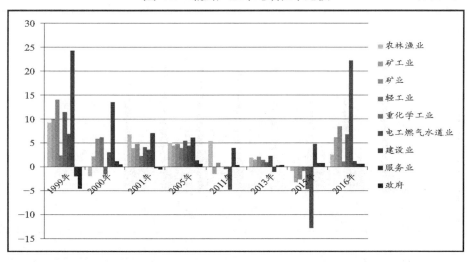

朝鲜产业结构方面, 如图1.4所示, 直到2000年朝鲜所有产业才呈上升势头。但是1999年呈上升状态的农林渔业虽然在2003年仍保持上升趋势, 但是到2005年开始呈下降趋势。与此不同的是, 服务业从1999年开始到2007年一直呈上升增长趋势。

表 1.5　朝鲜产业结构 　　　　　　　　　　　　（单位：%）

产业分类	1999年	2000年	2001年	2005年	2011年	2013年	2015年	2016年
农林渔业	31.4	30.4	30.4	25	23.1	22.4	21.6	21.7
矿工业	25.6	25.4	26	28.9	36.5	35.7	32.7	33.2
矿业	7.3	7.7	8	9.9	14.6	13.6	12.2	12.6
轻工业	6.1	6.5	6.7	6.7	6.5	6.8	7.0	6.9
重化学工业	12.2	11.2	11.4	12.4	15.4	15.4	13.4	13.7
电工燃气水道业	4.5	4.8	4.8	4.3	3.1	4.1	4.5	5.2
建设业	6.1	6.9	7	9.6	7.9	7.8	9.0	8.8
服务业	32.4	32.5	31.8	32.2	29.4	30.0	32.2	31.1
政府	22.8	22.6	22.2	22.6	21.2	21.7	23.3	22.4
国内总生产	100	100	100	100	100	100	100	100

资料来源：《韩国银行》(2017)，参见www. Bok.or.kr。

图 1.4　朝鲜产业结构 　　　　　　　　　　　　（单位：%）

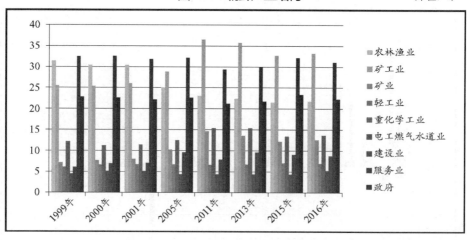

在朝鲜各项经济活动的实际总产值方面，如表1.6所示，从1999年开始朝鲜所有产业都持续增长。特别是工矿业，从1999年的4.7万亿韩元增长到2007年的5.37万亿韩元，服务业也从1999年的6.08万亿韩元增长到2007年的4.35万亿韩元。

表 1.6 朝鲜不同经济活动实际生产总值   (单位：十亿韩元)

产业分类	1999年	2000年	2001年	2005年	2011年	2013年	2015年	2016年
农林渔业	5865	5750	6142	7119	6556	6942	6967	7144
矿工业	4705	4814	5004	5289	10692	10985	10765	11428
矿业	1383	1463	1534	1616	4340	4465	4418	4790
轻工业	1163	1232	1264	1379	1959	2079	2093	2116
重化学工业	2159	2119	2205	2294	4392	4444	4262	4549
电工燃气水道业	876	902	935	1022	1106	1149	975	1192
建设业	1157	1313	1406	1688	2489	2424	2576	2608
服务业	6082	6150	6133	6334	9274	9312	9505	9561
政府	4260	4287	4271	4247	6690	6697	6860	6904
国内总生产	18684	18928	19620	21452	30118	30839	30804	31996

资料来源：《韩国银行》(2017)，参见www. Bok.or.kr。

图 1.5 朝鲜不同经济活动实际生产总值   (单位：十亿韩元)

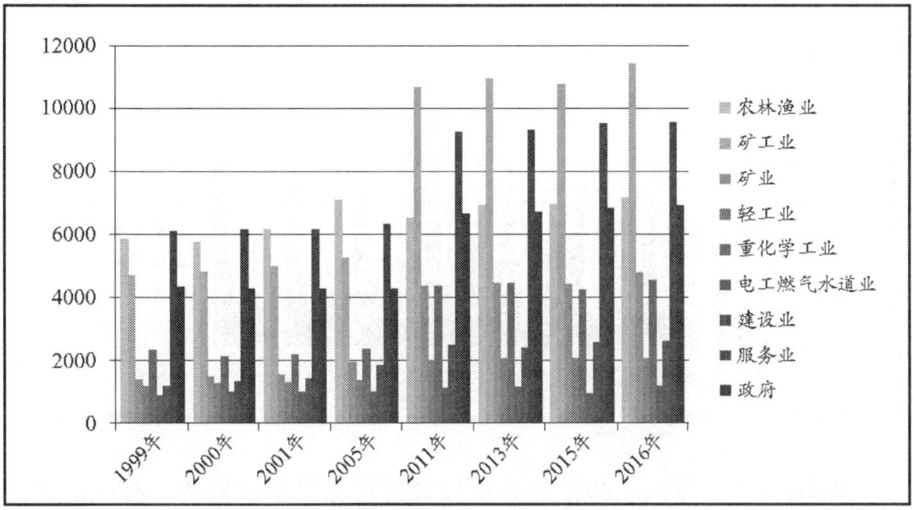

朝鲜各项经济活动中，国内总产值自1999年开始呈增长趋势。仅在2007年，农林渔业，轻工业和建设业等产业出现了下滑趋势，但较2005年下降趋势要小一些。

表 1.7　朝鲜不同经济活动国内生产总值　　(单位：十亿韩元)

产业分类	1999年	2000年	2001年	2005年	2011年	2013年	2015年	2016年
农林渔业	5872	5750	6139	6187	7429	7525	7388	7832
矿工业	4780	4814	5268	7156	11775	12012	11153	11980
矿业	1365	1463	1617	2456	4702	4571	4178	4547
轻工业	1144	1232	1364	1645	2110	2270	2391	2484
重化学工业	2272	2119	2287	3055	4962	5170	4584	4948
电工燃气水道业	849	902	968	1057	1011	1365	1543	1874
建设业	1142	1313	1410	2369	2547	2613	3063	3194
服务业	6046	6150	6438	7966	9464	10097	10987	11221
政府	4258	4287	4483	5599	6842	7282	7942	8098
国内总生产	18688	18928	20223	24735	32227	33614	34136	36103

资料来源：《韩国银行》(2017)，参见www. Bok.or.kr。

图 1.6　朝鲜不同经济活动国内生产总值　　(单位：十亿韩元)

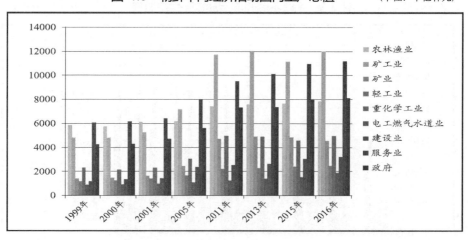

从图1.6可以看出，20世纪90年代曾接连遭受东欧剧变，苏联解体与内部粮食，能源和外币等综合危机以及中韩贸易冲击的朝鲜因体制限制虽被预测经济增长会面临困难，然而却在联合国和周边国家的帮助下经济一直连续增长。但是，这种经济好转趋势并不很明显，特别是2005年以后开始逐渐呈下降趋势。

四．朝鲜对外经济发展现状

1．朝鲜对外经济贸易概况

朝鲜贸易依赖于各国不同的自然和经济条件，科学技术发展水平及产品细化而形成的国际分工。朝鲜经济的自立并不意味着它是一种封闭式的经济，只是朝鲜主张先奠定对外贸易的物质基础，然后大力发展对外贸易。[23] 但是朝鲜不但没有把对外贸易当作经济发展手段，反而采取了一种消极观点，把它视作因各国自然和人为条件不同而必然产生的一种经济现象，即由朝鲜经济发展带来对外贸易的扩大。

朝鲜贸易基于国家垄断，政经一致，自给自足和互惠平等原则制定贸易计划，并以出口盈利换取依据计划经济进口所需的外币。朝鲜贸易政策的基调是把对外贸易当作强化自给自足经济的手段之一，但在贸易中相对轻视经济的效率性和收益性。朝鲜贸易机关和贸易商社在中央集权的命令和统制之下，根据严格计划履行贸易任务，承担重大贸易责任，但自主性受到极大限制且缺乏灵活性。1984年9月，朝鲜为促进经济发展而颁布的合营法引入了独立核算制度和强化国家企业作用等分权管理制度。

1998年9月，朝鲜在第十届第一次最高人民会议上提出，改编政府组织，整顿关于对外经济方面的体制，将政务院改为内阁，撤销对外经济委员会，新设贸易省用以管理贸易和对外经济合作事业。朝鲜对外贸易和外资引进等对外经济合作事业的管理和监督权集中于内阁的贸易省（管理对外贸易和经济合作的最高行政机关）。这种机制实际上是由党，内阁和军队共同管理贸易。隶属于内阁的贸易省下设国际贸易促进委员会，对外经济合作促进委员会和海外贸易代表部，贸易商社等机构。国际贸易促进委员会负责与未建立外交关系的国家进行贸易，而内阁对外经济事业部所属的朝鲜对外科学技术交流协会负责科学技术的交流。对外贸易最前沿的贸易商社从属于党，内阁和军队的各个机关。与内阁贸易省相比，党，

---

23) Gang Bonggu：《现代俄罗斯对外政策的理解》，首尔出版社，1999，第214–224页。

军所　辖贸易机关实际上更具权威性。贸易公司之间为赚取外币，在物资出口方面展开了激烈竞争。[24]　1990年以前，朝鲜贸易依存度只有20%左右，1990年以后下降到10%。不过值得指出的是，在贸易增长时期，特别是韩国对朝鲜援助集中时期，朝鲜经济增长率曾达到最高水平。从以苏联为首的社会主义国家援助最集中的20世纪50年代中后半期，到依靠苏联贷款和友好价格非交易型贸易激增的60年代，以及从西方先进国家进口和贷款最多的70年代初期和80年代后半期，朝鲜经济都呈高增长特征。在韩国正式开始对朝鲜援助和南北经济合作的90年代后半期，朝鲜经济发展也维持高增长态势。

　　2000年，朝鲜对外贸易比前一年增加了33.1%，达到了19.7亿美元，朝鲜经济呈逐渐恢复态势。从表1.8可以看出，1990年朝鲜对外贸易为20世纪90年代的峰值41.7亿美元，此后每年都呈下降趋势。20世纪90年代中后期，朝鲜经济恶化，对外贸易崩溃，下降到不足20亿美元，1998年达到最低值14.42亿美元。随着国际社会援助的扩大及阻碍朝鲜经济发展的粮食危机的解决，朝鲜对外贸易到2000年开始增长，[25]　但2007年又比2006年减少了1.8%，只有29.41亿美元。2009-2013年，朝鲜对外贸易增幅分别为22.9%，51.3%，7.1%，7.7%。金正恩执政后，朝鲜对外贸易规模持续扩大。近几年，朝鲜对外贸易额的显著提升很大程度上与其更加重视对外贸易并采取相对有效且更为灵活的贸易方式来应对国际制裁有关。比如金正恩执政后，朝鲜在加工业等领域积极作为，为朝鲜更多政府部门与企业等提供权限，积极鼓励其开展对外贸易，以换取外汇。

　　从朝鲜进出口数据来看，2000年朝鲜进口额为14.13亿美元，比上年增加了46.5%左右。进口增加的同时出口也有增加。如2000年朝鲜出口额达到了5.56亿美元，比上年增加了8.0%。然而，2005年以后，朝鲜进出口贸易均呈下降之势。如2007年比2006年出口少了3.0%(只有9.19亿美元)，进口少了1.3%(为20.22亿美元)。直到2011-2015年，朝鲜经济才又开始出现一定程度的增长。2015年，朝鲜GDP大致恢复到1992年水平，

---

24) 大韩贸易投资振兴公社(KOTRA)编《朝鲜经济情报》(2005年10月)，第13-14页。
25) 大韩贸易投资振兴公社(KOTRA)编《朝鲜对外贸易动向》(1990-2000)，2001，第10页。

表 1.8 朝鲜不同年度对外贸易概况　(单位：百万美元；%)

进出口时间	出口		进口		进出口总额	
	金额	增减率	金额	增减率	金额	增减率
1990年	1733.0	–	2437.0	–	4170.0	–
1991年	945.0	−45.5	1639.0	−32.7	2584.0	−38.0
1992年	933.0	−1.3	1622.0	−1.0	2555.0	1.1
1993年	990.0	6.1	1656.0	2.1	2646.0	3.6
1994年	858.0	−13.3	1242.0	−25.0	2100.0	−20.6
1995年	736.0	−14.2	1316.0	6.0	2052.0	−2.3
1996年	727.0	1.2	1250.0	−5.0	1977.0	−3.7
1997年	905.0	24.5	1272.0	1.8	2177.0	10.1
1998年	559.0	−38.2	883.0	−30.6	1442.0	−33.8
1999年	515.0	7.9	965.0	9.3	1480.0	2.6
2000年	556.0	8.0	1413.0	46.4	1969.0	33.0
2001年	650.0	16.9	1620.0	14.6	2270.0	15.3
2002年	735.0	13.1	1525.0	−5.9	2260.0	−0.4
2003年	777.0	5.5	1614.0	5.9	2391.0	5.8
2004年	1020.0	31.3	1837.0	13.8	2857.0	19.5
2005年	998.0	−2.1	2003.0	9.1	3002.0	5.1
2006年	947.0	−5.2	2049.0	2.3	2996.0	−0.2
2007年	918.0	3.0	2022.0	1.3	2941.0	1.8
2008年	1130.0	23.0	2686.0	32.7	3816.0	29.7
2009年	1063.0	−6.0	2350.0	−12.4	3414.0	−10.5
2010年	1513.0	42.4	2660.0	13.2	4174.0	22.2
2011年	2789.0	84.2	3528.0	32.6	6316.0	52.3
2012年	2880.0	3.3	3931.0	10.2	6811.0	7.1
2013年	3220.0	11.7	4120.0	5.0	7345.0	7.8
2014年	3165.0	−1.7	4446.0	7.8	7611.0	3.6
2015年	2697.0	−14.8	3555.0	−20.0	6252.0	−17.9
2016年	2820.0	4.6	3711.0	4.4	6532.0	4.5
2017年	1771.8	−37.2	3778.0	1.8	5549.9	−15

资料来源：韩国海外贸易馆网，http://www.kotra.or.kr/kh/main/KHMIUI010M.html。

达到30万亿韩元左右。经济条件的改善也使朝鲜对外贸易额出现了
明显增长。继2011年贸易额首次突破60亿美元之后，2012年，2013年，
2014年贸易额较上年环比分别增长7.1%，7.8%，3.6%。其中，2014年贸
易总额达76亿美元，2015-2016年贸易总额增长势头回落，但仍分别为
62亿美元，65亿美元。不过，2017年朝鲜对外贸易规模比上年减少了15%，为
55.5亿美元。这主要是因为联合国安理会对朝鲜的经济制裁，使出口额比
上年减少了32%，为17.7亿美元，但进口额比上年增加了1.8%，为37.8亿美元。

　　随着对外贸易大幅度增加，2000年朝鲜经济也紧跟上年经济复苏势头
进入恢复期。但是，就进出口结构来说，朝鲜贸易总额的增加并非建立在
出口增加基础上，而主要是依靠西方援助。由此可以看出，朝鲜产业生产
还没有实现正常化。2005年，朝鲜贸易规模比1990年减少了50%多，特别是
出口，减少了70%多，比进口减少问题更严重。2007年，朝鲜由于刚摆脱最
严重的一次经济危机，出口与上年相比有了小幅增加，但这并不意味着朝鲜
经济得到了恢复。朝鲜主要出口产品有矿物质产品，非金属类，服装，机械，
电器电子，化学塑料，动植物制品，贵金属制品和木制品等。2007年，
朝鲜矿物质产品出口率增加到43%，但贵重金属和其他大部分产品出口率都
有所下降，特别是朝鲜的代表性产品--动物制品出口减少到了55.9%。

图 1.7　朝鲜不同年度对外贸易概况　　　　（单位：百万美元）

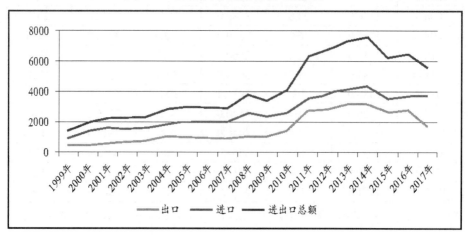

出口　　　进口　　　进出口总额

　　通过以上分析可知，21世纪初朝鲜虽然仍未彻底摆脱经济危机和能源危机，但依靠不断扩大的外部援助，它正在努力完善重化学工业中心的产业基础设施。2007年，朝鲜植物制品进口均有所增加，比上年高出159.3%，其中谷物制品的收益金额达到1.15亿美元，增幅达480.3%。与此相反，动物制品进口减少了46.6%，机械，电器电子类进口则减少了27.8%，包含动物制品，机械和电器电子类产品在内的7种产品进口都呈下降趋势。

　　这期间，朝鲜对外贸易出现大幅度增长的原因，一方面是由于国际社会对朝鲜进行了设备投资援助，另一方面是因为朝鲜增加了有关机械类，电器电子制品，车辆等用于工业生产的设备和化学工业制品，纤维等产业原材料的进口。

2．朝鲜与主要国家或地区之间的贸易往来

　　从最近20多年朝鲜与世界各国的贸易往来情形分析，朝鲜不仅和亚洲国家的贸易比重不断增大，而且其对中国的依赖度也很大。此外，与中东，非洲和美洲地区的贸易也呈上升趋势。朝鲜和亚洲地区的贸易比重在2006年为82.7%，2007年为84.2%，呈上升趋势。朝鲜与亚太地区的贸易比例从2006年的1.6%上升到4.0%，和中东非洲的贸易也从0.2%上升到1.2%。进入2010年，朝鲜在亚太地区的出口额为13.31亿美元，收入为20.96亿美元；相比2009年出口增加47.9%，收入增加16.1%，贸易总额增加了37亿美元，贸易比重增长了25.6%，贸易规模总比重超过了90%。与此相反，与非洲地区的贸易额只占0.4%，与美洲地区的不到3%。由此可见，朝鲜在对外贸易中地区选择上带有严重的偏向性。尤其到2017年，朝鲜在亚洲地区的贸易规模达到53.8亿美元，进出口贸易比重也比2016年扩大到了97.01%(参见表1.9)。

表 1.9　朝鲜与不同地区贸易状况　　　(单位：千美元)

地区	出口				进口			
	2014年	2015年	2016年	2017年	2014年	2015年	2016年	2017年
亚洲	4240110	3380941	3577365	3676089	3025575	2602388	2726424	1707997
欧洲26)	32590	22869	25277	14688	35477	7795	5539	6098
独立国家联合体	92990	115953	77287	79212	11165	8454	14190	6666
美洲	74624	22743	17674	4030	60358	50634	41258	25942
中东	19	8909	4470	259	5514	2528	7220	3234
非洲	5898	3863	8705	3773	26561	24739	26283	21915

资料来源：大韩贸易投资振兴公社网，KOTRA，www.kotra.or.kr。

　　从对外贸易整体态势看，朝鲜自实施"贸易多元化"策略以来，与之开展贸易的国家逐年增多。由表1.10我们可以知道，2017年朝鲜的十大贸易伙伴分别是中国大陆，俄罗斯，印度，菲律宾，斯里兰卡，巴基斯坦，中国香港，墨西哥，埃塞俄比亚，莫桑比克；2016年，泰国，新西兰，中国台湾，乌克兰在朝鲜的十大贸易伙伴之中，但在2017年中国香港，墨西哥，埃塞俄比亚，莫桑比克取而代之成为朝鲜十大贸易伙伴。此外，因为韩国金大中政府实施的"阳光政策"，朝韩贸易关系也比较活跃。随着2010年天安舰事件的发生，韩朝关系持续紧张，经贸交往持续减少并在2016年完全断绝。同时，原是朝鲜贸易国的日本也在2009年后与朝鲜贸易关系中断。

　　1991年以后的近20年间，中国一直是朝鲜最大的贸易伙伴。其中，2000年以后中朝经贸关系改变了传统上中国单向援助局面，进入真正意义上以经贸合作为主要特征的活跃期，朝鲜对中国贸易依存度逐年上升。其中，2002年为32.7%，2004年为48.5%，2005年为52.6%，2006年为56.7%。2010年，朝鲜与中国贸易总额为34.7亿美元，占朝鲜对外贸易总额的83.0%。截至2017年，朝鲜对中国贸易额占朝鲜对外贸易总额

---

26) 此处所指欧洲不包括独联体中的部分欧洲国家。

的92.72%。至于近年来朝鲜与第二主要贸易国俄罗斯的贸易关系则因
2014年乌克兰危机的持续升级而有所减少。

表 1.10　2017年朝鲜的十大贸易伙伴　　　　（单位：千美元）

排名	国家或地区	朝鲜出口		朝鲜进口		进出口额	
		金额	增减率	金额	增减率	金额	增减率
1	中国大陆	16506	−37.3	36080	5.4	52586	−13
2	俄罗斯	3664	−58.6	74177	9.0	77841	1.2
3	印度	13442	−8.4	41692	−5.9	55134	−6.5
4	菲 律宾	5700	−64.7	13841	−52.0	19541	−56.5
5	斯里兰卡	9663	7.9	2160	−38.8	11823	−5.3
6	巴基斯坦	11341	−55.9	0	–	11341	−55.9
7	中国香港	6072	61.8	3145	−50.0	9217	−8.2
8	墨西哥	6103	−9.2	487	−21.1	6590	−10.2
9	埃塞俄比亚	5213	130.3	924	−34.2	6137	71.3
10	莫桑比克	5897	−31.3	115	71.6	6012	−30.5

资料来源：大韩贸易投资振兴公社网，KOTRA，www.kotra.or.kr。

此外，朝鲜与欧盟成员国之间的贸易也不容乐观。2007年，朝鲜和
欧盟贸易总额为1.39亿美元，朝鲜对欧盟的出口比2006年减少了29%，只
有5289.8万美元，进口额也只有8683.3万美元，与上年相比减少了47.
5%。欧盟的27个会员国中，除匈牙利，斯洛文尼亚等5个国家外，朝鲜跟
其他大部分国家的交易额都有所减少。这是由于2006年7月，联合国安理
会针对朝鲜导弹试验通过了制裁决议案，到2007年还在继续实施，直接
导致了朝鲜与欧盟贸易量的减少。

与朝鲜进行贸易的欧盟27个国家中排在前5位的有德国，意大利，荷
兰，丹麦和法国(它们在欧盟与朝鲜贸易交流总比重中占88.5%)，特别是
德国在2010年与朝鲜贸易进出口比重居第1位(41.8%)，而意大利列居第2
位(占比18.3%)。

朝鲜出口商品也呈多元化趋势，主要包括矿产品，纤维制品，化工塑

料制品, 机械电子制品, 金属及贵金属制品, 动植物制品等。朝鲜对外出口商品结构中, 占前几位的是矿物产品, 钢铁金属品, 纤维制品, 动物产品, 机械及电器产品等。矿产品中煤炭, 铁矿石等仍然是朝鲜对外出口的主要产品。朝鲜2013年矿产品出口额为18.9亿美元, 2014年为15.6亿美元, 2015年为13.3亿美元, 2016年为14.5亿美元, 2017年为6.45亿美元。朝鲜纤维制品出口增长较快, 其中2011年出口额为4.74亿美元, 2013年为6.36亿美元, 2014年为7.93亿美元, 2015年为8.35亿美元, 2016年为7.52亿美元, 2017年为5.85亿美元。[27] 自2011年起, 朝鲜纤维制品出口比重迅速上升的主要原因是近年来朝鲜大力提倡加工贸易, 尤其重视纺织纤维企业的出口订单生产, 并采取各种奖励措施调动这些企业的生产积极性, 为国家获取外汇。此外, 朝鲜动物产品出口也大幅增加, 其中2016年动物产品出口额为1.96亿美元(比2015年增长了0.84亿美元), 2017年为1.64亿 美元。[28]

从朝鲜进口商品结构来看, 占前5位的商品是纤维制品, 机械及电气产品, 矿物产品(主要是石油及石油制品), 运输机械和食品等。金正恩执政后, 朝鲜进口产品结构出现了如下变化: 纤维制品在朝鲜进口商品中持续增长(主要原因是委托加工贸易所用原材料进口增多), 2015年纤维制品进口额为6.29亿美元, 2016年为7.58亿美元, 2017年为7.99亿美元; 机械, 电器进口额2015年为5.98亿美元, 2016年为6.13亿美元, 2017年为6.11亿美元; 矿产品进口额出现少量负增长(主要原因在于国际市场上石油价格下跌), 其中2015年矿产品进口额为5.25亿美元, 2016年为4.65亿美元, 2017年为4.23亿美元。

27) 韩国银行网, http://www.bok.or.kr/portal/main/main.do, 访问时间：2019年1月19日。
28) 韩国银行网, http://www.bok.or.kr/portal/bbs/P0002242/list.do?menuNo=200471, 访问时间：2019年1月25日。

五. 朝鲜面临的经济困境

1. 经济体制局限性

(1) 中央集权的计划经济体制

传统计划经济国家的经济制度是生产资料归国家或社会所有，并根据中央的计划决定生产，价格，资源分配以及消费，因此不存在市场竞争，只纯粹依靠国家机关来管理生产。

特别是"朝鲜式的社会主义"完全排除生产资料私有形式。它把这种所有制定义为"作为社会主义生产关系基础的生产资料和产品归全社会或集体所有"，并主张"生产资料真正的社会化只有在社会主义国家才能实现。生产资料社会化的关键一环就是确立生产资料的社会主义所有制，而这只有在劳动阶级政权下，重要产业实现国有化及生产关系完成了社会主义改造后才能实现"。[29]

朝鲜经济是一种中央集权的计划经济，完全服从中央的领导。中央有权制订经济计划，组织必要的政府活动，下级组织要绝对服从中央的命令。[30]　因此，并没有出现资本主义经济中经常出现的企业家的创造性革新现象或通过合理经营带来的生产效率提高现象。

中央集权的计划经济与市场经济相比较，不足之处是限制了资源的优化配置。随着经济规模的扩大，分工的精细化和多样化对经济增长的负面影响也越来越大。特别是由国家政策决定生产，根本无法反映一般消费大众的基本需求，更无法满足消费者对农产品和生活必需品的基本需求，因而会导致经济的不平衡发展。此外，由于计划经济给各生产单位制定了任务，为单纯完成任务量的生产单位失去了改善其产品品质和提高其

---

29)《百科全书》(3), (平壤)科学百科辞典出版社，1983，第530页。
30) Jeon Heonsu等，《朝鲜政治经济论》，新映出版社，1995，第236-238页。

生产力的动力。 因此，朝鲜的计划经济体制不仅没有提高计划经济的生产效率，反而导致了产业结构的不平衡，劳动市场的疲软化，官僚组织的僵化以及因缺乏竞争所带来的低效生产与消费，由不合理生产成本导致的资源浪费等问题。其最终结果是经济危机日趋严重。

(2) 排他性自力更生经济政策

朝鲜经济体制在实现社会主义改造以后，一直到现在都坚持以自力更生原则为基础的自立型民族经济的基础政策。31) 朝鲜的自立更生原则在经济层面上不仅包含依靠自身力量来满足对生产资料的需要，而且包含独立解决技术问题和扩大再生产中的物质条件，带有对国际经济的强烈排斥性。32) 于是，这种立足于自立更生原则的独立自主民族经济建设不仅无法获得国家间在资源和商品交流中国际分工下的利益，而且导致与海外资本及先进技术等国际合作的不振，甚至成为了阻碍经济增长的最大限制因素。

(3) 突出军需产业的重工业优先政策

曾几何时，朝鲜通过优先发展重工业特别是军需产业，实现了生产力的快速提高，同时保障了农业和轻工业的发展。33) 但是，过分强调重工业优先政策加深了产业部门间结构的不平衡。这不仅导致了轻工业发展滞后，而且造成农业和社会基本设施非常落后。重工业优先政策是一种不平衡的经济增长战略，在短期内虽然有效并可带动经济的快速增长，但是从长远来看，却会导致农业，轻工业和重工业发展的失调，制约市场的发展。

---

31) 《经济词典》(2)，(平壤)社会科学出版社，1970，第206页；金正日：《亲爱的金正日同志文选》，(平壤)朝鲜劳动党出版社，1982，第47 页。

32) 《我们党自主型民族经济建设路线》，(平壤)朝鲜劳动党出版社，1963，第2页。

33) 朝鲜把重工业定义为"主要生产生产资料的工业部门的总称"。重工业部门包括电力工业，煤炭工业，矿业，金属工业，机械制造工业，化学工业，建材工业等骨干工业部门和林业。见《百科全书》(4)，(平壤)科学百科词典综合出版社，1983，第695页。

朝鲜的经济和军事并进政策与以机械制造业为中心的重工业优先政策有着紧密联系。朝鲜关于不发展重工业便无法强化国防力量的认识确曾推动了经济政策的实施,[34] 但把国民生产总值的20%以上用于军费支出自然会大大制约其他产业发展。

特别是当它片面强调以有限资源来增强军事力量借以推进经济的发展时, 大众消费必然会受到限制。于是, 直到今天, 朝鲜居民的经济生活仍然存在诸多不便, 社会消费也十分不足。这在很大程度上与朝鲜所采用的经济体制有关。

朝鲜虽然曾进行过一系列以引进市场经济为主要内容的经济改革探索, 但均因受相关政治条件的制约而收效甚微。

2. 朝鲜经济存在的问题

由于计划经济下累积的总体性矛盾始终无法得到解决, 加之苏东国家剧变导致朝鲜购买经济发展所需物资(如能源等)的外汇短缺以及国内接连不断发生的灾难事件等因素的影响, 朝鲜经济困难重重。

(1) 粮食危机

20世纪90年代中期, 朝鲜连续遭受旱灾和洪水等自然灾害的侵袭, 其中有1993年冷冻灾害, 1994年冰雹灾害, 1995年和1996年洪水灾害, 1997年旱灾等。这些灾害导致朝鲜农业基础设施受到严重破坏, 引发了严重的粮食危机。直到2005年, 朝鲜虽然人均口粮每天较之以前又多了250克, 但是距成人一天所需的700克还有很大不足。朝鲜原本主要依靠粮食进口来克服本国粮食生产的不足, 但1990年苏东剧变使朝鲜从外部进口粮食变得十分困难。据统计, 从1992年开始, 朝鲜粮食供给量缺少近200万吨, 虽然朝鲜通过"一天两顿"和"征用10%为爱国粮食"等运

---

34)《金日成著作集》(19), (平壤)朝鲜劳动党出版社, 1982, 第294页。

动节省了100万吨到150万吨的粮食，并且在1993年和1994年国家强制减
少粮食的消费量，但粮食供应依旧不足，必须靠运用战略储备粮食来补
充。[35] 不久，朝鲜又因1996年小规模洪灾所造成的破坏以及当年对农业
的投入跌至历史最低再加上土壤极度贫瘠，1997年粮食产量比1996年大
幅减少并导致粮食不足状况更加严重。2003年以来，朝鲜粮食产量基本
保持在400万-450万吨之间，2014年首次突破500万吨，为503万吨。而朝
鲜每年正常的粮食需求量大约为800万吨。其中按最低标准计算，口粮需
求量为500万吨，其余为种子，饲料和工业用粮。由此可见，朝鲜粮食缺
口确实很大。此外，朝鲜除粮食以外的其他肉，蛋，奶，蔬菜，水果等
副食品也 严重短缺。

　　有分析认为，导致粮食危机的最根本原因是朝鲜强行在丘陵山区推
行所谓 "主体农业方法"。这种主体农业方法要求在不能生产粮食的山
区也强行开垦良田。

(2) 能源危机

　　朝鲜能源危机集中体现为电力能源的不足。朝鲜的发电站主要以水
力发电为主，其次是火力发电，而核电不是很发达。水力发电易受季节
影响且由于设备老化，水坝失修等原因，发电量在下降。而火力发电则
是以煤为主，但在很大程度上受煤炭产量的影响。

　　朝鲜能源供给结构中煤炭占70%，电力占16%，油类占10%，其他占
4%。1986年，朝鲜煤炭产量达到7000万吨，电力产量达到520亿千瓦时，
基本不用担心能源问题。但从1989年开始，朝鲜能源生产持续下降，
2014年煤炭产量(2709万吨)只达到1989年(4430万吨)的1/2多，电力产量
(216亿千瓦时)也只达到1989年(290亿千瓦时)的2/3左右。

　　目前，朝鲜能源短缺问题除依靠国际援助和增加进口之外，很难自
行解决。造成朝鲜能源匮乏的原因实际上有两个方面：A. 20世纪90年代
以来朝鲜对煤炭增产方面的投资减少；B. 1990年以前以援助形式和友好

---

35) Kim Sangki：《关于收入指标的小考：朝鲜经济回顾》，《韩国开发研究》(第6册)2004年9月，第9页。

贸易价格进口的石油和焦炭供应被中断。这种石油和煤炭的供应不足导致了电力产能的下降，使1990年以后电力生产呈减少趋势，进而给整个国民经济带来了严重影响。

(3) 外币危机

朝鲜由于几十年来一直强调要用本国的人力，物力，财力来发展民族经济，加之冷战时期其支柱产业均由苏联和东欧国家以及中国等社会主义国家帮助建设，所需石油，机器设备等也同样由这些国家提供，因此，其从未将出口创汇事宜放在重要位置加以考虑。冷战结束后，由于苏东地区社会主义国家各类经济援助的中断，朝鲜在自身出口创汇能力严重不足的情况下不得不进口一些石油，机器设备等战略产品，从而引发了20世纪90年代末庞大的外债危机。2000年，朝鲜外债累计规模已达124.6亿美元(相当于朝鲜当年国民收入的74.2%)。36) 目前，朝鲜已被世界银行等国际金融机构列入"丧失外债偿还能力的国家"名单。

随着2009年第二次核试验的进行，朝鲜已无法从韩国等国际社会获取经济援助，37)加之长期外贸逆差，其外汇收入濒临枯竭。

3．朝鲜在国际上面临的危机

二战结束后，朝鲜选择站在以苏联为首的社会主义阵营一边。随着20世纪90年代初苏东剧变的发生，朝鲜因所赖以生存的苏联东欧地区贸易市场迅速消失，其国民经济顿时遭遇了前所未有的困难。

恰在此时，朝鲜为应对美朝军事紧张局势，不得不全面推行军事化管制甚至启动核试验和导弹试射程序。这一方面导致内部生产力进一步下降并使经济软弱性更加凸显；另一方面更加恶化了与以美国为首的西

---

36) 陈龙山：《我观朝鲜经济》，《当代亚太》2002年第9期，第4-6页。
37)《2013年朝鲜从韩国获取的人道主义援助额仅为1664万美元，为2007年的5.4%》，载韩国统 一部编《南北交流合作动向》(2008)，第115页。

方国家的关系并招致美国对朝鲜采取更严厉的经济封锁政策以及其他西方国家和国际金融机构中断对朝鲜的投资或援助，进而使朝鲜在整个国际环境中处于前所未有的孤立境地。

　　2000年以后，朝鲜为摆脱孤立状态，积极开展外交活动：一方面围绕核问题和导弹问题积极改善与美国关系，38）另一方面与日本开展建交谈判并于2002年实现了朝日首脑会谈。同时，朝鲜还积极促进与欧盟国家的建交(在此之前，双方一直因人权问题而无法改善关系)。到2004年，当时25个欧盟国家中除法国和爱沙尼亚外其余23个国家均与朝鲜正式建交。就朝中关系而言，继1999年金永南访问中国后，金正日2005年5月对中国的访问标志着朝中恢复了传统友好关系。与俄罗斯关系方面，继2000年7月普京总统访问平壤后，金正日通过2001年7-8月对俄罗斯的访问 恢复了两国传统亲善关系。

　　值得注意的是，进入21世纪，朝鲜与美国的关系一直在紧张与有限缓和，对抗与对话中徘徊。美国乔治·W.布什(通称：小布什)总统当政时，他称朝鲜为"邪恶轴心"，公开表明对朝鲜政府的不信任，并以朝鲜随时会发生"政权交替"事变为由压制打击朝鲜。比如，拒绝与拥核朝鲜直接谈判并希望利用"六方会谈"39）迫使朝鲜全面放弃核武器研究；声称"只有在朝鲜完全接受永久废止核项目的约定后，才能对朝鲜安全作出保障，并且不对核冻结进行经济补偿"；对朝鲜任何主张都不予回应，并利用防扩散安全协议强化对朝鲜的军事压制。美国奥巴马政府上台后，其在"巧实力"外交理念的指导下，针对朝核问题的敏感性和脆弱性，寻求在外交，经济，军事，政治，法律和文化等所有政策工具中选择正确的工具或组合，主张以"冷处理"继而"多管齐下"的谨慎态度并辅之以威慑手段来处理对朝关系。比如，在合作外交的框架内展开更加灵

---

38) 2000年10月，朝鲜第一副委员长赵明禄访问华盛顿及随后美国国务卿奥尔布赖特访问平壤，给朝鲜和美国的关系带来了相当程度的改善。但是，由于2001年1月上任的小布什政府奉行对朝鲜的强硬政策，再加上"9.11事件"后小布什总统发表声明视朝鲜为"邪恶轴心"，朝美关系再度恶化。
39) 关于"六方会谈"，本书参见"第三章　中朝关系的发展变化"中"三，中朝友好合作关系的发展"相关内容。

活的外交活动，促使朝鲜重返"六方会谈"并以对话方式处理相关问题，但同时又以在韩国部署萨德导弹威慑朝鲜。然而，美国特朗普政府上台伊始，便推翻了奥巴马对朝鲜采取的"战略忍耐"政策，宣布过去20年美国在外交或其他方面虽做了很多半岛无核化努力，但都失败了。为此，他通过继续在韩国部署萨德导弹，强化军事威慑，加大对朝制裁力度与争取国际舆论支持等手段最大限度对朝施压，并希望以压制加接触的两手推动朝鲜半岛实现无核化。目前，美国通过联合国安理会对朝鲜的经济制裁已达极限，所涉及领域包括金融，交通，能源等诸多行业，目的在于削弱乃至扼杀朝鲜开发核武器和弹道导弹能力。

六．结束语

二战结束后，朝鲜半岛摆脱了日本的殖民统治，获得了独立。然而，在美苏冷战对峙格局的影响下，朝鲜半岛分裂为了社会经济制度及意识形态迥然不同的两个国家--韩国和朝鲜。南部的韩国选择了以市场为导向的资本主义市场经济体制，北部的朝鲜则选择了社会主义计划经济体制。由此，南北双方走出了截然不同的经济发展道路与模式。

其中，朝鲜先后通过土地改革，农业集体化运动和产业国有化举措，快速确立了中央集权的计划经济体制；同时又通过奉行"在政治上自主，在经济上自立，在国防上自卫的原则"，形成了具有本国特色的自立更生发展模式。其特点是：建设发展自主型经济，优先发展重工业，实施闭关 锁国型发展战略。

但是，由于中央集权的计划经济固有弊端(比如限制资源的优化配置，无法满足一般消费大众的基本需求，导致经济发展的不平衡等)，无法克服资源浪费，生产效率低下以及官僚组织僵化等社会矛盾，导致朝鲜经济危机频频爆发且日趋严重。

随着20世纪80年代末苏东剧变的发生以及紧随其后朝鲜国内灾难事

件的持续爆发，朝鲜内部的经济困难愈演愈烈。此外，朝鲜由于长期奉行"先军政治"思想，一再不顾国际社会的反对，强行发展核武器和弹道导弹，不仅在国际上一直遭受美国的经济封锁和联合国安理会的制裁，而且与周边国家关系也时好时坏。所有这一切是导致当今朝鲜陷入经济危机与国际孤立双重困境的主要根源。

第二章

朝鲜经济发展历程

朝鲜经济发展历程

朝鲜经济在朝鲜战争后得到恢复和发展的好景并没有延续多长时间，因为随着20世纪60年代中苏关系的破裂，朝鲜战略安全保障面临重大挑战。到80年代末和90年代初，由于苏东剧变以及社会主义阵营的解体，朝鲜在国际上更加孤立。与此同时，朝鲜当时频繁爆发的粮食危机，能源危机和外币危机等引发了内部更大的结构性危机。

一. 金日成"主体思想"与经济发展

1. 金日成"主体思想"

1955年12月，金日成在朝鲜劳动党第五次中央全会指出朝鲜革命"就是我们党的思想工作的主体。因此，必须使一切思想工作服从朝鲜革命的利益"。[1]

这是金日成第一次提出"主体"概念。此后，经过不断丰富，到20世纪60年代下半期，金日成最终完成了其系统化的"主体思想"理论。

金日成"主体思想"在国家政策上体现为：政治自主，经济自足，国防自卫。金日成指出，树立"主体"意味着要"独立地根据本国的实际情况并且主要依靠自己的力量，解决革命和建设中的一切问题"。所谓"主体思想"也就是：在政治上强调金日成及其所构建政治体制的正统性与神圣性；在经济上强调坚持计划经济体制，坚持经济独立，反对全球化；在国防上强调构建一支强大的军事力量。

尤其是在经济自立方面，以金日成为代表的朝鲜劳动党在建国后带领朝鲜人民进行了大刀阔斧的社会主义改革和建设并取得了不错的成果。1960年朝鲜国民生产总值只有46亿美元，人均438美元，但到1975年分别增长为158亿美元和994美元。15年间增幅分别为243%和126%。正是由于建国后在满目疮痍的国土上以经济上的自立为指导原则，朝鲜国民经济与社会发展才取得了如此成绩。金日成认为："经济上的自力更生是政治上的独立和自立的物质基础"；如果没有经济作为杠杆，就不能从物质层面满足国民的需求，更不能保证人民当家作主的地位。因此，他号召全党全国发扬自力更生的革命精神，依靠本民族的力量满足国家，人民的各方面需要。

在此基础上，朝鲜实行了生产资料的国家所有制和合作社所有制，建立起了属于本国和人民的国民经济。金日成主张以国家所有制领导合作社所有制，并带动合作社所有制向国家所有制靠拢。国家为全民提供衣，食，住，行等一切生活条件。这样，朝鲜战争后，朝鲜在较短时间内完全依靠自己的力量恢复了国民经济并且稳定过渡到了社会主义建设时期。

1972年12月，《朝鲜民主主义人民共和国宪法》规定，"把马克思列宁主义创造性地运用于我国现实的朝鲜劳动党的主体思想作为自己活动

---

1)　金日成：《关于在工作中克服教条主义和形式主义，确立主体思想的讲话》(1955年12月28日)，载《关于朝鲜劳动党的建设》(2)，外文出版社，1978，第69-71页。

的指针"。 1980年10月, 朝鲜劳动党第六次代表大会通过的新党章强调
把"金日成同志的革命思想, 主体思想作为唯一的指导方针"。

2. 朝鲜半岛民主改革时期的经济

1945年, 朝鲜摆脱日本的殖民统治获得解放。 解放后, 朝鲜针对日
本殖民统治留下的工业发展畸形, 农业凋零落后, 封建和殖民生产关系
束缚生产力发展等现实情况, 于1945年10月成立北朝鲜共产党中央组织
委员会,[2] 并着手进行各项民主改革, 以复兴和发展经济及提高人民的物
质文化生活水平。

1946年2月, 北朝鲜民主主义各政党, 社会团体, 行政局和道, 市, 郡
人民委员代表召开协议会, 成立了"北朝鲜临时人民委员会"。 临时人
民委员会作为最高权力机关进行了各种"民主改革"。

刚获得解放的朝鲜十分落后, 农业破败, 工业畸形, 技术比较落后。
为克服这种现状, 彻底消除殖民主义和封建主义的残余, 朝鲜进行了包括
土地改革, 重要产业国有化, 劳动改革, 选举改革和租税改革等在内的社
会改造。其中, 土地改革废除了封建土地占有关系, 使农民成为土地的主人,
从而极大地提高了农民的生产积极性与爱国热情, 政治热情, 并为正在迅
速恢复的工业提供了原料, 为保障居民的温饱创造了条件。[3]

解放后, 朝鲜农业产出占国家总产出的2/3, 然而大部分土地都归大
地主所有。1945年土地改革前, 朝鲜只占总人口6.8% 的地主却拥有全国
54%的可用土地。在农村人口中, 25.8的农民拥有自己的土地, 22.4%是
佃农, 44.9%是佃户, 其他的农业劳动者占6.9%。[4] 在此背景下, 朝鲜临
时人民委员会开展了旨在为降低租金30%的"三七制"斗争, 并得到大部

---

2) 朝鲜共产党和朝鲜新民党合并, 成立朝鲜劳动党。1949年6月, 北朝鲜劳动党和南朝鲜劳动党合并
成为朝鲜劳动党。

3) 程恩富, 顾海良:《海派经济学》(第19辑), 上海财经大学出版社, 2007, 第10页。

4) AndrewGrandanzev,"KoreaDivided," *Far Eastern Survey*,Oct. 1945, p.282;Joungwon AlexanderKim,
DividedKorea:PoliticsofDevelopment,(1945-1972)(Cambridge:HarvardUniversityPress,1975),p.96.

分农民的支持。1946年3月1日，在人民起义纪念日中，要求实施土地改革的农民多达200万人。于是，朝鲜临时人民委员会于1946年3月5日颁布了《土地改革法令》。[5]

在土地改革中，朝鲜劳动党采取了"依靠雇农和贫农，团结中农，孤立富农，镇压地主的一切反抗"的工作方针。随着改革进程的推进，朝鲜只用了20天就全面完成了土地改革，成功解决了农业，农民问题，无偿没收了占朝鲜耕地总面积53%的100万公顷土地，并将其中的98%分配给了农民(如表2.1所示)。

表 2.1 朝鲜土地改革执行状况

类别	土地归属或性质	面积(公顷)	百分比(%)	户数	百分比(%)
被没收土地	日本人，日本官方机构所有	112623	11.3	12913	3.1
	民族叛徒，逃亡者所有	13272	1.3	1366	0.3
	拥有5公顷以上地主所有	237746	23.8	29683	7.0
	全部归收租者所有	263436	26.3	29683	34.5
	部分归收租者所有	358053	35.8	145688	54.1
	教会，寺院，宗教团体所有	15195	1.5	4124	1.0
被分配土地	雇农所有	22387	2.2	17137	2.4
	无土地的农民所有	603407	60.3	442973	61.1
	土地很少的农民所有	345974	34.6	260501	36.0
	搬迁的地主所有	9622	1.0	3911	0.5
	人民委员会所有	18935	1.9		

资料来源：KimJongil：《朝鲜民主主义人民共和国人民经济发展统计集》(1946-1960)，第57-58页。

---

5) Kim Haeseom：《社会主义朝鲜经济发展战略的案例研究》，《学术信息》1987年第4期，第129页。

表 2.2　朝鲜国有工厂, 企业数量　　　　　　(单位: 个)

部门	已国有化工厂, 企业	部门	已国有化工厂, 企业
电力	47	农业	74
原料	66	运输	13
非铁金属	207	轻工业	97
铁钢	83	制烟, 制盐, 酿造, 人参加工	6
化学	88		
建设材料	62	其他	36

资料来源: SonJeonhu:《产业国有化经验》, 社会科学出版社, 1985, 第97页。

　　此外, 1946年8月10日, 朝鲜颁布和实施的有关产业, 交通运输, 邮电和银行等国有化法令规定: 无偿没收日本帝国主义和民族叛徒的所有企业, 矿山, 发电所, 铁路运输, 邮电和银行等并将其国有化。[6] 朝鲜重要产业国有化的显著特征是采用土地改革中已成功实践的方法, 对相关重要产业予以迅速无偿没收, 从而使国内产生了一种新的社会主义经济形态。1946年年末, 社会主义形态产业占工业生产能力的90%, 占工业总生产额的72.4%。[7] 到1950年, 朝鲜经济已得到相应程度的恢复。

3. 朝鲜战争后恢复发展时期的国民经济

　　1950-1953年的朝鲜战争使和平建设时期刚刚得到一定程度恢复的经济状况再次遭遇严重衰退。 此后, 随着计划经济政策的实施, 这种局面得到了改善, 朝鲜经济出现了恢复势头。

　　1954年4月, 朝鲜民主主义人民共和国最高人民会议第七次会议通过了"1954-1956年恢复发展国民经济三年计划"。其基本内容为: 恢复被战争破坏的国民经济, 使工农业生产达到并超过战前水平, 为经济, 科 学,

---

6) 现代朝鲜问题编辑委员会编《朝鲜的经济——社会主义的朝鲜的经济》, 1988, 第54-55页。
7) Go Seunghyo:《朝鲜社会主义发展研究》, 青史出版社, 1988, 第47页。

文化的发展及人民生活水平的提高奠定坚实基础。[8] 1957-1961年，朝鲜实行了国民经济第一个五年计划。其基本任务是进一步巩固朝鲜北半部的社会主义经济基础，基本解决人民的衣食住问题；主要目标是将朝鲜由落后的农业国变成工业国。[9] 1961年朝鲜劳动党第四次代表大会提出了"1961-1967年发展国民经济七年计划"。其基本任务为：依靠取得胜利的社会主义制度进行全面的技术改造和文化革命，划时代地提高人民生活水平；中心任务是：进一步加速社会主义建设，把朝鲜建设成为拥有现代工业和发达农业的社会主义工业国。接着，朝鲜劳动党根据国内外政局的变化，在第五次会议中制定了第一个六年计划(1971-1976年)。其基本任务是"巩固和发展工业化的成就，把技术革命推向新的更高阶段，进一步巩固和加强社会主义的物质技术基础，使劳动人民从国民经济各个部门的繁重劳动中解放出来"。[10]

表 2.3　朝鲜第一个六年计划(1971-1976年)实际执行情况

(以1976年为基准)

分类	计划	实际	分类	计划	实际
国民所得	180	170	谷物总生产(万吨)	700-800	800
工业总生产量	220	250	所卖商品流通额	200	180
生产资料	230	260	劳动者事务员实际所得	150	170
消费资料	200	240	农民实际所得	160	180
工业年平均增长率	14.0	16.3			

资料来源：LeeSangu：《朝鲜40年》乙酉文化社, 1988, 第147页。

　　20世纪60年代末70年代初，随着东西方关系的缓和，朝鲜领导层在世代交替的过程中，[11] 解决了部分经济困难，迈入了社会主义工业化阶段。

---

8) 程恩富, 顾海良：《海派经济学》(第19辑), 上海财经大学出版社, 2007, 第11页。
9) 李相文：《朝鲜社会主义经济建设》, 中国社会科学出版社, 1983, 第51页。
10)《金日成在北朝鲜劳动党第二次代表大会上所作的中央委员会工作总结报告》, 载金日成：《在朝鲜劳动党历次代表大会上的报告》, 人民教育出版社, 1979, 第325-326页。
11) 1970年11月13日, 朝鲜劳动党所选出的117名中央委员会中只有31人为再次当选的上届委员, 86

从表2.3中可以看出，第一个六年计划期间工业生产增加了2.5倍，其中生产资料达到2.6倍，消费资料为2.4倍，工业生产年平均增长率超过了预先计划的14%，达到了16.3%。

4. 1980年后经济发展状况

朝鲜社会经济发展过程中的结构性缺陷导致朝鲜经济从20世纪60年代后半期开始进入不景气阶段。这种状态虽然在70年代有所缓解，但不久又出现了生产萎靡情况。工业和农业几乎没有多少发展，整个经济进入停滞阶段。在此背景下，为国民经济发展提供新动能成为最迫切的时代需求。

1977年12月，朝鲜确定了发展国民经济的第二个七年计划(1978-1984年)，其基本任务是：促进国民经济的主体化、现代化和科学化，进一步巩固社会主义经济基础，提高人民生活水平。[12] 这一时期，朝鲜开展了"创造80年代速度"运动，提出了"以千里马大高潮时期的气概创造80年代速度"的口号。为此，当时朝鲜各有关部门为了提高国民经济发展，在社会主义经济建设中大搞群众性进军运动。

表 2.4 朝鲜第二个七年计划(1978-1984年)实际执行情况

分类	计划(1978-1984年)	实际(1984年)
国民所得	190	180
工业总生产额	220	220
生产资料	220	220
消费资料	210	210
工业年平均增长率(%)	12.1	12.2
谷物总收获量(万吨)	1000	1000
铁道货物输送量	170	180

资料来源：朝鲜中央统计局编《关于第二个七年计划执行的报告》(1985年2月)。

人为新当选人员。这表明第一代革命派日渐退出，新生的经济技术派已登上历史舞台。
12) 程恩富，顾海良：《海派经济学》(第19辑)，上海财经大学出版社，2007，第16页。

在这种情况下，第二个七年计划使工业生产增加了2.2倍，其中需要特别强调的是生产资料增加了2.2倍，消费资料增加了2.1倍。当时预计工业年平均增长率为12.1%(如表2.15所示)。

与中国的社会主义经济发展相比，朝鲜一直强调以本国社会主义建设的特殊性为中心。因此，1980年10月，朝鲜劳动党第六次代表大会相应提出解决以下三个层面问题：第一，开展"8·3人民消费品创造运动"。这是为解决生活必需品不足问题而促进生产增产的运动。1984年8月3日，金正日视察在平壤召开的"全国轻工业制品展览"时，提出要扩大各工厂，企业单位，合作农场所组织的家庭作业班规模，利用副产物，废弃物来生产生活必需品，由各个市，郡，地区的商店保证居民日常必需品的供给。因此，该运动又叫"家庭作业班创造运动"。第二，强化独立核算制。该核算制要求工厂与企业单位以国家获得必要的物资和资金为目标进行生产活动，用收益来补偿生产支出并通过保障收益在一定程度上节约物资和提高生产力。20世纪80年代末到90年代初，朝鲜独立核算制的实施范围日益扩大。例如，脱北者L工作的朝鲜肉类馆贸易公司江原道分公司在1989年还是预算制，而到了1990年就已经采取了独立核算制。[13)]在社会主义体制下，为解决生产力低下问题，工厂，企业单位也要采取经营管理办法来帮助其能独立进行经营活动。第三，采纳合营法。1984年1月，朝鲜最高人民会议作出了"关于强化南北合作和对外经济事业，使贸易进一步发展"的决定，确定了与社会主义国家和在尊重朝鲜自主权的同时对朝鲜友好的资本主义国家进行经济合作和技术交流的方针。确立此方针的原因是第二个七年计划期间朝鲜对外关系出现了一系列的变化，如制定了"合营法"。[14)]为此，朝鲜允许包括资本主义国家在内的外国投资者前来朝鲜投资，并积极学习它们的先进技术和经验。这虽然给停滞的经济带来了部分活力，但并不意味着朝鲜放弃了"自力更

---

13) YangMunsu：《朝鲜经济结构--经济开放的停滞和机制》，首尔大学 出版社，2002，第370页。
14) 在1980年朝鲜劳动党第六次代表大会上，金日成提出了对西方实施开放的倡议。1984年1月，朝鲜最高人民会议制定了经济对外开放的政策路线；9月制定了"合营法"。参见〔韩〕李产邱(Lee Sangu)著：《韩鲜40年》，乙酉文化社，1988，第192页。

生"和"自主民族经济建设"的经济路线。恰恰相反，朝鲜在更加努力地进行有效益的经济建设。[15]

"合营法"是1984年9月8日由朝鲜最高人民会议常务会议颁布，针对外国经济技术交流和合作投资的相关经济法令。为了更好地吸引外国投资并为合营事业提供相关法律和制度保障，1985年3月朝鲜又制定和公布了《合作公司运营法执行细则》和《外国人所得税法》。1988年，朝鲜分别在政务院，贸易省和对外经济事业部下设立了"合营工业部"，国际贸易促进委员会和朝鲜对外科学技术交流协会，并希望通过这些机构分步骤地促进和资本主义国家的合营与合作。这些举措在很大程度上活跃了中朝边境贸易。从"合营法"制定并执行到1989年年末，合营成果项目如下：与朝鲜总联[16]有27个，与在美侨胞有3个，与苏联有9个，与中国有2个，与法国有1个，其他还有11个(共53件)。这些主要是对朝鲜友好的海外侨胞和社会主义国家的投资合作。然而，在这过程中朝鲜希望和西方先进国家进行合作的愿望并没有多大进展。[17]

---

15) 在这时期，中国和苏联等社会主义国家开始有了一定的变化。首先，中国从1978年开始实施 改革开放及经济特区建设。其次，随着戈尔巴乔夫的上台，苏联也出台了有关"改革""开放"政策。

16) 日本朝鲜人总联合会简称"总联"或"朝鲜总联"，是一个设在日本的北朝鲜人组织。由于朝鲜民主主义人民共和国与日本国并没有建立正式的外交关系。此组织事实上扮演着维系日朝关系的 外交机构角色。

17) Park Sunseing：《朝鲜经济和朝鲜半岛统一》，青绿出版社，2003，第48页。

二. 金正日"强国建设"思想与经济发展

1. 金正日"强国建设"思想

(1) "新思维"论

"新思维"是指金正日经济管理思想中有关改革开放政策的重要内容。《6·15南北共同宣言》[18]发表后，2000年10月朝鲜通过庆祝建党55周年纪念活动树立起了"清算各种困苦日子有了新的希望"的自信。因此，庆祝建党55周年纪念活动有着特别的意义，被《劳动新闻》评价为"历史上从未有过的'苦难的行军'，打赢强行军的大庆典"；也被称为是在金正日将军的领导下，坚固如铁的行军成功转变为乐园行军的信念强者，意志强者的欢乐节日。[19] 朝鲜通过庆祝建党55周年纪念活动，向外展示了对朝鲜道路具有强烈生命力的信念和决心。这也预示着朝鲜"新的转型"时机的 到来。

继2001年通过新年共同社论第一次发表"新思维"论后，朝鲜接连发表了多篇与"新思维"有关的社论。随后劳动新闻社把"新思维"描述为"革命性的视野，新颖的构思，进取的事业作风"，朝鲜公众媒体更是强调"革新""日新""脱离过去惯例"，并使用"根本性的转型""转变""新观点"等用词描述新思维。 所有这些非同寻常的语调预示着朝鲜有可能开启其特有的"改革开放"进程。[20]

---

18) 2000年6月15日，金大中总统和金正日国防委员长在韩朝南北首脑会晤后发表的"共同宣言"，主要内容是：第一，南北统一问题由我们民族自行解决；第二，在统一问题上，承认韩国的联合提案和朝鲜的低阶段联邦提案互有共同性，双方可朝这一方向解决统一问题；第三，南北双方在当年8月15日前后， 交换离散家庭成员和开放接待亲戚访问团，并尽早解决未转变思想的长期在押犯等人道主义问题；第四，南北通过经济合作均衡发展民族经济，加强在社会，文化，体育，保健，环境 等方面的交流，以增进互信；第五，为把以上内容付诸实践，南北双方近期开展政府间对话。

19) 《朝鲜劳动党的前路永远辉煌灿烂》，《劳动新闻》2000年10月10日，参见
http://www.newsis.com/view/?id=NISX20130512_0000647798&cID=10301&pID=10300，
访问时间：2018年10月15日）。

20) 《更勇敢，更快，更高》，《劳动新闻》2001年1月9日，参见
http://www.yonhapnewstv.co.kr/MYH20140511007300038/?did=1825m，

(2) 强国建设原则

为了克服困难，迎接考验，朝鲜指导部在金日成去世以后提出了政治思想阵地，经济阵地和军事阵地的"社会主义三大阵地论"。这是朝鲜在坚持红旗思想的背景下，为解决困难，维护朝鲜政治经济制度而提出的治国理论。[21] 此后，朝鲜为了结束"苦难的行军"，把进行强国建设确立为国家发展目标。

接着，朝鲜为了更好地进行"强国建设"，提出了"我们式原则"和"自力更生的原则"。所谓"我们式原则"，就是指根据自己的思想决心，民众的要求和利益以及所处的现实，依靠自己的力量来建设强国；最重要的是谁来建设这个强国，即主体是谁这个问题。该原则要求：只有把民众设定为建设的主体，才能在社会的所有方面实现"我们式"的强化发展，才能找到强国建设的正确道路。这意味着要从政治，思想，社会全方位，充分发挥以民众为中心的朝鲜式社会主义制度的优越性和自主性来发展民族经济以解决所有问题，即首先树立政治道德模范，再与物质激励完美地结合起来，巩固具有优越性的社会主义计划经济的管理原则。"我们式原则"的核心就是依据朝鲜所处的实际与现实来解决问题（即切实有效地利用朝鲜的经济基础和经济结构来解决经济问题）。

所谓"自力更生原则"，指的是前所未有的社会主义革命事业的创造精神，是不论前方何等艰难困苦也要坚持，绝不动摇继续前进，继续革新的顽强斗争精神。立足"自力更生原则"实现社会主义"强国建设"[22] 目标，对内首先要全面实现人民经济的主体化，现代化和科学化，积极探索和动员工业潜力，进行内部储备，自主解决动力，原材料问题，使生产正常化，自主进行技术革新和谋求科学技术的发展；对外则采取和其他国家合营合作的方法。

为此，朝鲜在思想上提出了强劲精神，主张利用军中动员的方便性，

访问时间：2018年2月10日。

[21]《高举红旗，快步向新年进军》，《劳动新闻》1996年10月12日。

[22] 这可以说是朝鲜现实条件的必然结果。也就是说，对待帝国主义包围，对待他们的孤立政策和经济封锁，朝鲜能做的只有自力更生。

大力开展"第二次千里马大进军运动"。2000年，朝鲜提出了"强国建设的三大支柱论"，再次将"强国建设"理论[23]具体化。"强国建设的三大支柱论"是指思想强国，军事强国和科学技术强国的建设，特别强调科学技术强国和实用主义。金日成去世后，朝鲜把思想，军队，经济作为核心建设对象，并根据时代状况形成了"社会主义三大阵地论""强国建设论"和"强国三大支柱论"理论体系。其中"社会主义三大阵地论"是为了克服困难和迎接考验提出的治国理论；"强国建设论"是为了展示金正日体制的前景；"强国三大支柱论"是以经济建设为中心，为适应改革开放的变化而提出的理论。[24]

(3) 先军政治

所谓"先军政治"，目前学术著作和文章中尚未形成权威性的定义。[25]根据朝鲜劳动党中央机关报《劳动新闻》的阐述，"先军政治"是指"在军事先行的原则下，进行革命和推动全面建立社会主义伟业的领导方式"。其本质是通过加强革命军队建设确保人民大众的自主地位，最大程度地发挥人民大众的创造性。[26]这是金正日时期朝鲜经济体制的特征之一。

朝鲜的"先军政治"主要有以下四个内容。A. 突出军队地位，因为军事是国事的重中之重。对此，国防委员长金正日的阐述是："革命军队是革命主体的核心力量，主力军。军队就是人民，就是国家，就是党。"为把对军队的重视落到实处，朝鲜一方面通过修改宪法，设立国家特别行政机构--国防委员会，并赋予该委员会委员长具有国家象征的法律地位；另一方面通过对社会阶层秩序的调整，进一步突出军队的地位，即把本属于工人，农民，知识分子的军人作为一个阶层单列出来，

23)《今年是党建55年，让千里马高超的火焰发出胜利的光芒》，《劳动新闻》2000年1月1日。
24) Gwak Seungji：《金正日时代朝鲜的理念》，《统一研究》2000年第9卷第2期，第122页。
25) 金哲，于治贤，高爱华，禹颖子：《朝鲜投资指南》，大连出版社，2005，第95页。
26)〔朝〕《我们的革命伟业在伟大的先军思想指引下必胜不败》，《劳动新闻》2002年10月5日，参见 https://news.naver.com/main/read.nhn?mode=LSD&mid=sec&sid1=102&oid=119&aid=0000000450，访问时间：2019年1月19日。

并使军人的地位高于工人，农民，知识分子。B. 执行"先军"的领导和管理方式。由领袖重点抓军队工作，再以治军方式推动全社会的工作。领袖抓军队的主要方式是通过走访和视察军事单位来进行现场指导。有资料统计，朝鲜从1995年年初至建军70周年（2002年）前夕的7年中，国防委员长金正日视察行程达17.7万余公里，走访了大大小小700余个军事单位，并通过现场指导，鼓舞了军人士气，赢得了他们对领袖的尊敬和忠心。在社会工作上，他要求各级干部像人民军指挥员指挥战斗那样指挥工作，提出的政策也多用军事术语来表达。如：为渡难关，组织像抗日游击队那样"苦难行军"似的强行军；对于具体的经济任务也要展开"进攻战""歼灭战"等。一些重大紧急项目有时甚至直接由军队来承建。C. 保障军费投入，增强军队威慑作用。朝鲜认为，社会主义阵营解体以后朝鲜更加直接地站到了对抗帝国主义战争的前沿，既没有了左右翼，也没有了后方。因此，必须在巩固"全民武装化，全国要塞化"的基础上，加强正规军的现代化建设和威慑型战略武器的研究与开发。即使国家财政再困难，也要优先保障国防费用的支出。因为朝鲜社会经济委员会维持了一种自行生产和消费的运营体系。D. 启迪军魂，重塑国民之魂，增强凝聚力。相对于一般国民，军队作为一支训练有素的特殊群体，以其整齐威武的军队制服，直线加方块的军旅韵律，热血沸腾的军营文化，无条件服从命令的军人品质而铸成了军魂，并在任何一个国家都是一种力量的体现和凝聚力的象征。倡导"先军政治"就是选择军人作为社会进步的先导，以"军魂"铸"国魂"，用军人的精神焕发国民的凝聚力。[27]

(4) 务实社会主义思想

金正日晚期，朝鲜经济体制的另一特征表现为坚持"务实社会主义"原则。"务实社会主义"是指国家通过进行经济活动来获利以保障民众的实际生活。具体表现为"在经济事业中要坚持务实主义，虽然政治和外交中务实也很重要，但是经济中的实际利益更加重要"。[28] 从以上金

---

27) 徐文吉：《朝鲜半岛时局与对策研究》，山东大学出版社，2007，第18页。

正日的话语中可以知道，朝鲜社会主义经济建设尤其强调"务实社会主义"。

朝鲜主张越是社会主义社会越应该强调务实，因为"经济管理中只有通过最大的务实才能给国家的富强发展和人民的福利建设带来重大帮助"，"通过创造和扩大物质上的财富才能提高人民的物质文化生活水平"。

这与社会主义经济建设的基本作用相吻合。基于集体主义的自主民族经济路线以强化国家的自主基础和保障劳动人民自主创造物质文化生活为根本使命。因此，不保障务实便无法实现国家的自主发展，也就不能满足民众的要求。社会主义经济中的务实不是追求个人的利益，而是追求社会整体的利益。为此，各个生产单位应站在国家的立场去考虑问题，而不应采取强调本单位利益的本位主义。29)

务实主义的构筑方法大体上分为三类。首先要以彻底的预算为基础。彻底预算基础是指在所有生产单元中用最小的支出获得最大的收益，以降低成本价和减少原单位消费量来提高经济效率，在对外贸易中追求贸易收支平衡，减少贸易赤字。

其次，按照现实要求用革新的眼光和新颖的构思管理经济，合理利用劳动力资源以及所有储备资源，激发生产潜力，大力发展生产力。为此，朝鲜在坚持务实的基础上，在实际工作中，合理运用务实主义，按照信息时代的要求对工业结构进行再改造；同时从成本价，折旧费和收益等角度对经济部门进行技术改革，对与之不符的方面果断进行改革。从另一方面来说，从务实主义出发进行生产不仅意味着生产更多产品，而且也要求这 些产品的质量不断得到提高。

最后，所有这一切都通过强化计划经济来实现。其中，科学技术成果将应用于整个经济领域并由此扩大经济效益。由于务实社会主义以集体主义为基础，为保障国家利益，所有这一切都要在国家的指导下来进行。

由此可见，金正日主政下的朝鲜试图通过务实主义方法来解决所面临的经济问题。 一般情况下，由于供给不足，要使所有的经济部门同时

28) Kim Jaeho：《强盛大国建设战略》，平壤出版社，2000，第41页。

29) Song Guknam：《自主民族经济是最有效率的经济》，《经济研究》1999年第1期。

走向正规化是不可能的，因此朝鲜在劳动率显著低下的情况下，从务实原则出发，按照先后关系，努力实现生产的正常化和技术再建。这从2001年金正日和经济管理劳动者的如下谈话中可以看出。[30]

"社会主义经济管理中出现的所有问题，要用革新的眼光看待，从发展的角度来解决，过去的经济管理体制和经济管理方法在过去那个时代是正确的，很好的，但是如果用在今天，则是不合适的。经济管理中旧的落后的，和现实不符合的东西如果仍和以前一样继续使用的话是无法取得经济发展的。我们劳动者要根据现实的变化，果断地改善经济管理方法，积极进行创新，要按照我们自己的方式来开创社会主义经济管理的先河。只有这样，我们才能充分发挥社会主义的优越性，在经济建设中获得最大的利益"。[31]

金正日特别强调经济管理者要根据变化的实际要求来掌握所需的知识与能力，并以此为基础实现党的强国建设路线。具体来说，就是要求经济管理者尽可能掌握各领域所需的丰富知识并以努力把它们运用于实际的革新态度，通过学习现代科学和先进技术为自己领域的科学化而努力奋斗，进而按照先后顺序促进并活跃经济的发展。[32]

2. 金正日时代经济政策的变化

(1) 经济政策变化的背景

苏联解体和东欧剧变标志着苏联和东欧脱离了社会主义路线。在此背景下，朝鲜强调朝鲜式的社会主义和苏东社会主义的差异，提出"我们式社会主义"理论，宣传朝鲜式社会主义的优越性。到了20世纪90年代，朝鲜为了走出粮食危机，外币危机和生活必需品危机等困境，开始

---

30) Biao Samyong：《提高生产效果是保障经济事业实际利益的重要问题》，《经济研究》2000年第3期，第25页。

31) Kim Jeonggil：《在坚守社会主义原则的同时，坚持务实是社会主义经济管理的基本方向》，《经济研究》2003年第1期。

32) Kim Jaeho：《强盛大国建设战略》，(平壤)平壤出版社，2000，第41页。

对政策的转型进行探索。为此，金日成提出了新的经济方针，提出了新的经济战略，即："朝着农业第一主义，轻工业第一主义和贸易第一主义方向前进，使国民经济的先行部门--煤炭工业，电力工业和铁路运输坚定地走在前面，继续发展冶金工业。"[33] 同年9月，金正日又颁布了改善和强化财政银行事业的措施，提出制定和彻底执行国家预算以及改善财政管理事业的任务。

由于与苏联和中国等社会主义国家之间贸易的中断，朝鲜经济急剧恶化。1991年，朝鲜经济管理体制发生了巨大变化。随着中央计划机关资源供应能力的下降(如中央计划机关已无法保证对石油，煤炭，电力等基础能源及粮食的正常供给)，中央政府部分减少了对下级单位的指令，下级单位的自主性有所增强。在此情况下，朝鲜虽然要求出口产业，石炭工业，电力工业，金属工业，铁路运输等"先行部门"继续执行国家计划命令，但是由于工厂生产效率低，朝鲜原有"指令式"经济体制已无法有效发挥其功能。

1993-1994年，依靠国家定期分配粮食的咸镜南北道交通中断，其余地区交通也于1994-1995年完全中断。其间，由于国家粮食和消费资料供给能力低下，加之通货膨胀因素，无论是干部还是一般居民的实际工资都有所减少，很多劳动者往往通过偷卖工厂物品等谋求糊口。因此，一时间，偷窃，抢劫等犯罪活动不断增多。[34]

20世纪90年代，朝鲜针对上述状况开始实行对外开放政策并再次修订宪法。[35]

---

33) 金日成：《关于中央人民委员会和政务院事业的事业方向》，《金日成著作集》(第42卷)，1990，第323-342页。此文系金日成在朝鲜民主主义人民共和国中央人民委员会第九届第一次会议，政务院第六届第一次全体会议中的演说。

34) Park Hyeongjung：《部分改革体系的登场，困难和恢复——朝鲜60年经济政策再思考》，高丽大学朝鲜学研究所会议文集，2002年11月8日，第85-104页。

35) 1948年，朝鲜制定了《人民民主主义宪法》；1972年，朝鲜通过了新的《社会主义宪法》(该宪法于1992年被第一次修订，1998年被第二次修订)。在该宪法的第二次修改中，朝鲜为了推动对外开放(虽然有限制)，修正了一直主张的自力更生概念。金正日提出"自力更生并不是说拒绝一切外来的东西，而是我们也要按照我们的实际情况积极地接受先进的东西"，载《敬爱的领导者金正日同志文集》，(平壤)朝鲜劳动党出版社，1992，第272页。

(2) 第三个七年计划

1986年12月，朝鲜提出了争取早日完成社会主义建设的任务：切实贯彻社会主义农村问题纲领，把集体所有制转变为全民所有制并使其成为生产资料占有关系的唯一形式。同时，朝鲜提出了第三个七年计划(1987-1993年)。该计划的基本任务是继续强有力地推行自主思想和经济的现代化及科学化，为社会主义的完全胜利打下坚实的物质和技术基础。新计划中，技术革命被提上首要日程。

这一时期，朝鲜提出农业，轻工业和水产业第一主义的方针，把与人民生活直接相关的轻工业和水产业提高到与农业同等重要的地位，并集中全国力量推进农业，化工，畜产业和水产业的发展。

第三个七年计划的主要指标为：工业总产值增长1.9倍，年均增长10.0%，其中生产资料生产增长1.9倍，年均增长9.6%，消费品生产增长1.8倍，年均增长8.8%；农业总产值增长1.4倍，年均增长4.9%。[36] 此轮改革的具体计划指标可参考表2.5。

朝鲜第三个七年计划的另一重要课题是使人民衣食生活问题得到圆满解决，生活水平有大幅度提高。因此，该计划要求必须紧抓"轻工业革命"，并通过努力扩大轻工业物质技术基础达到消费资料生产转型的目标。然而，由于20世纪80年代末90年代初的苏东剧变使社会主义国家之间的经济协作关系不复存在，朝鲜由此不仅失去了经济发展所需原材料和能源的唯一来源，而且也失去了商品出口的主要市场，再加之遭到国际敌对势力的经济封锁，其贸易额大幅下滑，国民经济发展更加困难重重。

36) 黄义珏：《朝鲜经济启示录》，郭荣星等译，中国发展出版社，1996，第43-46页。

表 2.5　朝鲜第三个七年计划(1987-1993年)主要指标　（单位：亿美元）

种类	计划目标	种类	计划目标
社会总生产额	180	消费资料	180
国民所得	170	工业年平均增长率（%）	9.6
工业总生产额	190	农业总生产额	140
生产手段	190	农业的年平均增长率（%）	4.9

资料来源：金日成：《为了社会主义的完全胜利》(此文系金日成1986年12月31日在最高人民会议第八届第一次会议的演讲)，http://terms.naver.com/entry.naver?docld=920615&cid=62048&categoryld=62048，访问时间：2017年5月19日。

对此，朝鲜于1990年1月初召开的劳动党六届十七中全会调整了第三个七年计划规定的经济增长速度，缩小了经济规模，确立了更好地加强国家经济自立性的奋斗目标，进一步完善经济结构，改变对外贸易方向，以使国家在任何条件下都能依靠自己的力量生存下去。

为加强对外合作，1991年朝鲜决定建立罗津—先锋自由经济贸易区以吸引外资。1992年10月，朝鲜颁布了《外国人投资法》《外国独资企业法》和《合作法》；1993年又颁布了《自由经济贸易区法》《外汇管理法》《外国投资企业及外国人税收法》《土地租赁法》《外资银行法》和《外国人出入自由经济贸易区规定》。[37]

(3) 罗津—先锋自由经济贸易区

在联合国开发计划署(UNDP)的推动下，朝鲜于20世纪90年代加入了图们江开发计划(TRADP)，并希望借助国际社会的支持将罗津—先锋地区发展成为国际物流，观光和出口加工基地。

1991年12月，罗津—先锋地区621平方公里土地(1993年9月扩大为746平方公里)被开发成为"自由经济贸易区"（政务院第74号决定）[38] 并

37) 程恩富，顾海良：《海派经济学》(第19辑)，上海财经大学出版社，2007，第17页。
38) 从1998年4月开始，朝鲜把"罗津—先锋自由经济贸易区"中的"自由"删除，定为"经济贸易区"。

实施经济特区政策。"自由经济贸易带"的主要任务如下：A.包括罗津14个洞，里和先锋郡10个里都开发成为"自由经济贸易区"；B.允许在"自由经济贸易带"建立合营，合作或外国人独资企业；C.对投资国家没有限制；D.国家依法保障其他国家的投资和通过企业运营所得及其他所得；E.与开发带罗津港，先锋港相邻的清津港也开发成为自由贸易港；F.实施减 免所得税等多种优惠措施。

朝鲜计划将罗津—先锋地区发展成为东北亚地区中介贸易要地，出口加工基地，国际金融和观光管理基地。1996年，朝鲜调整了罗津—先锋地区的商品价格，提高了劳动者工资（提高约30倍）；对粮食进行售卖而不再采取分配制，并在该地区有限制性地导入多种市场经济要素。为更好地吸引外资，朝鲜又于1997年6月1日在罗津—先锋地区废止了"外币兑换钱票"（只在国内流通）的规定，并引入随市场波动的兑换率机制；在企业中实行独立核算制，开设自由市场（在靠近中国边境地区设立元井里）， 允许人民自由经营；建立罗津大学。但是，直到1997年年末对罗津—先锋经济贸易带的外国投资只有77个项目，总额不超过5792万美元。特别是制造业部门因为需要处理通货膨胀带来的滞后影响，吸引外资工作没什么进展。

罗津—先锋自由经济贸易区的开发和经济特区的设置具有以下几个原因：A.经济特区的设置废止了过去"一边倒"的拒绝外资政策，意在通过积极引进西方资本主义国家资本促进经济发展。B.经济特区作为限定在某一地域内实施经济开放的政策可最大限度降低像东欧全面改革那样对政治体制所带来的冲击（为此，到1993年末，朝鲜开始在罗津—先锋自由经济贸易区周围建立高3.6米，长80公里的栅栏，并于1999年完成）。C.外币不足和经济发展停滞的朝鲜受到中国经济特区成功案例的影响。中国的经济特区政策开创了对外贸易的扩大和合理利用外资的新局面。中国通过引进外国先进技术深化了与外国的经济联系，增进了与世界各国政府和人民的友好关系，提高了自身国际地位。D.设立罗津—先锋经济特区旨在及时发挥中介贸易基地的潜能（因为1990年7月在长春举行的东北亚地区开发国际研讨会上，中国提出了珲春开发计划）。

　　就当时罗津—先锋所吸引的外资投资项目中，相较于国外大型企业投资，中小规模侨胞投资占比更大。比如在65个投资对象中，有相当大一部分是来自日本，美国的海外侨胞投资，西方企业的投资很少，特别是对制造业的投资少之又少。比如，在计划投资的665个项目中，对制造业的投资只有10个，剩下的都是对基本设施部门和商业，运输，慈善以及金融等服务业方面的投资。这时，朝鲜虽然在内部做了充足的准备，但是由于其在社会间接资本，原材料筹备，投资优惠措施和劳动力使用与土地出让方面都缺乏较之其他国家的竞争优势，再加之其在国际社会的信誉有限，内需市场连接可能性缺失以及与周围地区协调不足等因素影响，其市场可信度一时还是难以确立。

　　另外，在设立罗津—先锋自由经济贸易区的同时，朝鲜基于对外经济关联机关应予合并和分权原则，对中央和地方贸易体制也进行了改革。其通过对"新贸易体制"下的机关整顿和内部改革及在经济特区的高效实施，积极促进对外贸易的活跃度。[39] 值得一提的是，朝鲜1984年"合营法"颁布后，外国许多投资者一度迫不及待地想要在朝鲜投资。为此，朝鲜从1992年开始又制定了多部有关外国投资的相关法规。但是，由于朝鲜经济现状和外商投资环境较之其他国家（如中国，越南）并无明显优势，因此，当时朝鲜实际得到的外国人投资的数目[40]和规模都低于预期。

(4) 朝鲜 "社会主义宪法" 相关经济条例的第一次修订

　　1992年4月9日，朝鲜"社会主义宪法"实施20年后被第一次修订。这次修订的主要内容包括朝鲜为促进经济建设，实现人民经济的主体化，

---

39) Lee Xinhyo在《新贸易体制的本质特点和优越性》文中引用了金日成的有关"新贸易体制"说法。参见《经济研究》1992年第4期。

40) 中国共产党1978年12月召开的十一届三中全会决定实行改革开放政策，并鼓励外商在中国投资。1994年，外商对华投资合约为4.749万项，金额达814.06亿美元，实际投资额为337.87亿美元。同一时期，外商对越南投资合约为340项，达到37亿美元。参见《朝鲜日报》网站，http://nk.chosun.com，访问时间：2018年12月19日。

现代化和科学化(第26条)；把技术发展看作首要问题，强调科学技术发展和人民经济的技术改造(第27条)；通过农村技术革命来规范农村工业化(第28条)；为解决衣食住问题而设立人民福利条例(第25条)；在朝鲜国内保障外国人的合法权益(第16条)；鼓励外国法人或个人进行企业合营和合作(第37条)等。[41]　其中最引人注目的是关于对外开放的条例。

这期间，朝鲜实施的与外国合营合作条例类似中国1982年宪法中允许外国企业，其他经济组织和个人在中国投资以促进经济合作(第18条第1项)，保护中外合资经营企业的合法权利和利益(第18条第2项)方面的规定。但以中国的"中外合资经济企业法"(1979年)为模板制定的相关"合营法"实际执行效果并不显著。即便如此，20世纪90年代朝鲜为维护社会主义体制，摆脱经济危机，依旧积极尝试对外经济开放政策。比如1992年10月5日，朝鲜还制定了《外国人投资法》《合作法》和《外国人企业法》等法律；1993年1月31日，又制定了《外币管理法》和《自由经济贸易带法》等作为后续措施。[42]

(5) 朝鲜"社会主义宪法"的第二次修订

20世纪90年代中后期，朝鲜为应对当时朝核危机以及金日成去世和接连不断的自然灾害，把稳定政局放在国家政策最优先考虑的位置。为不动摇社会主义体制，朝鲜于1998年9月对宪法进行了第二次修订。

这次修改扩大了所有制主体，加深了对外经济开放程度，增加了经济发展的自主性，主要变化有：A. 所有制主体的扩大。在1992年宪法"国家和协作团体"有关条款中新增了"社会团体"，并把经济主体扩大到了社会团体领域，而且将以前作为个人所有主体的"劳动者"也扩大到了"公民"范围。如宪法第20条规定，在朝鲜民主主义人民共和国中，生产手段归国家和社会协作团体所有；第24条规定，个人所有指的

---

41) Jang Myeingbong, ParkJeingwon：《关于北朝鲜内外经济环境变化的法制研究》，首尔平壤学会"6.15南北共同宣言"两周年纪念论坛文集，2002年6月14日，第22页。

42) Jang Myeingbong, Park Jeingwon：《关于北朝鲜内外经济环境变化的法制研究》，首尔平壤学会"6.15南北共同宣言"两周年纪念论坛文集，2002年6月14日，第22页。

是以消费为目的的公民个人所有。B. 缩小了国家所有的对象，扩大了社会协作团体所有的对象。在1998年宪法修订中，1992年宪法第21条中归国家所有的"交通运输"部门被限定为"铁路，航空运输"；将1992年宪法第22条中归合作社所有的"农器具""渔船"扩大为"船只"，并且改为归社会及合作社所有；删除了原来归协作团体所有的家畜和建筑物，承认家畜，住宅及其他建筑物归私人所有，并且允许其进行交易；把1992年宪法第24条中归个人所有的"以协作农场土地经营为主的居民个人的副业经营"产品修订为"个人以土地经营为主的副业经营"产品。此外，新增了"通过合法经营活动获得的利益归个人所有"的规定，从而扩大了归个人所有的对象，民间贸易等私人经济活动得到了法律认可。C. 导入了市场经济概念。1998年宪法第33条中新增了"国家根据经济管理中代案事业体系的要求实施独立核算制，合理运用原价，市场价和利润等"的规定。此规定使朝鲜经济活动扩大了独立核算制的实施范围，增加了经济管理运行中的自律性，同时通过引入原价，市场价和利润等市场经济要素增加了经济活力。D. 活跃对外贸易。1998年宪法修订中将第1992年宪法第36条"国家进行对外贸易或在国家监督下进行对外贸易"修改为"国家或者合作社自由进行对外贸易"，旨在使对外贸易主体增加，进而改变对外贸易的国家垄断状态，探索朝鲜经济发展的新道路。E. 在经济特区内对经济活动进行奖励。宪法第37条中增加了"我们国家机关，企业单位，团体和其他国家法人或个人进行企业合营和合作，在特殊经济地带奖励多种企业创立运营"的内容。保障经济特区的自由经济活动，有利于吸引外国投资，以推动朝鲜经济复苏。F. 促进农业现代化。1998年宪法第28条强调"推进农村技术革命，实现农业的机械化和现代化"。这是朝鲜为适应时代变化，克服粮食危机，促使农业朝现代化方向发展所作出的积极努力。它预示着朝鲜将迎来农业制度的变革。G. 在科学方面，以1992年宪法已有保护制作权和发明权内容为基础新增了保护"专利权"（第74条）。这说明朝鲜开始意识到保护知识产权的必要性。H. 1998年宪法第75条增加了"公民有居住旅行的自由"的规定。这是朝鲜根据经济实情变化而制定实施的新举措。

3. 金正日的经济改革——"7.1经济管理改善措施"

(1) 经济改革背景

　　20世纪90年代以来，美国和朝鲜通过国际原子能机构，围绕朝鲜拒不履行《不扩散核武器条约》义务和美国背弃向朝鲜提供轻水反应堆与重油的承诺问题相互指斥，接连引发一次一次的核危机。金正日上台后，即使面对视朝鲜为"邪恶国家"的美国总统乔治·W. 布什，[43] 仍然进行核实验，致使朝鲜对外环境日益恶化，经济危机频频爆发。当时，朝鲜因肥料和农业用具等投入不足导致粮食减产而引发粮食危机；继而，又因工厂生产率下降，造成出口减少，导致外币短缺；而外币短缺又使能源进口减少，导致能源危机。

　　在此背景下，朝鲜希望发展朝韩关系来打开对外关系的突破口。2000年6月15日，韩朝南北首脑会晤后联合发表的共同宣言为朝鲜半岛南北经济合作创造了有利条件。另外，朝鲜高层在2001年2月7日至3月3日访问美国前后，还经常派经济视察团对其他资本主义国家进行考察，并努力与其中部分国家建立外交关系。[44]

　　2002年4月3日，韩国《青瓦台外交安全统一特报》报道了金大中总统特使访问朝鲜的消息。[45] 报道中，朝鲜表示，恢复南北被截断的铁路

43) Ha Sangsik：《朝鲜经济的改革展望：以对"7.1经济管理改善措施"的性质评价为中心》，《韩国东北亚总论》2004年第32辑，第149页。

44) 2001年，朝鲜先后与德国(3月1日)，卢森堡(3月5日)，俄罗斯(3月8日)，巴西(3月9日)，新西兰(3月26日)，科威特(4月6日)，欧洲联盟(EU)(5月14)，巴林(5月23日)，土耳其(6月27日)等建立外交关系。参见《朝鲜日报》网，http://nk.chosun.com，访问时间：2015年1月19日。

45) 南北共同报道内容包括：第一，双方协商要符合"6.15南北精神"，互相尊重对方，要努力缓和双方之间的紧张状态。第二，为了全民族齐心协力并自主地解决统一问题，根据共同宣言恢复一时冻结的南北关系。第三，双方都认为连接中断的铁道和道路是非常重要的，所以将尽快连接东海岸的铁路和道路，西部的首尔-新义州铁路，文山-开城道路。第四，双方积极推行南北对话和合作项目(其中包括：A.2002年5月7-10日，召开南北经济合作推进委员会第二次会议。同时启动铁道和道路连接，建设开城工业园，讨论临津江防水灾对策等南北经济合作推进委员会的实

和道路有着积极意义，并表达了向韩国派遣经济视察团的意愿。同年10月26日到11月3日，以朴南起国家计划委员长为团长的朝鲜经济视察团出访韩国。

与此同时，朝鲜为维护内部经济稳定，一方面大力提倡自力更生和发展科学技术，以提高生产率，促进经济发展；另一方面制定了各种务实的经济政策，以确保在维持社会主义原则基础上最大限度追求经济利益。

(2) 关于 "7.1 经济管理改善措施"

为建设经济强国，金正日于2001年提出了以"新思维"为基础的经济发展战略，并希望以强化政治和军事基础来谋求政治上的安定，以新的经营方式管理经济，使朝鲜经济在短时间内恢复活力，建设现代化产业。

2002年7月1日，朝鲜正式颁布了融计划制定权下放，汇率改革和价格改革等举措为一体的经济改革方案，通称"7·1经济管理改善措施"（简称："7·1措施"）。其主要内容如下：A.通过国家制定价格和农民市场价格的一致来实现价格的统一（承认市场价格）。B.保证与价格（物价）上升相对应的生活费（工资）上升。C.在价格制定方面给予地方工厂一定决定权，废除由国家财政决定成本价格和售出价格的制度。D.中央计划经济分权化。E.在企业经营中强调独立核算，收益和专业化。F.扩大原辅材料市场，提高分配效率。G.废除分配平均主义，强化能力级别差异。H.废除粮食，消费资料，住宅等分配制度（详见表2.6所示）。

(3) 对 "7.1 措施" 的评价

"7·1措施"的基本方向是在坚持社会主义原则前提下，依据"实利主义原则"来推动经济的飞速发展，被外界誉为朝鲜的内部经济改革。朝鲜政府希望通过实施该措施来解决国家财政恶化，生产力低下和供需

务协商议程。B.为了积极推进金刚山旅游项目的开发，从2002年6月11日开始在金刚山举行第2次相关会谈。C.从2002年4月28日开始在金刚山进行第4次离散家庭访问团交换工作。D.朝鲜经济考察团5月访问韩国。E.随着这些事项的进行，举行南北高层会谈。第五，双方重新举行军事相关会谈。第六，双方在已达成 同胞之爱，人道主义，互相协作原则基础上通力合作。

不平衡问题。事实上，从朝鲜有关"经济管理改善措施"内容的对外新闻报道可以看出，朝鲜社会发生了前所未有的巨大变化。对此，一些长期从事朝鲜问题研究的学者虽有不同看法，但大家均认为这期间朝鲜还是发生了以下几个方面的变化：

价格和工资得到提升

这时，朝鲜为解决市场和国家供给部门之间的矛盾，采取了由实际情况决定价格和工资的措施。例如，调整前大米的收购价格是80朝鲜分/公斤，售出价格为8朝鲜分/公斤，调整后大米的收购价格为40朝鲜圆/公斤(与农民市场的售出价格44朝鲜圆/公斤接近)；调整前玉米的收购价格是60朝鲜分/公斤，售出价格是7朝鲜分/公斤，调整后为收购价20朝鲜圆/公斤，售出价33朝鲜圆/公斤。此外，也增加了地铁和公交费用，提高了生活用品价格；房屋使用费也大幅度上升，由原来的每栋5-10朝鲜圆/月上升为现在的2朝鲜圆/平方米。废除了货币单位"朝鲜分"，统一使用货币单位"朝鲜圆"。随着物价的上涨，一般劳动者的工资也有所提高，基本工资为110-2000朝鲜圆左右/月。同时，废除了国家补助价格政策，实现了朝鲜劳动者依靠自己的收入来维持生活的理想与目标。在工资支付方面，从以前配给制的实物支付方式转变为以货币为主要支付手段的支付方式。

废除平等主义分配原则和公式化工资，实行差别工资制

朝鲜当局对企业和个人采取了按劳分配制。当时，朝鲜对工厂和企业单位从务实保障原则出发，视所获得收益多少确定工资高低。工厂和企业单位收益越多，劳动者超过基本工资之外的工资就越多，民众由此彻底体会到社会主义按劳分配原则的优越性。粮食和消费品价格以及房租的上涨事实上导致了配给制的废除。朝鲜政府从保障群众利益的角度出发，用提升工资来增强家庭经济生活的自律性，规定"必须用自己所得工资来解决所有的生计问题，任何人都必须把'经济利益'和自己的生活紧密联系在一起思考"。

表 2.6　朝鲜 "7.1经济管理改善措施" 主要内容

内容	措施前	措施后	比较
价格和工资关系	•农民市场的价格是国定价格的数十或数百倍 •月平均工资100~500朝鲜圆	•农民市场价格与国定价格相近 •月平均工资约2000朝鲜圆	•国定价格以现实价格的提高情况为根据，以确保人民的生活费用
价格制定方式及价格制定者	•考虑生产成本 •中央和地方行政机关	•考虑生产成本，国际市场价格，国内供给和需求 •除中央和地方行政外，工厂也有一定价格制定权	
制定计划权利	•集中在国家计划委员会	•国家只决定国家的重要产业，各道工业总生产额，基本建设投资额 •其他具体事业管理权下放到机关，企业单位，地方行政机关	•部分决策权
经营权	•宽松的独立核算制 •成本价概念不清晰 •放宽对工厂企业的管制	•强化了独立核算制 •强化了成本价概念 •废止了中央机关的各种规定	
原材料市场	•工厂，企业无法解决原辅材料问题	•开设原材料市场 •一定比例的生产物资交付原材料市场	•市场范围扩大
分配方式	•平等主义分配原则 •无视按劳分配	•以获得收益为基准分配 •根据收益支付奖金.国家的劳动动员工作要支付报酬	•按能力级别区分 •限制国家免费劳动动员
社会保障	•粮食，消费资料，住房免费	•粮食，消费资料，住房按原价支付	•废除配给制度

资料来源：《韩国银行年报》(2002)，参见www.qkankan.com。

废除平等主义分配原则和公式化工资，实行差别工资制

朝鲜当局对企业和个人采取了按劳分配制。当时，朝鲜对工厂和企业单位从务实保障原则出发，视所获得收益多少确定工资高低。工厂和企业单位收益越多，劳动者超过基本工资之外的工资就越多，民众由此彻底体会到社会主义按劳分配原则的优越性。粮食和消费品价格以及房租的上涨事实上导致了配给制的废除。朝鲜政府从保障群众利益的角度出发，用提升工资来增强家庭经济生活的自律性，规定"必须用自己所得工资来解决所有的生计问题，任何人都必须把'经济利益'和自己的生活紧密联系在一起思考"。

下放部分决策权

1965年以来，在"计划的一元化和具体化原则"指导下，朝鲜国家计划委员会对国家经济事务具有决定权，但是这次措施中国家计划委员会只对战略性的国家重要事业和各道工业生产总值及基本建设投资额等有决定权，其他具体事业由相应机关，企业和地方行政机关来负责。特别是地方经济部门，除不能决定工业生产总额和基本建设投资额等重要指标外，对其他具体指标都有决定权。

赋予工厂和企业经营自律权，强化独立核算

由工厂和企业自己解决原辅材料不足问题，并用成本价概念来进行资金和物资之间的评估，制定财政计划办法和计算体制，实行生产专门化原则，通过对所有工厂和企业进行生产专业化建设来强化"自力更生"原则。随着党员干部把权力全部下放给经营者，地方和企业有权根据实际来制定具体的生产指标并决定部分商品价格。朝鲜通过降低内阁和国家经济机关的控制权等措施，使企业成为自主经营者，各个企业用增加的利润来提升职工工资，增加他们的生活福利。

原材料供给市场化

朝鲜为使企业做好材料筹备工作，允许成立"社会主义物资供给市场"。通过此项措施，企业可以通过市场交易得到生产中需要的中间材料。据此，可以判断：朝鲜已正式引入了市场生产要素。只是交易中一

定要通 过银行来进行付款，才能坚持生产交易时"货币无现金流通"原则。

汇率现实化

"7·1措施"前，朝鲜货币兑换外币汇率被评为"一点也不现实"。当时，朝鲜以1美元兑换290-300朝鲜圆左右的市场交易价格来提高汇率。而按公开汇率制度规定：1美元只约兑换2.15朝鲜圆。"7·1措施"实施后，公开汇率提高至1美元兑换150朝鲜圆，而内部交易汇率则在原来1美元兑换230朝鲜圆左右的基础上提升了近100倍。这个措施是为将来伴随对外贸易活跃化而来采取的外币改革制度。

增加农民耕种用地

为提高农民的生产积极性，实现增产增收的目标，农业部门实施了扩大农民耕种用地的政策。一般来说，朝鲜每个人都拥有100-165平米左右可任意开垦或耕作的土地。"7·1措施"实施后，这一用地扩大到人均约1320平方米。此外，朝鲜当局还新增了土地使用费，规定：凡缴纳过土地使用费的土地，缴费者即可自由耕作(这与中国农业改革初期的家庭联产承包责任制相似)。这样，土地的所有权虽然依然由国家掌控，但是农民具有土地经营权。这是一种通过农民租种土地，租借器材来提高生产力的措施，在一定程度上提高了农民的生产积极性，因为耕地生产的剩余产品归农民所有，可由农民决定如何使用。

(4) "7.1措施"的后续行动

为了使"7·1措施"落实到实处并成功吸引外商投资，朝鲜相继出台了三项法律保障措施。其中包括：A.设立新义州特别行政区。2002年9月12日，朝鲜制定了《新义州特别行政区基本法》，规定设立拥有独立立法权，司法行政权和经济经营权的新义州经济特别行政区。特别行政区的土地和自然资源归朝鲜国家所有，国家决定把行政区建成集国际金融，贸易，商业，工业，尖端科学，娱乐和观光于一体的地区。46) B.建立金

---

46)《朝鲜日报》2002年9月25日，参见 http://monthly.chosun.com/client/news/viw.asp?ctcd=H&nNewsNumb= 200206100024, 访问时间：2018年11月21日。

刚山国际观光特区。2002年11月13日，朝鲜最高人民会议常务委员会制定的《金刚山国际观光特区法》规定：海外同胞及外国的法人和经济组织均可在金刚山观光地区南侧进行投资。"投资者除可投资发展观光业，旅行业，住宿业，娱乐和便利设施业等之外，还可向软件产业等无危害的尖端科学技术部门进行投资。" C.建立开城工业园。2002年11月20日，朝鲜公布了《开城工业地区法》，允许韩国和其他国家的法人，个人与海外同胞以及经济组织在开城工业园进行自由投资，并为投资者设立多种优惠条件。至此，朝鲜已设立了罗津—先锋，新义州，开城，金刚山四个经济特区。

接着，朝鲜还通过采取其他后续行动，以确保"7·1措施"取得实际效果。其中包括放松一度强化管控的农产品交易，同时也重新允许对工业产品进行交易，并于2003年3月把一般的农民市场扩大为综合消费品市场。[47] 综合消费品市场[48]和原有农民市场的差异在于：综合消费品市场全年运营，可对农产品以外的工业产品进行售卖，个人和合作社，工厂及企业等都可成为经营者，而农民市场以售卖农产品为主。

同年3月26日，朝鲜最高人民会议第十九届第六次会议上通过了有关 发行"人民生活公债"的决议。随后，朝鲜发行了从2003年5月1日开始到2013年4月的"人民生活公债"，其中有500朝鲜圆券，1000朝鲜圆券和5000朝鲜圆券三种。该公债和资本主义国家的债券不同，其收益主要来自参加希望中奖的抽签者付费，而不是来源于公债利息。刚开始的两年，6个月进行一次抽签，以后则每年一次。中奖者拥有奖金和原来买公债的本金。公债期限从2008年12月到2013年年末，公债持有者到期可获得全部本金及奖金。[49]

---

47)《朝鲜日报》2003年6月12日，参见https∶//news.naver.com/main/read.nhn?mode=LSD&mid=
    sec&sid1=100&oid=047&aid=0000015035，访问时间：2018年11月28日。
48) 根据内阁指示第24号市场运营方针规定∶A.一方面扩大现有的市场经营规模，另一方面也建设新
    的市场，保障居民便利的生活条件；B. 国营企业和团体也可以在市场上买卖东西；C. 制定市场
    价格和商品价格并使之彻底遵守；D. 积极运营国营商业网；E. 允许机关单位和企业有一定范围
    的优先流通。参见《KDI朝鲜经济》，2004，第26-29页。
49)《朝鲜日报》2003年3月31日，参见https∶//news.naver.com/main/read.nhn?mode=LSD&mid=
    sec&sid1=100&oid=003&aid=0002542976，访问时间：2018年10月12日。

"7·1措施"实施后，朝鲜国内由于物价的大幅上升和工资的提高，所需货币量也日益剧增。这时，在产品供给能力不足尚未彻底解决之际，物价的提高自然引发了通货膨胀。为控制通货膨胀，政府通过发行公债收回了一部分货币量，同时也努力通过鼓励居民把手中的现金换成公债的方式来增加财政收入，接着重新恢复了收缩的配给制。

三. 金正恩"知识经济强国"思想与经济发展

1. 金正恩"知识经济强国"思想

2011年年末，金正日突然离世。金正恩继位后，为了巩固自己的权威，他在构建权力体制的同时努力推进经济建设。他一方面通过人事调整，掌握朝鲜党和国家的最高权力，另一方面积极推行以重视高新技术和提升人民生活为目标的经济政策。

金正恩指出，"强盛国家建设中为了实现关键的转型，首先必须要提高党组织的战斗机能"，要求细化党对行政和经济事业的指导，加强各级党组织对司法，警察机关的领导以及党对工会的领导。他还指出："为了实现经济强国建设和提高人民生活水平的革命性转变，将关乎经济事业的 所有权力必须全部集中到内阁，以彻底确立在内阁统一领导下解决问题的规则和秩序。"他还要求"所有部门和单位，经济有关的问题必须和内阁商量解决，并且不折不扣地执行内阁旨在贯彻党的经济政策的指示"，即把内阁真正作为全面负责国民经济的"经济司令部"，以确立内阁在管理经济中的权威。

金正恩所提"新世纪的产业革命"目标是实现跳跃式的发展(即朝鲜想要跳越以劳动密集型产业为主的改革开放的初级阶段)，因为新世纪产业革命的本质是科学技术革命，掌握尖端技术是走向经济强国的捷径。

在此思想指导下，朝鲜政府进行了周密部署：第一，发展航空航天技术。为此，朝鲜在2013年成功升天的"光明星3号"卫星基础上，进一步自主开发实用型卫星。[50] 第二，发展信息产业，重点研发适用于朝鲜乃至国际市场的先进软件与信息技术。第三，实现轻工业产业升级，提高陶瓷，食品加工，服装，家电等产业的科学技术含量。第四，改良农业生产方式，增加有机农药的供给，采用新品种高产作物，形成循环型生产体系。

朝鲜政府实施上述举措的目标是"要力争用最短时间把朝鲜科学技术提高到世界领先水平，在所有部门实现科技化，使朝鲜成为科技强国"。在此基础上再进一步跨越到"知识经济大国"。关于朝鲜的知识经济强国路线，朝鲜社会科学院经济所李基成教授指出："知识经济强国的建设过程是从机械产业转型为知识经济的过程，这是符合世界经济潮流的。"他还强调指出："朝鲜正以尖端技术为基础，推进技术集约型经济的建设。"所谓知识产业的建设，除信息产业，生物工业等尖端领域的技术以外，还需要宇宙科学技术等领域的知识。很显然，朝鲜发射火箭（导弹或卫星）就是其发展宇宙科学技术和信息产业技术的重点，这在朝鲜知识产业建设中居于核心地位。

随着对朝鲜政府的有效掌控以及对"打开强盛大国之门"目标的追求，金正恩一直积极推进朝鲜经济发展以及与之密切相关的朝鲜对外经济合作。比如，2014年5月30日，金正恩推出一项改革措施——"根据现实发展需求，确立我们式的经济管理方法"[51]（简称："5·30谈话"）。根据这一指示，朝鲜政府向企业下放了大量生产经营权，鼓励企业根据实际情况独立开展经营活动。据此，朝鲜相关企业在制订生产计划，原材料采购，产品销售和利润分配方面享有前所未有的主动权和自主权。新措施允许企业将部分所得按照规定上缴国家，剩余部分自行决定如何使用（如

---

50) 中宁：《光明星能否给朝鲜带来光明》，《东北之窗》2012年第7期，第24-31页。

51) 其主要内容包括：坚持科技与生产经营的有机结合，充分发挥科学技术的作用；推行社会主义企业经营责任制，工厂、企业和合作农场全面实施经营管理责任制；坚持按劳分配的社会主义分配原则；坚持党委对经济工作的集体指导，在"社会主义守护战"中贯彻落实党的意志和要求。引自《金正恩"5·30谈话"内容》，《统一新闻》2014年5月30日，参见
http://www.togilnews.com/news/articleview.html?idxno=110421，访问时间：2020年12月27日。

用于设备投资，提高生活费，扩大再生产等）；工厂可以根据自己的需要自行决定收益的利用方式。[52] 新措施显著提高了劳动者的积极性，大幅提高了朝鲜工厂的生产效率，客观上促进了朝鲜经济的自主性并提高了产品的国产化比例。

2．经济建设与"核武力"建设并行

1995年，金正日提出了一切以军事工作为先，一切以军事工作为重的"先军政治"路线。这种先军路线的长期执行使朝鲜背负了沉重的军费负担并大大拖累了朝鲜的经济发展。金正恩上台后，朝鲜开始从军事主导向经济主导转换，日渐弱化"先军政治"，强调经济改革并致力于提升经济 建设在国民经济中的地位和作用。

在2013年3月31日召开的劳动党中央委员会大会上，金正恩提出了"经济建设与核武力建设并进"的战略思想。对此，朝鲜中央广播电台等官方媒体评价道："这不仅是通过发展核自卫力量强化国防的政策，而且是加大经济投入建设社会主义强盛国家的最具革命性和大众性的路线。"朝鲜官方媒体还指出，"新的并进路线的真正优越性在于，在不增加国防费用的前提下，通过提高战争威慑力和防卫力的效果，来实现将主要力量投入到经济建设和人民生活的提高"目标。对于经济建设，相关报道也指出，"应重点建设人民经济中的关键部门，基础工业部门，最大限度地提高生产量，同时将主要精力集中到经济强国建设中不可忽视的农业和轻工业上，在短期内稳定并提高人民生活"，再次强调该路线是考虑国民生活的政策。在2012年金正恩的152次视察中，与军事相关的视察占43%，与经济相关的占6%。而在2013年229次视察中，军事视察占比下降1%（占42%），经济视察占比上升5%（占11%）。这体现出他对经济工作愈

---

52)《从平壤326造船工厂看经济管理的新指导》，《朝鲜新报》2013年5月1日，参见
https://news.naver.com/main/read.nhn?mode=LSD&mid=sec&sid1=110&oid=262&aid=0000000271，
访问时间：2018 年12月11日。

加重视。在2012年12月的劳动党内部谈话中，金正恩声称，现在是粮食比子弹更加重要的时代，要用3年时间把朝鲜经济恢复到20世纪60-70年代的标准，能够让人民住瓦房，吃米饭，喝肉汤。53) 这些言语反映出金正恩加大经济建设，改善朝鲜经济不平衡发展的决心。

　　朝鲜将经济建设与"核武力"建设并行推进，一方面表明其已认识到发展经济的重要性(这是对以往一切以军事优先，以军事为重的"先军政治"的一种修正)，强调在"不增加国防费用的基础上，却能有效加强战争遏制力与防卫力，使全国上下能将力量集中在经济建设与提高人民生活　质量之上"；但另一方面显示其依旧坚持继续加强核武力建设的政策(这是对"先军政治"的延续)，强调"只有紧握核盾牌，才能粉碎美国的野心，保卫民族的生存权"。对于朝鲜的这一路线方针，国际社会并没有太积极的反应。韩国称，这一路线绝不可能获得成功。实际上，朝鲜在核武器上的坚定态度毫无悬念地导致了其面临的国际环境很难得到改善，进而造成朝鲜对外经济合作的开展难以获得有效保障。

　　另外，经济建设与"核武力"建设并行路线并没有对朝鲜既有的经济体制进行结构性的变革。朝鲜试图集中力量搞经济建设，却没有配套的制度改革，仍然更多地坚持对旧有的制度实施相应的经济管理。因此，这期间朝鲜所采取的经济改善措施只能起到战术性的刺激作用，而无法改变国家的整体战略发展方向。在此背景下，朝鲜这一时期的对外经济合作自然收效不大，比如在数量众多的开发区中没有一个起到立竿见影的效果。特别是在第六次核试验之后，国际社会对朝鲜的制裁空前严厉，朝鲜进出口商品的种类和数量也因此受到严格限制，成品油进口量也从200万桶压缩到50万桶。尽管制裁没有迫使朝鲜放弃核导计划，但却使其对外经济合作几乎陷入瘫痪与停滞状态。

---

53) 王寒：《金正恩要来中国学改革》，《世界报》2011年4月13日，参见
　　http://world.people.com.cn/n1/2011/0413/c1002-30329009.html，访问时间：2019年2月10日。

3. 金正恩经济改革展望

金正日执政时所推行的经济改革并未给金正恩带来多少有价值的改革遗产。不仅如此，金正恩执政之初，朝鲜自20世纪90年代中后期接连爆发的粮食，外汇，能源危机尚未得到根本缓解。面对复杂多变的国际形势以及危机四伏的国内经济难题，金正恩在经济建设与"核武力"建设并行战略的指导下一度出台了一系列经济改革措施，向外界发出了有关似乎会进一步深化经济改革的"信号"与决心。

(1) 金正恩经济改革举措

在农业领域，推行圃田责任制(类似中国的家庭联产承包责任制)。具体措施是将农村生产大队分成若干小组(每组4-6人)自立经营，允许农民将所生产农产品的70%上缴国家后自行处置剩余的30%，借以调动农民生产积极性；保障种子，肥料等生产材料的供给，加速农业机械化发展，借以解放农业生产力，提高劳动效率；围垦滩涂造地，规定自拓斜坡耕地所产粮食归个人所有；实施还林用林助农举措，推行林农复合经营模式，改进农林增产方式。

在工业领域，实施社会主义企业责任管理制以及厂长负责制，扩大企业计划权，财政权和组织权，明确企业销售权，推广独立核算制；优先发展电力，致力于解决制约企业发展的能源不足难题，提倡使用太阳能，风能，水电等新能源；强调经济民生，重视民用建筑发展，加大包括食品业，纺织业和鞋业等在内的轻工业发展力度；积极倡导新技术应用，加强对轻工业和重工业的技术改造，提升企业对新产品的研发能力。此外，激发工人生产积极性，开展"速度战"运动，加快实现生产目标；提倡原材料和器械共用，缓解原材料和器械供应不足难题。

在对外经济领域，从鼓励对外贸易和吸引外资两方面入手，奉行更灵活，更开放，更均衡的对外经济政策。考虑到以往朝鲜因严格把控贸易主体数量，规定各省，各中央机关只设1个贸易公司和外事机构，导致各生产企业无法直接从事对外贸易，为此，金正恩改革贸易许可证制度，优化进出口资源配置(如默许贸易单位相互租赁贸易许可证)，大力推动贸易多元化和多边化，努力扩大对外贸易种类。如2014年4月朝鲜将分属不同部门的贸易省，合营投资委员会和国家经济开发委员会合并为内阁下属的对外经济省，以简化企业外贸手续。同时，将原本仅限于大型企业的外贸经营权扩大到各个企业。为此，朝鲜企业各团体甚至事业单位一度呈现"全民外贸态势"。此外，大量增加劳务输出和发展对外旅游业。

在特区经济建设领域，加大吸引外资力度。金正恩强调"我们要最大限度地利用现有的自立经济基础和一切潜力，在改善人民生活和建设经济强国中带来变化"。为此，朝鲜2013年先后在沿海，沿边地区增设了19个经济开发区，并将新义州经济特区更名为新义州国际经济区，面向全世界所有国家招商。这样做的目的在于希望发挥各地方资源的特点及优势，提高出口指标，创造更多外汇，以促进国家经济发展和人民生活水平的提高。

(2) 金正恩经济改革的困难

受过西式教育的金正恩有可能在今后相当长的时间里还难以实行大刀阔斧的改革开放，原因如下：

第一，朝鲜缺乏推动改革开放的思想基础。朝鲜要改革首先必须革新陈旧落后，阻碍社会发展的政治思想。就目前来看，朝鲜尚不具备思想解放的条件。对于朝鲜这样的国家，领袖的作用是巨大的，思想解放的口号只能由金正恩提出。没有政治思想的革新为先导，朝鲜很难进行全面改革。

第二，朝鲜缺少推行改革的宽松外部环境。对面临资金，技术短缺的朝鲜来说，要推动经济增长，扩大开放，引进外资与国外先进的技术设备必不可少。然而，朝鲜所面临的特殊外部国际环境使改革开放举步维艰。多年来，由于朝鲜对发展核武器的坚持，招致了国际社会对其经济制裁的不断升级。在拥核与被制裁的恶性循环中，朝鲜事实上日益走向孤立境地，很难获得国外资金和技术支持。

四．结束语

朝鲜虽然其经济发展曾在很大程度上依赖中国，苏联等社会主义国家的援助，但其在对外关系方面一直尽力避免受任何大国的支配，奉行独立自主的外交路线。在经济方面，其把建设自立的民族经济作为目标。比如，在中苏关系恶化时期，朝鲜第一代领导人金日成高举"自主"旗号，在国内确立了"主体思想"的执政体制。

20世纪90年代，由于苏东剧变，金日成的去世以及接连不断遭受自然灾害和第一次朝核危机的冲击，朝鲜经济发展陷入了"外汇，能源，粮食，原材料不足"的综合性困境之中。面对这一系列的危机，朝鲜第二代领导人金正日为了维持政权稳定，通过对苏联东欧等社会主义运动失败原因的总结，提出了"先军政治"和"苦难行军"的治国理念。在理论方面，金正日提出了在军事，经济，政治领域建设发达的强盛大国的目标。但在实际工作中，强调经济建设服务于"先军政治"，国家的资源总是被优先分配给军事部门，而且侧重用于与军需相关的重工业，致使轻视轻工业和农业的现象丝毫没有得到改变。此外，当时，朝鲜高调开发核武器和弹道导弹等大规模杀伤性武器，导致与国际社会的摩擦加大，进而使其对外开放和引进外资计划到处遇阻。为了解决这一系列问题，金正日在2002年推出了"7·1措施"。

实施"7·1措施"的本意是希望在一定程度上运用市场经济规律，并通过重组国有企业，改变计划经济的指导方式，改变企业管理模式，调整物价和工资，扩大企业的经营自主权等手段，激发各地企业，农场的活力与生产积极性。

　　然而，遗憾的是，当时朝鲜并没有把握住市场经济发展的新动向，也未及时出台各项保障市场经济发展的新举措，更没有使其制度化，政策化，结果导致物资供给差额日益扩大以及通货膨胀加剧，贫富差距加大和党政军部门贪污事件增多等问题。此外，这时朝鲜还因开发核武器和弹道导弹等大规模杀伤性武器，遭受了联合国安理会更加严厉的制裁。其外交事务除保持与中国的友好关系外，和美国，韩国，日本等西方国家的关系都陷入"冰谷"。

　　2012年，金正恩上台后，朝鲜一度希望弱化"先军政治"，突出经济改革，注重提升经济建设在国民经济中的地位和作用。但是，在"经济建设和核武力建设并行"路线的指导下，朝鲜开展的包括对外开放，吸引外资等在内的经济改革举措一直未达预期目标。时下，金正恩经济改革所面临的两难困境是：不进行经济改革，朝鲜国内外压力与困难将与日俱增，国民生活条件得不到保证，政权的长期稳定难以确保；而进行改革，则又很可能危及朝鲜的"主体思想"与权力体系，最终危及统治者自身的地位与权力。在这种两难困境中，朝鲜虽然未来选择走市场经济取向的改革开放之路是大势所趋，但通往这一目标的道路会充满曲折，呈现渐进性特征，也不排除出现反复或倒退的可能。

第三章

中朝关系的发展变化

第三章 ——————————————

中朝关系的发展变化

19 49年10月6日，中朝正式建立外交关系，朝鲜成为最早与新中国建交的国家之一。继1953年7月27日朝鲜战争停战协定的签订，朝鲜半岛以北纬38度线为界的南北分裂状态被再次固定。这时，北方的朝鲜和南方的韩国因社会制度和政治体制不同，分别加入了两个不同的国际阵营，形成了南北对峙的冷战状态。面对这样的现实与形势，具有相同社会政治体制和价值观的中朝两国，为了国家利益和地缘战略结成了"特殊关系"。但是，随着1978年以后中国改革开放政策的实施，中朝之间从"友好合作互助"关系逐渐演变成"互惠关系"，进而发展成了当前的"睦邻友好关系"。

一. 中朝友好合作互助关系

1. 毛泽东时期中国与朝鲜的关系

　　1949年中华人民共和国成立后不久，美国对中国采取了各种敌对政策。其中包括对中国在政治上限制与打压，在经济上封锁与禁运，在军事上包围与威胁。所有这些，使新中国当时百废待兴的经济建设面临着巨大困难。为了改善国际环境，新中国成立后实行了加入以苏联为首的社会主义阵营的"一边倒"外交方针。在此背景下，中国承认朝鲜民主主义人民共和国政府为朝鲜半岛唯一合法政府，并与其迅速建立外交关系和互派大使，拒绝承认李承晚"傀儡"政府。[1)]

　　长期以来，中朝两国是唇齿相依的邻邦。对于中国来说，"整个朝鲜都是中国东北的安全屏障"。[2)] 朝鲜半岛局势的稳定与中国的国家安全密切相关。历史上，中国（比如明朝）通过帮助朝鲜抵御日本势力的侵略而使中国东北地区的安宁和稳定得以维持；但同时也由于清朝末期中国军队甲午海战的失败导致日本占领了朝鲜半岛，进而使日本以朝鲜半岛为"跳板"，开启了对中国长达半个世纪的侵略和殖民活动。

　　鉴于朝鲜的特殊地理位置以及中国共产党和朝鲜劳动党之间早在抗日战争形成的"同志加兄弟"特殊关系,[3)] 维持朝鲜半岛的和平与稳定，反对侵略一直是新中国对朝外交工作方针之一。事实上，新中国成立之前，中国共产党代表就于1949年3月18日与朝鲜代表在苏联缔结了《中朝相互防御协定》。[4)]

---

1) 潘忠岐：《地缘学的发展与中国的地缘战略》,《国际政治研究》2008年第2期，第86页。
2) 索尔.科恩：《地缘政治学——国际关系的地理学》, 严春松译，上海社会科学院出版社，2011，第300页。
3) 早在中国人民抗日战争时期，大量朝鲜劳动党党员在中国加入过中国共产党，在延安参加过中国革命。参见 GimSangsun：《朝鲜十五年史》，知文阁出版社，1961，第61-65页。
4) 早在新中国成立之前，中国共产党代表就于1949年3月18日与朝鲜代表在苏联举行的会议中 缔结了《中朝相互防御协定》。该协议规定：A.双方"根据马克思列宁主义和无产阶级国际主义原则，在互相尊重国家主权和领土完整，互不侵犯，互不干涉内政，和平互利，互相援助和支持的基础上，决心尽一切努力，进一步加强和发展两国兄弟般的友好合作互助关系，共同保障两国人民的安全，维护和巩固亚洲和世界的和平"。B."缔约双方保证共同采取一切措施，防止任何国家对缔约双方

1950年6月25日，朝鲜战争爆发。6月28日，毛泽东立即呼吁"全国和全世界人民团结起来，进行充分的准备，打败美帝国主义的挑衅"。[5]7月6日，周恩来就6月27日联合国安理会通过的关于武装干涉朝鲜的决议致函联合国秘书长，指责该决议"支持美国武装侵略，干涉朝鲜内政和破坏世界和平""不仅毫无法律效力，而且大大破坏了联合国宪章"。[6]8月4日，毛泽东在中共中央政治局会议上再次指出："如美帝得胜，就会得意，就会威胁我。对朝鲜不能不帮，必须帮，用志愿军形式，时机当然还要选择，我们不能不有所准备。"周恩来也在会议上强调说："如果美帝将北朝鲜压下去，则对和平不利，其气焰会高涨起来。要争取胜利，一定要加上中国的因素，中国的因素上去后，可能引起国际上的变化。"

8月中旬，朝鲜人民军将韩军驱至釜山一隅，攻占了韩国90%的土地。9月15日，以美军为主的联合国军在仁川登陆，开始大规模反攻。10月25日，中国人民志愿军正式渡过鸭绿江赴朝作战。

在将近3年的抗美援朝斗争中，中国向朝鲜投入了200多万志愿军(参见表3.1)，为朝鲜无偿提供了大量各式各样的武器和装备。据部分公开资料显示，中国支援朝鲜的武器和装备包括步枪76000支，火炮920门，汽车1230辆，无线通信700台，地雷1900个，手榴弹39.6万枚等，其中主要是轻武器。到1958年中国军队撤离朝鲜时，还留下了相当多的军事装备。[7]由此可推断出当时中朝两国之间已经超出了单纯的阵营援助关系。

的任何一方的侵略。一旦缔约一方受到任何一个国家或者几个国家联合的武装攻击而处于战争状态时，缔约另一方应立即尽其全力给予军事及其他援助"。C."彼此给予一切可能的经济和技术援助""继续巩固和发展两国的经济，文化和科学技术合作"。见刘金质《中朝中韩关系文件资料汇编》(1919-1949)，中国社会科学出版社，2000，第1279-1280页。

5) 中华人民共和国外交部，中共中央文献研究室编，《毛泽东外交文选》，中央文献出版社/世界知识出版社，1994，第137-138页。

6) 刘金质，杨淮生：《中国对朝鲜和韩国政策文件汇编》(1949-1994)，中国社会科学出版社，2000。

7) 当代中国丛书编委会编《当代中国军队的军事工作》(上卷)，中国社会科学出版社，1989，第577页。

表 3.1　朝鲜战争时中国军队派出情况

区分	野战军	炮兵师团	铁道工兵师团	电车师团	保卫师团	空军师团	工兵师团	总人员
规模	25个	70个	10 个	3个	3个	12 个	15 个	230 万名

资料来源：当代中国丛书编辑委员会编《当代中国军队的工作》(上卷)，中国社会科学出版社，
　　　　　1989，第577页。

2. 《中朝友好合作互助条约》的签订

1953年7月27日，《朝鲜停战协定》在朝鲜板门店正式达成。长达3年多的朝鲜战争自此结束。为了帮助朝鲜战后重建，中国在朝鲜战争后继续 向朝鲜提供了各种无偿援助。

11月，金日成率领朝鲜代表团访问中国，讨论了战后朝鲜经济恢复及中国驻朝鲜军队在朝鲜境内继续驻屯问题。11月23日，两国签订了《中华人民共和国与朝鲜民主主义人民共和国经济及文化合作协定》。从协议所涉经济，文化，教育，交通等内容来看，中国显然把朝鲜国内建设看成了与中国利益相关的事业，中国对朝鲜的援助充满热情。[8] 根据协议，中国政府重申了在战争期间无偿给予朝鲜人民援助的决定，并为恢复朝鲜经济给予8亿元人民币的物资支援，包括1954-1957年对朝鲜提供各种工业设施，器材，机关车，火车和生活必需品等。[9]

1957年，正值朝鲜第一个五年计划执行关键期，朝鲜此时还需要更多的外来援助构筑其工业发展经济基础，借以更好地强化国防力量。为此，中国政府自1958年9月至1960年10月对朝鲜提供了三次无息贷款，并明确了援助朝鲜的项目和物资。1958年9月27日，中朝两国政府签订了《1959-1962年长期贸易协定》和《关于中国向朝提供两项贷款的协

---

8) 李瑞琴：《中朝关系的历史演进及当代影响》(1949-1961)，西南科技大学硕士论文，2017年6月12
　　日，第37页。
9) Huang Jiangyeop：《秘录公开》，月刊朝鲜社，2002，第424-425页。

定》。此后，中朝两国还签署了一些在经济合作以及科技与文化交流方面的其他协定。10)　总之，20世纪50年代中后期，中国对朝鲜的经济援助对巩固朝鲜的经济基础起到了仅次于苏联对朝援助的决定性作用。

其间，为进一步巩固和发展中朝关系，中国政府开始着手与朝鲜政府协商有关撤走在朝鲜战争中驻留在朝鲜的少量部队问题。1957年11月，毛泽东访问莫斯科期间同金日成商定，中国人民志愿军于1958年撤出朝鲜。11)　1958年2月14-21日，周恩来访问朝鲜并在平壤声明：中国人民将依旧坚定不移地支持朝鲜人民的正义事业。不久，中国人民志愿军25万人分别于1958年3月16日至4月25日，7月11日至8月14日以及9月26日-10月26日分三批全部撤离朝鲜回国。12)　中国军队撤出后，中国对朝鲜的军事援助仍继续增加。同年11月和12月，金日成两次访问中国。针对由于志愿军撤离造成的朝鲜军事力量弱化现状，中国为朝鲜提供了3亿美元的无偿援助以及各种军事装备[包括提供米格–15战斗机80多架(1958年)，伊尔–28U轰炸机(1958-1959年)，雅克–18教练机20余架(1958-1959年)，米格–17中国型号歼–5战斗机300多架(1958-1960年)和米格–19战斗机20余架；20吨级小型扫雷艇24艘(1957-1960年)，哨戒艇2艘以及鱼雷艇9艘(1960年7月)]。13)

与此同时，朝鲜在这一时期分别与中国和苏联协商签订友好合作互助条约事宜。继1961年7月6日苏联与朝鲜签订《苏朝友好合作互助条约》之后，7月11日金日成率领朝鲜党政代表团访华，与中国签订了包括自动军事介入条款在内的《中朝友好合作互助条约》。14)其中，《中朝友好合作互助条约》内容大致包含四个方面：A. 双方应根据国际主义原则，进一

10)《彭真同志在中阿，中保，中匈，中越，中德，中朝，中蒙，中波，中罗，中捷友好协会成立大会上的讲话》，1958年9月30日。
11)《中国对朝鲜和韩国政策文件汇编》(1949-1994)，中国社会科学出版社，2000，第175页。
12) 第一批：1958年3月16日至4月25日，撤出6个师8万人；第二批：7月11日至8月14日，撤出6个师及其他特种部队共10万人；第三批：9月26日至10月26日，撤出包括志愿军总部，3个师和后勤保障部队共7万人。
13) 陈峰军，王传剑：《亚太大国与朝鲜半岛》，北京大学出版社，2002，第303页；《周恩来年谱》(1949-1976.上)，中央文献出版社，1997，第176页。
14)《周恩来年谱》(1949-1976.中)，中央文献出版社，1997，第441页。

步加强友好合作，维护亚洲与世界和平。B. 缔约一方受到武装进攻，另一方应立即尽全力给予军事和其他援助。C. 双方不参加反对对方的同盟，集团，行动或措施。D. 发展经济，文化和技术合作，给予经济和技术援助等。

该条约的签订标志着中朝两国军事同盟的形成。15) 周恩来强调"中朝两国的安全是不可分割的，社会主义阵营的安全是不可分割的"，"任何对朝鲜民主主义人民共和国的侵犯，也就是对中华人民共和国的侵犯，也就是对整个社会主义阵营的侵犯"。金日成指出："这次朝中两国签订的友好合作互助条约，同朝苏两国友好互助条约一道，……对于亚洲和全世界和平的巩固，将会做出重要的贡献。"16) 彭真在谈及该条约时说："这个条约，是我们两国人民为大团结和战斗友谊的结晶，也是中朝友好关系史上光辉 的里程碑。"17)

从表3.2可以看出，中朝条约较苏朝条约更加强调同盟关系和对对方的军事支援以及条约的永久化原则等。苏朝条约从社会主义理念出发，以"国际社会主义原则"为依据，而朝鲜与中国缔结的条约则加入了"兄弟国"的内容。关于条约有效期的内容也有所不同，朝苏条约规定双方缔结10年后每5年进行一次续订，但是中朝条约则没有。朝鲜认为，中朝条约在保障安全问题上能起更大作用。由此可以明显看出：当时朝鲜要加强和中国关系的意图。

该条约的签订对中朝双方具有重要意义。对中国来说，该条约既保证了中国东北地区的安全，也彰显了中国政府在对外关系中恪守尊重他国领土主权，平等互惠的原则，从而更有利于日后在国际政治舞台上争取更多第三世界国家的支持并提高中国的国际影响力。对于朝鲜而言，朝鲜通过《中朝友好合作互助条约》走出了中国从朝鲜撤军后朝鲜在北纬38度线军事防御上的安全困境，实现了国家利益的最大化，并从中苏两国那里得到了更多的实利。18)

15) 刘金质，杨准生：《中国对朝鲜和韩国政策文件汇编》(1949-1994)，中国社会科学出版社，2000，第1281页。

16) 《朝中友好互助条约是亚洲和平的有力保证》，《人民日报》1961年7月13日第二版，参见 https://max.book118.com/html/2017/0615/115379218.shtm，访问时间：2018年10月26日。

17) 《中朝人民永远紧密团结患难与共携手并进》，《人民日报》1961年7月13日第二版，参见 http://www.doc88.com/p-9743510917808.html，访问时间：2018年11月30日。

表 3.2　《苏朝友好合作互助条约》和《中朝友好合作互助条约》比较

项目	《苏朝友好合作互助条约》[19]	《中朝友好合作互助条约》
缔结时间	1961年7 月6日（10年）	1961年7 月11日（永久）
主要内容	·一方处于战争状态时，另一方马上采取所有手段进行军事和其他援助 ·双方都不参与反对对方的行动或者加入反对对方的同盟	·两方中的一方遭受第三国侵略时共同采取所有措施防止侵略 ·双方绝不加入反对对方的任何同盟
条约改订	·若一方在到期前一年内不提出废止意见，将自动生效5年。	·在修订和废止方面如果没有双方协议，则此条约继续生效
修订	·1996年9 月废止后于2000年2月又签订了新的条约（废止自动军事介入条款）	·现在仍维持着基础条约

　　1962年6月28日，周恩来与到访的朴金喆及朝鲜驻中国大使韩益洙等讨论了中朝边境问题。[20] 9月11日，中朝在沈阳签订了《朝鲜—中国边境铁道共同委员会议定书》。[21] 10月3日，中国外交部长姬鹏飞和朝鲜外交部长柳章值在平壤签订了关于边境问题的会议纪要。[22]

3.　"文化大革命"前后的中朝关系

　　1953年3月5日，斯大林逝世。不久，经历苏联共产党内的一系列政治斗争后，赫鲁晓夫最终执掌了苏联大权。1956年，苏联共产党召开了

---

18) 李瑞琴：《中朝关系的历史演进及当代影响》(1949-1961)，西南科技大学硕士论文，2017年6月12日，第39页。

19) 苏联于1991年12月25日解体后，俄罗斯作为苏联的继承国是该条约的履约一方。

20)《周恩来年谱》(1949-1976.中)，中央文献出版社，1997，第465-502页。

21)《朝鲜中央年鉴》，(平壤)朝鲜中央通信社，1963，第196页。

22) Lee Jongseok：《朝鲜劳动党研究》，历史批评出版社，1995，第232页；《周恩来年谱》(1949-1976.中)，中央文献出版社，1997，第468-502页。

第20次代表大会。会上，赫鲁晓夫发表了在和平共处基础上的世界大战"不是注定不可避免的"主张，提出了社会主义发展中的多元理论，并就斯大林的个人崇拜体制和恐怖政治以及和南斯拉夫关系的断绝等问题作了全盘否定斯大林的"秘密报告"。赫鲁晓夫的种种言论和行为引起社会主义阵营的思想混乱，特别是因为其与中国领导人对共产主义革命和社会主义建设等方面的认识有很大不同，使原本就已存在的"中苏分歧"逐步公开化。

此时，朝鲜出于对国家利益的考量，最初在中苏之间实行"均衡外交"，以尽量与中苏两国都保持友好关系，实现自身利益最大化。1958年12月，金日成在北京与周恩来共同发表"继续进行和现代修正主义的非　妥协斗争"[23] 宣言的同时，依旧努力从苏联方面获得大量经济和军事援助。不久，随着苏朝，中朝友好合作互助条约的先后签订，朝鲜逐步在恶化的中苏论战中公开支持中国。1961年，在苏共召开第22次代表大会上，金日成表态支持当时正被东欧攻击的中国共产党，表明了"维护兄弟党间的相互支持，论战不干涉内政和相互团结"的立场。随后，中朝双方对此展开了多次对话与交流。1963年9月14-27日，中国国家主席刘少奇率领有叶剑英等人参加的中国政党代表团，对朝鲜进行正式访问；16日下午，刘少奇向金日成介绍了中苏论战情况（金日成的看法是：赫鲁晓夫下一步可能要攻击朝鲜劳动党，朝鲜劳动党正准备参战……）；9月17日上午，中朝双方又进行了3个半小时的会谈（金日成在会谈中再次向刘少奇表明了朝鲜加入论战的决心，表示朝鲜劳动党不愿站在第二线）。[24] 20世纪60年代前期，中朝除两国领导人多次互访外，双方还派出高级代表团进行互访。其中，主要互访事件有：1960年10月，贺龙率中国军事代表团访朝；1962年4月23日，彭真率中国全国人民代表大会代表团访朝以及6月16日朴金喆率朝鲜最高人民会议代表团访华；1964年5月10日，崔元泽率朝鲜最高人民会议代表团访华……1965年10月24日，杨勇率中国

---

23) 刘金质，杨淮生：《中国对朝鲜和韩国政策文件汇编》(1949-1994)，中国社会科学出版社，2000。
24) 《朝鲜曾准备加入中苏论战》，《朝闻天下》2015年5月23日。

人民友好代 表团访华。[25]

此时，苏联虽然对金日成有所不满，但是考虑到朝鲜的战略价值依旧不断援助朝鲜。特别是勃列日涅夫上台后，苏朝关系日渐热络起来。比如，20世纪60年代，朝鲜和苏联签订了"苏联在1961-1967年间对朝鲜工厂和发电所的建设提供技术支援"的协定，此后还签订了1962-1965年间关于相互通商的协定。[26]

1966年，中国"文化大革命"爆发后一度波及中朝关系。当时，中国国内的极左势力曾批判朝鲜劳动党为修正主义。1965年开始，中朝两国在边界问题上多次发生冲突与矛盾。[27] 1966年10月，中国共产党机关报《人民日报》和朝鲜劳动党机关报《劳动新闻》停止交换各自重要新闻素材。1967年年底，中朝两国都各自撤回大使，决定暂由临时代办处理两国使馆日常事务。1968年，中国曾一度关闭中朝边界中方通道。1966-1968年，朝鲜官方报刊发表了一系列评论文章，批评"左"倾机会主义，教条主义，大国主义和沙文主义来影射中国。[28] 在丹东地区，白天，中朝双方用高音喇叭隔着鸭绿江互骂对方"变修"；晚上，组织人员在鸭绿江边站岗，防止对面有人偷渡过来。中朝关系进一步升级恶化。

这时，中朝双方出于国家利益的考虑，彼此并未使双边关系进一步恶化。从中国方面来说，朝鲜半岛的地理位置与作用对中国的国家安全仍然十分重要。此时，中苏正处于对抗之中，如果朝鲜完全倒向苏联，中国东北有可能面临不稳定的形势且美国也会趁机向中国施压。从朝鲜方面来看，中朝双方同属社会主义阵营，由于意识形态相同且地理位置靠近，又有着相当长的友好交往历史，朝鲜担心如果一旦失去了中国的支持与援助，美国和韩国可能会打破朝鲜半岛的南北平衡局面。同时，美苏关系如果趋向缓和，将加剧朝鲜对国家安危的担忧。1969年4月，美国一架间谍飞

25) 杨昭全，孙艳姝：《当代中朝中韩关系史》(上卷)，吉林文史出版社，2013，第436页。
26)《朝鲜中央年鉴》，(平壤)朝鲜中央通信社，1961，第136页。
27)《从党际到国家：冷热交替的中朝关系》，《凤凰资讯》2016年5月6日，参见
   http://news.ifeng.com/opinion/gaojian/special/cx/，访问时间：2020年12月26日。
28)《论中朝关系的发展进程》，《百度文库》2014年6月12日，参见
   http://wenku.baidu.com/view/8bbe0c5dbalaa8114431d9b8.html,访问时间：2020年12月26日。

机EC－121被朝鲜击落。朝鲜本希望能够获得苏联的支持，但是，苏联不仅没有及时回复朝鲜，还帮助美国寻找生还者。这使朝鲜开始改变对苏联的态度。在此背景下，朝鲜开始逐渐加强改善与中国的关系。

20世纪60年代末70年代初，中朝领导人开始频繁见面与会谈。1969年10月，崔庸健率领朝鲜党政高级代表团前来北京参加中华人民共和国建国20周年的大型庆典活动。1970年2月和3月，朝鲜和中国派驻对方的大使分别到任。应金日成主席邀请，同年4月5-7日，周恩来总理率领中方代表团对朝鲜进行了友好访问，并签订了中国向朝鲜提供军事援助的协定。这是1958年以来中国总理第一次访问朝鲜。访问期间，周恩来向金日成等朝鲜领导人就"文化大革命"中出现的问题进行了解释和说明。29) 通过双方领导人的多次会见与交流，中朝双方基本上解决了"文化大革命"爆发以来两国之间产生的误解与猜疑，中朝两国关系开始继续朝着相互信任与友好的方向深入发展。

二. 中朝互惠关系

1. 中国对朝鲜政策的调整

20世纪70年代初开始，大国之间的关系不断变化。具体表现为：中美关系日益改善，中苏关系进一步恶化，美苏关系有所缓解。当时，中国的安全威胁主要来自北方的苏联，因而在对外关系方面执行着"一条线""大片面"的外交政策，明确表示反对苏联霸权主义，维护世界和平。30)

---

29) 中国朝鲜史研究会, 延边大学朝鲜.韩国历史研究所主编《朝鲜.韩国历史研究》(第12辑), 延边大学出版社, 2012, 第430页。
30) 王奇：《二战后中苏(中俄)关系的演变与发展》, 清华大学出版社, 2011, 第46-50页。

(1) 中国对朝鲜政策调整的背景

70年代中后期，中国国家领导人邓小平复出后开启了改革开放新征程。随着中美建交目标的实现，特别是以1982年9月中国共产党第十二次全国代表大会召开为契机，确立了与"和平与发展"时代主题相适应的对外发展新战略后，中国也开始调整和改善对朝鲜关系。当时，中国对朝政策大体概括为：在安全上强调"和平—稳定"，在政治上主张"协助—自主"，在经济上坚持"合作—繁荣"。31) 总的说来，这时的中朝关系整体上朝着比较好的方向发展，中国也一如既往地支持朝鲜，朝鲜半岛局势比较 稳定。在此背景下，恢复和调整中朝关系有了现实可能。

从朝鲜方面来看，1980年朝鲜劳动党召开了第六次代表大会。在会上，朝鲜领导人重新强调希望国家团结统一，实现共同发展进步。中国对朝鲜的这一做法也大加赞同。邓小平指出：中国政府及全中国人民全力拥护朝鲜政府的这个提案；强调处理国家之间的政治和经济关系要始终坚持和平共处五项原则，促进世界和平与人民生活安定。32) 在这段时间内，邓小平，李先念，李鹏等中国领导人先后访问朝鲜并受到朝鲜领导人的隆重接待。继1982年4月邓小平成功访问朝鲜后，同年9月16日金日成主席对中国进行了为期两周的国事访问。两国领导人就进一步加强和发展两党，两国关系以及共同关心的重要国际问题进行了广泛而深入的交流，并取得了一致看法。33) 其间，中朝商谈了中国向朝鲜提供1亿美元的经济援助和70万桶中国产原油物资援助等具体细节。此外，中国还给予朝鲜40架A-5型战斗机，AN-2型飞机和T-62型坦克等装备援助。

20世纪80年代，中国不仅在经济和军事上为朝鲜提供帮助，而且在政治上也非常支持朝鲜。1987年，中国对朝鲜贸易总额已达到5.3亿美元，实际上已达到1950年对朝贸易额的82倍。

---

31) 巴殿君：《中韩对朝政策的相似性及其作用》，《韩国研究论丛》(第17辑)2007年第4期，第111-113页。
32) 《邓小平与和平共处五项原则》，《今日中国》2014年6月3日，参见http://www.chinatoday.com.cn/ctchinese/specialcolumn/article/2014-06/03/content_622133.htm，访问时间：2020年12月26日。
33) 刘金质，潘京初，潘荣荣，李锡遇编《中国与朝鲜半岛国家关系文件资料汇编》，世界知识出版社，2006，第10页。

1983年9月，邓小平明确提出中国要极力维持世界和平，认为朝鲜问题要以和平谈判的方式来进行解决。34) 1988年，邓小平也曾明确地表示："我们的对外政策，就本国来说，是要寻求一个和平的环境来实现四个现代化。"所以希望朝鲜半岛能够尽快地平稳下来，切实解决那些影响和平的国际争端问题。35) 其后，为了适应国际形势的变化，中国对朝政策有所调整。中国希望在维持对朝友好同时，能够平衡和处理好与各个国家之间 的友好关系，并尽最大努力促进与其他国家的和平。

(2) 中朝两国领导来往频繁

随着改革开放成就日益显著，中国领导人开始向金日成展示了改革开放成果。如1982年金日成访问中国时，先由邓小平陪同去了四川，后由胡耀邦同行去了成都和南京。受此影响，朝鲜1984年9月制定了关于对外经济开放的《合营法》。

根据当时媒体的公开报道，从1982年9月金日成访华到1992年6月，中朝重要官员互访85次，其中朝鲜访华71次，中方访朝14次。其间，访问朝鲜的中国领导人有：中共中央总书记胡耀邦(1984年5月和1985年10月)，江泽民(1990年3月)；中国国家主席李先念(1986年10月)，杨尚昆(1988年9月和1992年4月)；国务院总理李鹏(1991年5月)；外交部长吴学谦(1983年5月)和国务委员兼外长钱其琛(1983年5月和1991年6月)等。朝鲜方面访华的领导人有：主席金日成4次非正式访问(1984年11月，1987年5月，1989年11月和1991年10月)；总理姜成山(1984年8月)，李根模(1987年11月)和延亨默(1990年11月)；副总理兼外长金永南(1984年2月和1988年11月)等。36)

---

34) 邵毅平：《朝鲜半岛地缘环境的挑战与应战》，上海古籍出版社，2005，第101-104页。
35) 《〈中国共产党的九十年〉摘录：外交，国防战略调整和"一国两制"方针的形成》，新华网，http://www.xinhuanet.com/politics/2016-07/30/c_129162253.htm，访问时间：2020年12月26日。
36) 刘金质，潘京初，潘荣荣，李锡遇编《中国与朝鲜半岛国家关系文件资料汇编》，世界知识出版社，2006，第10页。

(3) 中朝治国理政的差异

当时，中朝双方领导人虽然保持密切往来，但双方对某些事务的看法并非完全一致，其中主要表现在对社会主义发展阶段的理解上。20世纪80年代，朝鲜开始把自身发展阶段界定为"通向社会主义完全胜利的阶段"，谋求全社会的发展。朝鲜主张的"社会主义完全胜利的阶段"是指减少劳动阶级和农民阶级的差异阶段。度过这个阶段就可以看作是在一定程度上实现了共产主义。[37] 1980年，金日成在全体朝鲜人民面前提出要以这种社会主义的完全实现为目标。

在这期间，中国不断总结和完善社会主义初级阶段理论，并努力建立与当时生产力水平比较低下和落后相适应的生产关系。[38] 但是，与之相反，朝鲜当时即使也处于生产力的低水平阶段，但还是主张建立无阶级的社会并一味地高喊脱离现实的口号，[39] 从而使国家处于更封闭状态。

对此，已充分意识到朝鲜所面临危机的邓小平在1987年11月与朝鲜政务院总理李根模的会见中若有所指地强调了中共十三大政治报告中的最重要内容——新中国建国100年的经济发展战略（即到21世纪中叶，中国要达到中等发达国家的发展水平）。[40] 应该说，当时中国的经济比朝鲜经济要发达些，其主张的社会主义初级阶段都需经历100年时间。这无异于从侧面提醒与推动朝鲜要面对现实。

随着1992年中韩建交以及1994年金日成去世，中朝关系开始发生微妙变化。朝鲜内部的经济转型也一度发生波折。1999年6月1日，朝鲜在《劳动新闻》和《工人》等媒体上发表共同社论，强调"要从萌芽阶段就果断斩断非社会主义要素，这是非常重要的"。

不过，这时朝鲜对中国的改革开放政策仍持积极立场。1999年6月，朝鲜最高人民会议常任委员会委员长金永南访问中国时明确表示：朝鲜

---

37)〔朝〕金日成：《从资本主义到社会主义的过渡期和关于无产阶级专政的问题》，《金日成著作集》(21)，(平壤)朝鲜劳动党出版社，1983，第267-271页。

38) 王瑞璞、崔自锋主编《社会主义初级阶段党的基本路线概论》，中共中央党校出版社，1991，第22-47页。

39) Lee Jongseok：《朝鲜与中国关系》，中心出版社，2002，第292-294页。

40) 中央文献编纂委员会编《邓小平思想年谱》(1957-1997)，中央文献出版社，1998，第399页。

"全力支持中国的改革开放事业，尊重中国党和人民的选择"。2000年5月，金正日访问北京时肯定了中国的改革开放政策，并在访问上海浦东时作出了对引入市场经济要素的中国社会主义市场经济体制的"路线支持"。

2．中国与日本，韩国关系的转型

(1) 中国国际地位的提高

自新中国成立以来，中国一直将周边外交置于对外战略的重要位置。建国之初，中国周边外交关注的重点是致力于维护周边地区的安全与稳定，并加强与周边国家的政治，经济联系。改革开放以来，在国内经济迅速发展的背景下，中国进一步改善和加强了与周边国家的关系，以期与周边国家一同营造安全稳定的发展环境。此外，中国也积极参与国际事务，在国际舞台上发挥着日益重要的作用，大大提高了自身的国际影响力。

综合考察邓小平时期中国的周边外交政策，其主要体现以下三大特点：首先，中国将经济外交和经贸往来确立为与周边国家交往的首要内容。其次，中国坚决维护周边地区的和平与稳定，坚决反对各种形式的霸权主义。比如，中国坚决反对苏联支持越南出兵柬埔寨并向越南展开自卫反击战；对苏联侵略阿富汗也表示坚决反对。最后，中国在南沙群岛，钓鱼岛问题上，提出了"主权属我，搁置争议，共同开发"的创新型领土争端解决办法。其间，中国通过一系列加强周边地区和平与安定的措施，维护了周边地区安定，为改革开放提供了稳定的战略空间，提升了综合国力，充分展现了中国睦邻友好的国际形象，提高了国际影响力，同时为推动世界持久和平与共同发展作出了重要贡献。

随着改革开放的不断深入推进，中国的经济建设成就取得了举世瞩目的骄人业绩。到20世纪90年代末，中国在近20年中经济增长率一直位居世界首位，经济规模上升至世界第7位，基础性工农业产品产量也居世界首位，国际竞争力居世界第29位，对外贸易上升到世界第11位，吸引外资居世界第2位，外汇储备居世界第2位，居民生活水平和生活质量均显著提高。[41] 到2010年，中国超越日本成为世界第2大经济体。2014年中国GDP增长率为7.4%(总额达10.4万亿美元)，与美国的2.4%(总额17.4万亿美元)形成鲜明对比，美中两国经济总量差距逐渐缩小。世界银行和中国国务院发展研究中心共同发布的《2030年的中国》(2012年2月27日发布)显示，中国将在2030年之前超越美国成为世界第1大经济体。[42]

此外，中国在军事领域也呈现快速发展态势。2015年斯德哥尔摩国际和平研究所(SIPRI)发布的各国军备支出情况资料显示，2014年中国军备支出约为2163亿美元，居世界第2位。当今，中国致力于尖端武器开发和武器系统改良。随着第1艘航空母舰辽宁舰的服役，中国海军活动范围逐渐从沿海延伸到大洋，已具备远洋作战能力。此外，中国自主建设了"北斗"卫星定位系统，而且正在开发航天武器。[43]

(2) 中日友好关系的发展

新中国建立之初，日本一直奉行追随美国，敌视中国政策。虽然日本民间存在着对华友好的力量和声音，但由于历届日本政府的顽固与保守，中日两国在相当长时期处于对抗状态。直到1972年，由于国际形势的变化以及两国人民的不懈努力，中日双方发表《中日联合声明》后实现了邦交正常化。为进一步促进中日关系发展中国领导人邓小平复出后中日双方加快了推动签订《中日和平友好条约》的谈判进程。1978年10月23日，《中日和平友好条约》批准书互换仪式在日本首相官邸举行。中国国务院副总理邓小平与日本首相福田赳夫出席互换仪式，中国外交部长黄华和日本外相园田直分别代表本国政府在《中日和平友好条约》批准书上签字。该条约的签订标志着中日关系开启了新的历史篇章。[44] 1979年

41) 北京市委研究室信息处摘编《改革开放以来中国国际经济地位的十大变化》，《中国特色社会主义研究》1998年2月号(电子版)，第62-64页。
42) Kim Sunghan：《中国的崛起与强国政治》，《战略研究》2013年第59期，第6页。
43) 金永山：《朝鲜无核化与韩中战略伙伴关系》，研究生论文，中国社会科学院，2016年4月1日，第25-26页。
44) 徐显芬：《〈日中和平友好条约〉缔约谈判文件——日本外交档案"开示文书"》，《冷战国际史研究》

中日签署的互派留学生协议使两国教育文化交流取得了长足发展，并为日后双方在经贸，文化领域的交流培养了大批人才和精英。从此，文化交流，语言教学，国际化人才培养以及研究智库合作等成为中日关系发展的黏合剂，催化剂和润滑剂。值得指出的是，20世纪80年代初，中日关系因受钓鱼岛争端，靖国神社问题以及日本教科书事件等因素的干扰，不时出现波折。为此，中日双方达成了指导双边关系的"四原则"。[45]　在这"四原则"的指导下，中日两国在经济，科技，文化等方面开展了全面的合作与交流，双边关系得到了健康与持续的发展和进步。1989年中国发生政治风波后，因日本参与西方对中国的经济制裁，中日关系再度冷却。直到1991年，日本首相海部俊树访华，中日政治，经济关系才逐渐得以恢复。[46]

(3) 中韩友好关系的发展

正当中国因1978年实行改革开放政策使国民经济获得迅猛发展之时，韩国开始在世界舞台上变得日益活跃。20世纪70年代，韩国政府开始致力于与"非敌对社会主义国家"展开仅限于经贸，体育等非政治领域的外交活动。全斗焕执政期间，韩国把改善与中国和苏联的关系作为外交上的"重大课题"与主要目标。1978年秋，韩国开始努力与中国接触和沟通。1979年1月1日，韩国政府正式宣布中韩两国将开始在经济和文化领域非政治接触，并通过美，日政府首脑向正在访问美，日的邓小平转达韩国在朝鲜半岛问题上的基本立场以及与中国进行非政治接触的愿望与决心。

对于韩国方面表现出与中国交往的积极姿态和友好愿望，中国方面

2018年9月20日，第233-234页。

45) 1982年6月中国根据中日两国关系的发展状况以及中日两国政府声明和《中日和平友好条约》精神，建议把"和平友好，平等互利，长期稳定"作为发展中日关系的三原则。日本对此表示赞同。1983年11月，时任中共中央总书记胡耀邦访问日本期间，日本首相中曾根提出在中日关系三原则基础上，增加"相互信赖"一项。对此，中国表示接受。这样，"和平友好，平等互利，长期稳定，相互信赖"成为了发展中日关系的四原则。

46) 吴勇主：《当代世界经济与政治》，天津人民出版社，2005，第273页。

给予了积极回应与表示。中国全国人大常委会副委员长叶飞在接见日本自民党议员户塚进也时说，中韩间的交流实际上已经开始了，今后在中国举办的活动韩国也可以参加，在韩国举办的活动中国也可以参加。3月3日，钱其琛副外长接见日本记者团时表示，如果1990年在北京举办第十一届亚运会，中国承诺将邀请包括韩国在内的所有成员参加；不论是否与中国有国家间的关系，今后根据应邀请所有成员的国际体育规则举办比赛，这一体育政策和与韩国的外交关系无关。47) 事实上，20世纪80年代，中国领导人在会见希腊和南斯拉夫的共产党代表时明确表示，"中国的改革开放建立在吸收韩国发展经验的基础上，中国正在对经济开放政策进行彻底的研究"。48) 随着中国对韩国认识的不断深入，中韩两国关系也开始从经济领域逐渐扩展到其他领域，彼此贸易往来更加频繁。

　　当时，韩国通过转口贸易，直接贸易等方式与中方的贸易量不断增加。比如，1985年韩国对中国的贸易规模近9亿美元。此外，这一时期居住在中国的"韩侨"开始回韩国探亲，访问和定居，而且韩国学界人士也在进行学术交流。49) 随着1992年中韩建交的实现，中国对朝鲜半岛的政策开始进入深度调整期。

3．中朝经贸关系的发展

(1) 中朝贸易方式变迁

　　新中国建立初期，中朝经济政策有很多共同之处。比如，两国都实行计划经济体制，对外贸易都严格受国家计划管控，带有明显的封闭性与高度集中性。直到改革开放后，中国的对外贸易才逐渐转向由市场调节，外贸企业开始独立经营核算，自负盈亏。50) 而朝鲜长期以来奉行的

---

47) 韩国外交史料馆：《韩国—中共体育交流》(1984)，第39-40页。
48) Jeong Yongseng：《对中国的认识》，《朝鲜》1984年4月号，第79页。
49) 刘宝全：《20世纪80年代前期中韩人文交流及其意义》，《当代韩国》2017年12月25日，第52页。
50) 崔寿永，侯力：《朝鲜"7.1经济管理改善措施"的成果与局限性——以价格与收入的变化为中心》，东北亚地区和平与发展第十一次国际会议论文集，2004，第542-552页。

一直是"自力更生"的计划经济体制，其对外贸易一直带有明显的国家控制特征，因为对朝鲜而言，对外贸易只是对国内经济的补充与丰富，是为了获取国内生产所必须但又缺乏的物资以及赚取外汇。因此，其外贸原则为：进口优先，贸易平衡及以货易货。为了保障经济自立，朝鲜只进口国内无法生产但又迫切需要的产品，而对于国内生产不需要的产品往往征收高关税，以 阻挡其进入国内市场进而保护国内产品的发展。

　　改革开放后，中国对朝鲜的经济政策从过去出于战略安全，意识形态层面考虑而采取的易货贸易和友好价格贸易方式，逐渐转变为以货币结算方式为主的贸易方式。这种情况在20世纪80-90年代中朝签订的相关经济贸易协定中都有所体现。自1982年中朝签订新的"边境贸易合作协议书"后，中朝边境贸易量开始急剧增加。例如，1990年，两国贸易额达到了1.5亿美元。[51] 1992年中朝所签的新贸易协定规定：两国由过去的物物交换方式转变为货币结算方式，并且减少政府对两国企业交流的介入等。[52]这也标志着社会主义阵营内中国对朝鲜的经济援助模式，政府间记账式贸易的终止与结束。取而代之的是平等主权国家间的经贸往来与交流。随后，由于朝鲜较为严重的经济困难与危机，中朝之间不得不保持着一般贸易，经济援助和易货贸易并存的综合性贸易方式。

　　1994年3月，中国和朝鲜达成了中方向朝鲜提供贷款的协定；1995年两国再次签订同样内容的协定。[53] 1996年5月，朝鲜政务院副总理洪成南访问北京时与中国签订的《中朝经济技术合作协定》规定了以后5年间中国对朝鲜进行经济援助的相关内容。 同年5月21日，两国签订了《中国对朝鲜提供商品借贷的协定》和《关于中国对朝鲜提供经济和军事援助的中华人民共和国和朝鲜民主主义人民共和国之间的协定》。当时中国向朝鲜提供了50万吨谷物，130万吨石油，250万吨煤炭的援助，其中一半是无偿援助，另一半是按照国际市场价格的一半出售给朝鲜。

　　20世纪90年代是朝鲜能源危机和粮食危机最严重的时期。长期以来，

---

51) Seo Jinyeong：《现代中国政治论》，罗南出版社，1997，第310页。
52) 刘金质等：《当代中韩关系》，中国社会科学出版社，1998，第233页。
53) 中华人民共和国外交部政策研究室：《中国外交概览》(1995)，世界知识出版社，1995，第708页。

在中国对朝鲜的主要出口物品中，矿物燃料（主要是石油）占第1位，制粉制品和谷物分别居第2位和第2位。虽然到2000年中国对朝鲜的主要出口物品中，矿物燃料仍然占第1位，谷物占第2位，但是车辆附属品和电子机器分别占第3位和第4位。这是由于自20世纪90年代末以来，朝鲜经济逐渐恢复，对交通工具和各种机械，电子产品的需求急剧增加。

90年代上半期，中国对朝鲜的主要进口产品中，钢铁占第1位，水泥和鱼类分别占第2位和第3位。但是，到90年代下半期，木材占第1位。

表 3.3　中国对朝鲜援助变化　　　　　　　　　（单位：百万美元）

形式	1997年	1998年	1999年	2000年
对朝鲜出口	534.70	355.70	328.70	450.80
援助	34.40	32.00	48.40	27.60

资料来源：中国贸易统计网，http://www.yearbookchina.com/navibooklist-N2006010461-1.html，访问时间：2019年5 月30日。

表 3.4　中国对朝鲜出口物品种类　　　　　　　（单位：千美元）

种类	1993年	1994年	1995年	1996年	1997年	1998年	1999年
谷物	97.70	28.70	6.60	30.03	119.27	51.44	43.71
制粉制品	5.90	1.80	19.60	96.51	73.77	24.86	10.10
种子，果实				11.25	16.70	17.05	10.60
糖类	10.80	7.10	4.50	6.08	2.67	1.47	1.08
光电缆	12.70	10.60	8.20	12.33	6.66	2.61	4.09
矿物燃料	139.90	87.40	130.9	157.55	108.07	84.79	79.50
肥料		15.10		3.88	31.88	10.89	7.25
塑料	10.20		15.90	14.23	14.88	15.41	13.94
钢铁	10.50	4.20	8.10	6.52	6.32	12.30	14.56
核设施				6.42	7.46	6.64	11.12
电子机器	18.40	14.70	33.20	13.03	16.94	9.70	13.44
车辆附属品	7.70	5.40	5.60	10.53	18.21	9.82	6.94

资料来源：大韩贸易投资振兴公社网，www.kotra.or.kr。

图 3.1 中国对朝鲜出口物品种类 （单位：千美元）

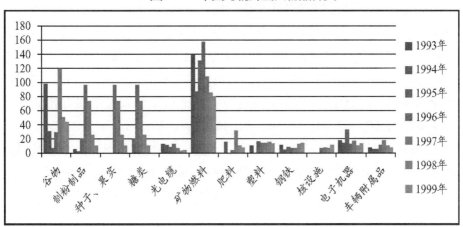

(2) 中朝边境贸易主要地域

中朝在鸭绿江和图们江之间有1000余公里的边境线，两国有着长达400多年的边境贸易史。朝鲜解放以后的中朝贸易中，边境贸易仍然占有很大比重。边境贸易是指边境公司和个人在两国政府规定的特定国境地域内进行的贸易。1984年，中国政府制定的《边境贸易管理法》规定边境贸易包括"边境小额贸易"和"边境互市贸易"。"边境小额贸易"是指有边境小额贸易权的企业在两国相邻的陆地边境地区与邻国的企业或贸易商社进行的贸易，出口产品需要有第三国原产地证。中朝之间的边境贸易以边境小额贸易为主。"边境互市贸易"是指边境地区边民在中国陆路边境20公里以内，经政府批准的开放点或指定的集市上，在不超过规定的金额或 数量范围内进行的商品交换活动。

朝鲜解放以后，中朝边境贸易大体分为以下几个时期：20世纪50-60年代上半期一般边境贸易时期，70年代萎靡不振期，80年代活跃期，90年代上半期黄金时期，90年代下半期低潮期以及2000年以后恢复期等。

现在，中国和朝鲜边境贸易主要在8个国家级边防通商口岸和3个边境地方通商口岸进行。1994年，中朝60%的边境贸易主要在中国吉林省延边地区进行，90年代中期以后则主要在中国辽宁省丹东地区进行。

　　90年代初，延边边境贸易发展最快。例如，1993年进出口额突破了3亿美元，达到历史最高水平。但是，从1994年下半年开始，由于国家宏观经济政策的调整和国内外市场变化等因素的影响，延边经贸开始下滑（其中，1996年对朝边贸跌入底谷，进出口额只有2941万美元，较之1993年下降10多倍）。1991-1996年延边对外贸易出口量分别占中国对朝贸易出口总量的42.9%，62.8%，55.9%，30.1%和20%。[54]

　　延边对朝鲜出口的主要产品有煤，精米，焦炭及半焦炭，小麦及混合麦组粉，乙烯聚合物，聚酰胺长丝染色布，冻猪肉，日用品，机电产品等，而延边从朝鲜进口的主要产品有木材，钢材，海产品，铁矿粉以及化肥等。

表 3.5　20世纪90年代中国和朝鲜边境贸易　（单位：千美元）

项目 \ 时间	1991年	1993年	1995年	1997年	1998年	1999年	2000年
边境贸易额	370.00	700.00	470.00	218.11	130.58	107.34	136.00
比重	72%	73.8%	82.3%	33.2%	31.6%	29%	28%

资料来源：大韩贸易投资振兴公社网，www.kotra.or.kr。

表 3.6　中国延边对朝边境贸易主要进口商品　（单位：万美元）

类别 \ 时间	1993年	1994年	1995年	1996年	1997年	1998年	1999年
木材	419	332	89	217	193	217	240
钢材	8242	3280	683	62	334	39	280
海产品	789	659	634	257	81	169	90
化肥	382	2	12	74	24		190
汽车	5335	5588	97		54	50	

资料来源：中国延边对外贸易经济合作局。

54)　Park Seungheon：《沿边经济形势分析与预测(2000–2001)》（此文系首尔统一研究院2002年9月研究成果之一），第111页。

图 3.2　中国延边对朝边境贸易主要进口商品　　(单位：万美元)

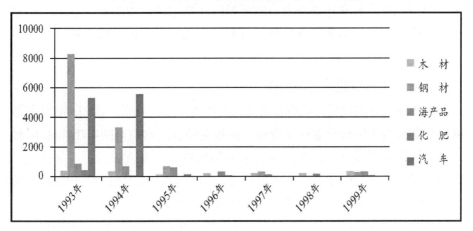

中朝边境贸易从延边地区转到丹东地区的原因如下：A. 与延边地区相邻的咸镜北道是朝鲜的钢铁基地。20世纪90年代中期以后，由于能源危机，朝鲜茂山铁矿生产量大幅减少，延边已无法再从朝鲜进口大量钢铁。B. 丹东具有更靠近平壤的地理优势，并且朝鲜西海岸地区经济基础比较好，工业也相对比较发达。C. 丹东所属辽宁省的产品出口价格更有优势。辽宁省是中国的重要工业基地，特别是改革开放以后大力发展了轻工业，沈阳，大连成为了东北三省轻工业商品批发中心。D. 有千余名华侨生活在丹东对岸的朝鲜新义州。他们熟悉商品经济运行规律，并在丹东市边境贸易中起着非常重要的作用。[55]

中朝边境贸易的发展变化在很大程度上反映了朝鲜沿"两江开放"的政策取向，同时也反映了中国吉林，辽宁两省的不同应对方式。吉林省针对朝鲜沿图们江开发政策取向应对较早，辽宁省针对朝鲜沿鸭绿江开发的政策取向应对相对较晚，但是成果都比较大。边境贸易巩固了中朝传统友谊，有力地促进了中朝贸易和边境地区的发展以及朝鲜边境地区商

55) Park Seungheon：《中国对朝鲜边境贸易的立场和朝鲜族在经济中的作用》，《统一问题研究》(2001年上半期)，和平问题研究所，2001，第65页。

品经济意识的形成，为朝鲜实施"改革开放"政策奠定了基础。特别是后来中朝边民互市贸易区的成立有利于鸭绿江两岸的经济发展与繁荣，有利于推进中朝双边贸易的快速发展，有利于形成兴边富民的繁荣新局面。[56]

(3) 中朝贸易的投资与合作

中国改革开放以后，朝鲜部分公司对中国北京，丹东，沈阳，延边等地区以饮食业为主的行业进行了投资，但相对而言，它们对图们江畔延边'地区企业的投资更多一些。然而，随着时间的推移，这种情况发生了改变。比如，延边地区1997年有35家朝鲜企业，但到2002年5月只剩下14家。延边地区朝鲜企业主要经营的是餐饮业(具体情况如表3.7)。

1984年，朝鲜制定并实施《合营法》后，中国对朝鲜的投资有所增加。有资料显示：从1984年到1996年5月朝鲜引进外资项目共有130个，总额达1.3亿美元，其中有40个来自中国。[57]

1991年，朝鲜率先宣布罗津—先锋地区为自由经济贸易带，并于1992年制定了《外国人投资法》。此后包括中国内陆和香港在内的外国企业投资一直集中在罗津—先锋地区。到1997年年末，在此地区的大规模投资项目有11个，实际投资成果项目有77个；获得许可的企业共计121个，其中外国投资企业有80个(合营52个，合资13个，独资21个)，国内投资企业有35个，其中70%是中国内陆和香港企业。

---

56) 徐拓：《新经济形势下中朝沿边开放前景分析——基于对丹东中朝边民互市贸易区的田野调查》，《开封教育学院学报》总第38卷，2018年第7期，第266页。

57) O Yongseok：《中国对朝鲜政策的基础和经济合作》，韩国对外经济研究院，《朝鲜半岛周边四国对朝鲜政策》，第34-35页。

表 3.7 朝鲜企业进入中国延边情况　　(单位：千美元)

企业名称	类型	总投资	实投资	开始时间
珲春黄金食品服务有限公司 (朝鲜高丽银行)	独资	63.0	6.0	1995年10 月30日
延边图们江土产品有限公司 (朝鲜图们江贸易公司)	独资	300.0	300.0	1994年10 月19日
延边双龙碳水制品有限公司 (朝鲜龙城机械联合总局)	合作	1628.2	573.0	1995年11 月15日
图们金刚山饭店有限公司 (朝鲜七宝贸易公司)	合作	169.9	80.0	1993年4 月15日
图们PYEONSEONG工程施工有限公司(朝鲜RYEONG-RADO贸易总公司)	合作	1108.0	570.0	1995年10 月5日
延边平壤饭店有限公司 (朝鲜国家体育委员会奥运年贸易公司)	合作	200.0	100.0	1992年5 月2日
延吉PYEONGRONG石材有限公司(朝鲜龙号贸易公司)	合作	588.0	350.0	1994年2 月5日
延吉市一心汽车有限公司 (朝鲜记录电影制片厂)	独资	120.5	120.0	1995年2 月22日
图们长白山摄影有限公司 (朝鲜金刚山国际旅行社)	合作	100.0	40.0	1996年7 月4日
延吉大东江饭店有限公司 (朝鲜大东江旅馆)	合作	204.0	100.0	1996年12 月12日

资料来源：大韩贸易投资振兴公社网, www.kotra.or.kr。

　　从中国内陆和香港企业界的主要投资领域来看，在罗津—先锋地区主要是对餐厅，商店，旅馆等与观光相关服务业及物流业的投资，但是对制造业的投资却不多。值得注意的是，朝鲜原来计划将罗津—先锋地区开发成为国际货物运输中心和旅游观光地并集中力量加强其社会基础设施建设。但由于朝鲜一直受到计划经济体制的制约，再加之罗津—先锋地区产业基础设施落后等原因，包括中国企业在内的大部分外国投资者的投资热情并不高。

三. 中朝友好合作关系的发展

1. 中国与朝鲜的务实合作

20世纪80年代末90年代初，随着东欧剧变和苏联解体，以美苏对抗为核心的冷战格局宣告终结。

这时，中国以江泽民为核心的中共第三代领导集体继续坚持邓小平的外交思想，进一步发展与周边国家的友好关系。其中，对朝鲜半岛政策以维护半岛的稳定与和平为第一要务，反对韩国或朝鲜单方面武力统一或单方面吸收统一，尊重韩朝当事者意愿，反对他国介入朝鲜半岛问题。这一时期，中国对朝鲜半岛事务的基本立场是支持韩朝和解以及相互开展交流与合作，

表 3.8 中国内陆和香港企业在朝鲜罗津—先锋地区投资现状

企业名称	经营业务	投资规模	推进现状
延边HYEONTONG集团	货物中介		生产
延边龙兴贸易集团 (罗津龙兴集团公司)	旅馆，出租业，食堂，燃油销售业	351万美元(合约)27万美元投资	生产
林业国际合作公司珲春公司 (罗珲木材品有限公司)	木材，中介运输	260万美元(合约)69万美元投资	生产
延吉亚细亚对外贸易公司 (罗津延吉商业公司)	服务业	100万美元(合约)	转移中
延边高丽CHUKMOK发展有限公司(国际俱乐部)	旅馆，音乐室，饮料店	300万美元(合约)	转移中
北方极东北地球电子器械厅 (罗北合营公司)	中介贸易商店	80万美元(合约)54.5万美元投资	生产
珲春新成贸易公司(罗津珲春商业合营公司)	商店	50万美元(合约)33万美元投资	生产
珲春JAAEIN就业管理所 (罗津珲春商业公司)	商店	21万美元(合约)11.5万美元投资	生产
延边SENCHEUNG 经济贸易有限公司(罗延NAMEAE合营公司)	温室蔬菜生产销售中介贸易	52万美元(合约)	生产

资料来源：KimJaegyu：《罗津—先锋地区经济改革措施和最近动向》，《统一经济》，现代经济研究，1996，第42 页。

强调各有关方面应该为朝鲜半岛无核化与构建和平机制而努力。[58] 为此，从1993年朝核危机爆发到2002年朝核危机恶化，中国对朝核问题采取的是不介入的谨慎政策。[59] 当1993年3月第一次朝核危机爆发时，中国在强调朝鲜半岛无核化原则的同时，希望美国和朝鲜，国际原子能机构(IAEA)和朝鲜之间通过直接对话解决问题，而不是使用武力或进行经济制裁。因此，在联合国安全理事会就制裁朝鲜决议(第825号)进行表决时，中国投了弃权票。

　　2002年11月，中共中央制定了在21世纪头50年集中力量全面建设惠及全中国人民更高水平的小康社会的奋斗目标。当时，以胡锦涛为总书记的中共中央在国际舞台上致力于扩大国际多边外交与经济外交，以便为国内经济建设构建良好的国际和平环境。其中，在朝鲜半岛事务的处理方面，中国以维护和平的安全手段，对话谈判的外交手段以及合作共赢的经济手段综合施策。具体来说：A.在安全方面，中国认为对朝鲜经济制裁要适度，要有利于推动朝鲜半岛无核化进程，有利于东北亚和平与稳定大局。B.在对话谈判方面，中国从2003年8月开始多次积极促成"六方会谈"的成功举行，并推动各方落实有关会谈承诺，同时，在不同场合与朝韩双方领导人深入交换意见，缓和半岛南北紧张局势，力争在"六方会谈"框架内解决朝核问题。C.在经济合作共赢方面，中国对朝鲜长期以来一直提供无偿经济援助，为东北亚地区贸易持续增长创造条件。以上三种手段是一个相互联系的整体，彼此不可分割，缺一不可。

　　在胡锦涛执政时期，中国在对朝关系上致力于构建立足现实的互利关系，而不是简单维系基于相同意识形态理念的连带关系，推动中朝关系向根据具体情况有选择地凝集力量的战略合作关系转变。[60] 为此，中国对朝政策的基调与立场是：重视与朝鲜的传统友好合作关系，继承16字方针，[61] 积极推动中朝两国经济合作，通过对话解决朝核问题，实现朝鲜半

58) Seo Jinyeong：《现代中国政治论》，罗南出版社，1997，第287-292页。

59) 仇发华：《中国在朝鲜核问题上的作用及其受局限的原因分析》，《东北亚论坛》2005年第2期，第24页。

60) 朝中两国战略合作关系是指对于与朝鲜的国家存亡问题，中国将其当作本国的根本利益并积极应对；对于其他问题，有选择地进行合作或提供支援。参见LeeJongseok：《朝鲜与中国关系》，中心出版社，2001，第282页。

61) 2001年9月，江泽民主席访问朝鲜与金正日委员长举行首脑会谈时提出了中国将以"继承传统，面

岛无核化。在政治方面，两国高层交流更加频繁，比如金正日委员长连续
三次访华。在经济方面，中朝贸易额呈大幅增长态势。比如，2010-2014年
中朝贸易从34.7亿美元增加到68.6亿美元，5年年均增长率达到18.6%。其中，
2011年以后朝鲜对华贸易依存度达70%。62)

　　自第二次朝核危机爆发后，考虑到朝核问题已成为严重影响中朝关系
和东北亚和平与稳定的不安全因素与隐患，中国在朝核问题上的立场从过
去理解朝鲜，超脱向积极参与转变。特别是从2003年8月开始，中国作为六
方会谈举办国兼主席国，为解决朝核问题作出了积极努力。

2．东北亚地区的安全合作问题

(1) 美日中俄的地缘关切对东北亚地区安全结构的影响

　　冷战结束后，随着全球化和区域一体化进程的不断加深，特别是中日
韩经济影响力的日益增强，东北亚地区越来越成为世界主要大国利益博弈
的重要战场之一。其中，朝鲜政局走向及其在拥核与弃核问题上立场的变
化乃至与韩国关系的冷暖变迁时刻牵动着美日中俄等国家的地缘关切。

　　美国的地缘关切

　　冷战后美国全球战略的主要目标是在世界上维系其"一超"的大国
地位，而有关东北亚及朝鲜问题的战略决策自然也服务于美国这一战略目
标。当时，老布什政府为占据东北亚地区的战略至高点，实现在东北亚地
区的利益最大化，根据苏联解体可能会对朝鲜产生的影响，作出了苏联解
体势必会对朝鲜的政治，经济，军事等各个方面造成巨大压力并最终导致
朝鲜走向崩溃的判断，并据此制定了以推动韩国用最小代价统一朝鲜半岛
为目标的对朝政策。在美国的推动下，朝韩于1991年12月签订了《南北和解，
互不侵犯与合作交流协定》（简称：《南北基本协定》）并发表了《朝鲜半岛

向未来，睦邻友好，加强合作"的16字方针为基础，发展中朝友好合作关系。

62)《首尔经济新闻》2015年9月3日，参见http://www.tongilnews.com/news/articleView.html?idx
no=113539，访问时间：2019年2月19日。

无核化共同声明》。与此同时，1990年美国依据卫星照片指责朝鲜 进行核武器开发，并宣称要对朝鲜进行核查；1992年，朝鲜同国际原子能机构(IAEA)签署核安全保障协定并接受了6次不定期核查；1993年3月，当IAEA再次要求对朝鲜宁边地区核设施进行"强制性核查"时，朝鲜不仅拒绝接受核查，而且宣布退出《不扩散核武器条约》。第一次朝核危机由此全面爆发，但事态并没有像老布什政府所预料的那样朝着实现朝鲜半岛统一的方向发展。

不久，刚就任美国总统宝座的克林顿为了集中精力解决苏东剧变之后的北约东扩问题，缓和了对朝的强硬政策，试图用接触战略将朝鲜纳入美国在东北亚的地区战略中，并期待以美朝对话实现东北亚和平。1994年，朝美《关于解决朝鲜核问题的框架协议》的签署标志着美国放弃了遏制政策与高压手段并用，以促进朝鲜逐步实行市场经济和民主化的既定目标。随着2000年10月23日美国国务卿奥尔布赖特对朝鲜的成功访问，美朝关系的改善看似有了积极成果。无论是老布什政府对朝鲜半岛统一问题以及核问题的关注，还是克林顿政府对朝政策的改变，美国的最终目标都是为获得在东北亚地缘政治格局中维持与中俄日各国在东北亚地区的战略利益平衡，进而构建以美国为优势的"和平，安全与稳定"的东北亚秩序。

日本的地缘关切

对于始终致力于谋求政治大国地位的日本来说，冷战的结束使日本的国际国内环境发生了很大变化，从而在根本上对日本对外战略的调整产生了很大影响。[63] 日本在地理上从属亚洲，要实现政治大国的目标非但不可能脱离亚洲，而且其把战略目标的实现一度聚焦在东北亚地区。其中以推动日朝关系正常化作为其外交着力点。

1990年9月，日本代表团访问朝鲜，双方商定开始进行建交谈判。但在1991-1992年的谈判中，双方由于在日本对朝鲜的战后赔偿，朝鲜核问题的解决上分歧十分严重，加之日方在谈判时牵扯到20世纪70-80年代发生的多起与朝鲜有关的"人质问题"，[64] 导致这一阶段谈判无疾而终。

---

63) 赵传君：《东北亚三大关系研究——经贸.政治.安全》，社会科学文献出版社，2006，第111-121页。
64) 20世纪70年代末至80年代初，日本怀疑朝鲜实施的8起导致日本人失踪11人绑架事件。依据是1987年韩国民航客机爆炸事件中被捕的金贤姬曾说自己是按照朝鲜方面的指示而实施炸机行动

1993-1994年，由于朝鲜在1993年3月退出了《不扩散核武器条约》并于1993年5月在日本海上空试射了可覆盖日本全境的"劳动1型"导弹，日朝关系再陷僵局。其间，随着1993年日本执政党的选举失败以及1994年朝鲜金日成的去世，日朝两国建交谈判遂告中止。

其后，日朝建交谈判虽因《美朝核框架协议》的达成一度重现生机，但不久又因朝鲜"导弹试射危机" 65) "黄海危机" 66) 等事件的相继发生而失去了动能。随着1999年9月朝美双方就远程导弹试射问题在德国柏林达成协议，朝鲜同意暂时终止远程导弹试射计划，半岛局势由此再度出现缓和。至此，日朝又开始为恢复建交谈判再次积极接触。同年12月2日，日本前首相村山富市率领超党派议员代表团访问朝鲜，并与朝方就重开邦交正常化谈判达成协议。67)

由上可见，冷战结束后，日本确实希望在东北亚新秩序的构建中发挥主导作用以推进其政治大国目标的实现，因此，一直积极谋求与朝鲜的邦交正常化，但由于双方在人质问题，朝核问题，历史问题等方面都存在分歧，两国关系终究还是一波三折，为东北亚地区局势的安全与稳定带来了新的不确定因素。

中国的地缘关切

东北亚在中国的地缘政治中历来具有特别重要的意义。不论是经济发展，还是军事安全甚或历史文化传承，东北亚问题始终是中国外交的重要课题。中朝两国山水相连，唇齿相依，双方互为战略依托。二战后，因朝鲜半岛分裂成了北部朝鲜和南部韩国两个不同的国家，特别是在1950-1953年朝鲜战争中，中国由于与朝鲜并肩作战遂与韩国全面对立并进入战争状态。随着20世纪70年代国际形势的发展变化以及国内改革开

的，并声称其日语老师"李恩惠"就是被绑架到朝鲜的日本人之一。

65) 据报道，1998年8月，朝鲜发射了一枚飞越日本上空的三级火箭并落入太平洋。对此，朝鲜方面声明发射的是"光明星1号"人造卫星，而日本则一口咬定朝鲜发射的是"大埔洞1号"中长程导弹。参见王传剑：《试析冷战后日本对朝鲜政策的两重性》，《东北亚论坛》2000年第1期，第15页。

66) 1999年6月11-15日，朝韩海军舰艇在黄海水域对峙并交火，爆发自朝鲜战争停战以来首次大规模海上冲突。参见刘世龙：《战后日本的亚太战略选择》，《日本学刊》2000年第3期，第6页。

67) 蔺运珍：《新形势下日本亚太经济战略的五大转变》，《日本研究》2000年第3期，第19页。

放的需要，中国对韩国外交政策开始有所调整；韩国也相向而行，积极推行北方政策，[68] 中韩之间长期对立的状态有所缓和。1992年中韩建交，两国开始在经济，政治，外交等各个领域全面合作。

在中韩建交过程中，中国一直适时与朝鲜沟通并及时向朝方说明相关情况。这时，金日成虽然表示理解中国独立，自主，平等地决定自己的外交政策并将继续努力增进与中国的友好关系，但也委婉地向中国表达了朝鲜不愿在朝美关系正常化前看到中韩建交的立场，希望中国能够在朝鲜半岛关系微妙之际居中协调朝美关系。在中韩建交问题上，虽然朝方并未表现出十分强硬的反对态度，但中韩建交后一年多，中朝之间几乎没有什么外交往来的事实反衬中朝关系开始有了微妙变化。[69]

针对中韩建交后，朝鲜于1993年引爆的第一次核危机，中国采取了相对超脱的立场，但始终坚持朝鲜半岛无核化原则，主张通过和平对话机制，妥善解决朝核问题。

金日成去世后，朝鲜半岛南北双方的关系日趋严峻。1996年4月，朝鲜派军队进入非军事区北方一侧，朝鲜半岛形势陡然紧张。美韩发表联合声明并建议举行美中朝韩"四方会谈"，和平解决朝鲜半岛争端。1997年12月9日，"四方会谈"在日内瓦开幕，会议宗旨是建立朝鲜半岛新的和平与稳定机制，以取代停战机制，并缓和朝鲜半岛的紧张局势。会谈中，中国一直建言献策，避免各方因分歧而陷入僵持局面，主张通过对话交流机制的建立，推动朝鲜半岛实现永久和平，进而维护东北亚地区局势的和平与稳定。

俄罗斯的地缘关切

基于同美国对抗的需要以及朝鲜社会主义国家的性质，冷战时期苏联在朝鲜半岛问题上是一直奉行"向朝鲜一边倒"的外交政策，在政治，经济，军事等各个领域对朝鲜的发展给予了大力支持。政治上，苏联仅

---

68) 俞炳勇：《韩国的北方政策和对中国外交》，《当代韩国》1995年第3期，第16页。

69)《钱其琛谈中韩建交始末：曾搭专机赴朝鲜见金日成》，中国青年网，http://t.m.youth.cn/transfer/index/url/news.youth.cn/jsxw/201705/t20170510_9723422.htm，访问时间：2020年12月26日。

承认朝鲜民主主义人民共和国为朝鲜人民的唯一合法代表，完全否认大韩民国的存在；经济上，苏联长期向朝鲜提供大量的经济和技术援助，扶持朝鲜经济的发展；军事上，苏联一直对朝鲜进行军事援助并于1961年签署了《苏朝友好互助合作条约》。

苏联解体后，由于国际局势的变化，俄罗斯作为苏联的继承国改变了冷战时期的对朝政策，一度将原本在朝鲜半岛"向朝鲜一边倒"的政策转变为"向韩国一边倒"的政策。具体体现在：政治上，俄罗斯领导人主张和朝鲜划清界限；经济上，俄罗斯先后取消了对朝鲜的各种援助，并制定贸易规则限制俄朝贸易往来；军事上，俄罗斯逐渐终止了对朝鲜的军事援助(这也是后来朝鲜决定加快研制核武器的外在原因之一)。

与中美日三国相比，俄罗斯由于20世纪90年代以来疏远与朝鲜关系，其在东北亚地区的影响力已大为削弱。当时，苏联(尚未解体时)为引进韩国的资本和技术以促进俄远东地区及西伯利亚地区的经济发展，积极主动发展与韩国的关系并于1990年9月30日正式与韩建交。就韩国而言，鉴于苏联是导致产生朝核问题的因素之一以及冷战结束后俄罗斯在朝核危机上并无实际作用，其对俄罗斯表现出明显的排斥和不信任。因此，俄韩关系在20世纪90年代并无实质性进展。在认识到"向韩一边倒"政策所带来的不良后果后，俄罗斯继而积极调整外交政策，并试图通过外交努力改善同朝鲜的关系。这时，朝鲜出于对俄罗斯之前"两面派"的做法不满，在改善俄朝关系问题上也似乎热情不高，进而使俄罗斯在东北亚地区中的劣势地位更加凸显。

随着2000年普京的执政，俄罗斯进一步调整了对朝鲜半岛的外交政策，致力于同时发展对朝对韩关系。这时，俄首先改变了重韩轻朝的政策，开始修复同朝鲜的关系。2000年2月9日，俄罗斯外长伊万诺夫对朝鲜进行了正式访问。这是苏联解体后10年来第一个访问朝鲜的俄罗斯外长。其间，随着《俄朝友好睦邻合作条约》[70]的签署，俄朝双边关系取得了巨大进展。同年7月，普京对平壤进行国事访问并签署了俄朝共同宣言。在政

---

70) 潘广辉：《冷战后俄朝关系评析》，《世界经济研究》 2003年第7期，第80–85页。

策调整过程中，俄罗斯认识到要想恢复其在东北亚地区的影响力，遏制美日等国在朝鲜半岛日益增长的影响，就必须同时维持好与韩国和朝鲜的双边关系，以便更好地参与朝鲜半岛事务，扩张其在东北亚地区的势力范围，重新恢复其世界大国的影响力。

表 3.9　中韩高层互访记录(1992-2000年)

时间		出访韩国的中国领导人	出访中国的韩国领导人
1992年	8 月		外长李昌钰
	9 月		总统卢泰愚
1993年	5 月	副总理兼外长钱其琛	商工资源部部长金喜寿
	6 月	全国人大常委会副委员长田纪云	外长韩升洲
	9 月	副总理李岚清	
1994年	3 月		总统金泳三
	10 月	总理李鹏	
1995年	4 月	全国人大常委会委员长乔石	
	5 月		总理李洪久
	11 月	国家主席江泽民	
	12 月		国会议长黄珞周
1996年	3 月		外长孔鲁明
	12 月	副总理邹家华	
1997年	1 月		国会议长李守汉
	4 月		外长柳宗夏
	8 月		副总理姜植
1998年	2 月		代总理金钟沁
	4 月	国家副主席胡锦涛	
	11 月		总统金大中
1999年	1 月		前总理李寿成
	2 月		总统外交安保首席秘书林东源
	5 月	全国政协主席李瑞环	国防部长赵成台
2000年	1 月	国防部长迟浩田	
	4 月		外交通商部长李廷彬
	10 月	总理朱镕基	

资料来源：《中国外交概览》(1992/1993/1994/1995)；《中国外交》(1996/1997/1998)，世界知识出版社；《国际问题研究》1999年第1期至2000年第5期。

(2) 中韩关系的改善对东北亚地区外交的重要影响

冷战结束以后，中国和韩国有着为东北亚的安定和平，共同繁荣而奋斗的共同目标。中国认为朝鲜有必要意识到改变朝韩关系的必要性。

表 3.10　韩国和中国的贸易统计表　(单位：百万美元；%)

年　　　度	出口	进口	总额	增减　率
1992年	2654	3725	6379	43.5
1993年	5151	3929	9080	42.3
1994年	6203	5463	11666	28.5
1995年	10293	6689	16982	44.8
1996年	12481	7499	19980	20.4
1997年	14929	9116	24045	20.6
1998年1-10 月	11011	4922	16833	-11.5

资料来源：中国对外贸易合作部编《中国通商情报》，1996，第71页。

1991年5月3日，中国国务院总理李鹏访问朝鲜，建议朝鲜指导部官员要根据现实的变化而变化(即要进行改革开放)。对此，朝鲜方面认为社会主义基本路线具有正当性，双方都阐述了各自意见。[71] 此外，李鹏表示朝韩同时加入联合国有助于缓解朝鲜半岛的紧张局势，希望韩国和朝鲜能够同时加入联合国。

1992年8月24日，中国外交部长钱其琛和韩国外交部长李昌钰分别代表中韩两国在北京发表了《中华人民共和国与大韩民国关于建立外交关系的联合公报》。至此，中韩两国充分发挥地理上的临近优势和经济上的互补性，建立了互惠的两国关系。中韩建交后，两国关系以前所未有的速度阔步向前。

经济合作发展迅速

中韩建交一个月后，韩国总统卢泰愚访问中国。随访的不仅有外交

---

71)《朝鲜和共产党阵营动向》，统一研究院，1991，第43-52页。

部长，而且还有37位经济界巨头。[72]　9月30日，两国签订了《中韩贸易协定》和《中韩投资保证》等合作协议。此后，韩国金泳三，金大中总统先后都通过与中国领导人的会晤不断推进中韩友好合作关系的发展。

1992年，中韩两国经贸关系取得了飞速进展，两国贸易量大量增加，韩国对中国投资规模不断扩大。1992年，中韩产业技术合作处于试验阶段，并计划进行地域经济合作。中韩贸易量1992年为63.79亿美元，1993年达90.83亿美元，1994年达116.66亿美元，1995年达169.82亿美元，年增长率分别为43.5%，42.3%，28.5%，44.8%。即便是1996年世界经济处于不景气状态时，中韩贸易额也已达到199.80亿美元，比上年增加了20.4%。[73]

图 3.3　韩国和中国的贸易统计图示(1992-1998年)（单位：百万美元；%）

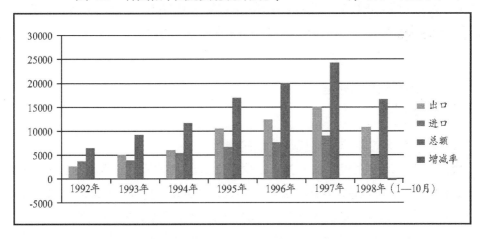

开启政治合作进程

1992年中韩建交后，两国首脑不仅在朝鲜半岛问题上，而且在东北亚地区合作上都有新的构想。1994年3月，朝鲜半岛出现核危机后，金泳

72)《朝鲜日报》1992年9月28日，参见https://news.naver.com/main/read.nhn?mode=LSD&mid=sec&sid1=100&oid=001&aid=0000190922，访问时间：2019年4月14日。

73) 陈峰军：《亚太大国与朝鲜半岛》，北京大学出版社，2002，第325-327页。

三总统在访问中国时表示不仅要在经济层面上创造出实质性的成果，而且也要在政治层面上加深理解和信赖，特别是在朝鲜半岛核危机以及协商对话等原则性问题上，双方互相理解并努力达成一致。

继1995年11月中国国家主席江泽民访问韩国之后，1998年韩国总统金大中访问中国，两国达成构建"面向21世纪的合作伙伴关系"共识。[74]不仅如此，金大中总统在访问时还就朝鲜半岛问题提出了扩大安全合作的想法。

人文交流显著改善

随着中韩两国政治，经济关系的发展，两国间文化交流也急剧增加。例如，中国出现了韩国学的研究团体。继北京大学设立韩国学研究中心后，复旦大学，山东大学，延边大学和杭州大学等也纷纷开始对韩国学进行研究。从此，双方人文交流显著增加。1994年两国人员访问有40.36万人，其中从中国去韩国访问的有34.04万人。由此可见，中韩关系在短时间内获得了巨大发展。[75]

3. 中朝友好关系的转型

(1) 中国对朝鲜睦邻友好政策的继续

20世纪90年代初，鉴于苏东剧变特别是苏联解体给东北亚地区稳定增添了新的不确定因素，加之，当时中国改革开放正在持续不断地向纵深发展，中朝关系开始进入新的调适期。比如，过去中朝之间的经贸往来主要是中国向朝鲜提供的有偿或无偿援助，并以"友谊价格"半卖半送方式支援，协助朝鲜解决经济难题，两国之间即使有经贸往来也大多为易货贸易。但是，随着中国社会主义市场经济建设的不断深入，中国内部对外贸易机制也在不断调整，中朝之间原有易货贸易方式已不适应时代发展需求。为此，1992年1月，中方建议中朝签订新的贸易协定，把过去以易货贸易方式转变

---

74) 《人民日报》 1998年11月14日，参见http://www.people.com.cn/GB/historic/1113/3841.html，访问时间：2019年3月19日。
75) 陈峰军：《亚太大国与朝鲜半岛》，北京大学出版社，2002，第331页。

为外币结算方式，并希望两国间企业往来尽量减少政府干预和限制。76)
这时，由于朝鲜国内经贸机制未能跟上中方发展需求，一时间中朝两国经济
往来大为萎缩，贸易额连年下降。据中国海关统计，中朝之间贸易额1993年
为8.99亿美元，1994年下降到6.23亿美元，1995年进一步下跌至5.5亿美元。77)

　　然而，由于中朝友好是中国周边外交的重要一环，这期间中国依旧
采取主动措施努力巩固和维护中朝传统友谊。考虑到中韩建交前后一年
时间里中朝之间没有重要的互访，双方政治交往明显减少，78) 中国继
1993年9月派全国人大代表团访朝之后，分别于同年12月派党政代表团访
问朝鲜并高规格接待了朝鲜的访华艺术团，79) 以期改变被外界一度称
之为中朝关系的"不冷不热"状态。80)

　　1994年金日成去世后，金正日作为朝鲜继任领导人开始学习中国改
革开放经验。2000年5月，金正日应邀访华，实地考察和了解中国经济发
展情况，对中国改革开放所取得的成就给予高度评价。在这次访问中，
中方明确表示反对美国对朝鲜的制裁和武力威胁，指出朝鲜半岛局势的
缓和符合各方共同利益，希望朝美恢复对话；同时，中国也对朝鲜面临
的经济困难提供了力所能及的援助。2001年9月，中共中央总书记，国家
主席江泽民应金正日邀请对朝鲜进行正式访问，两国首脑明确表示在新世
纪两党将继续本着"独立自主，完全平等，互相尊重，互不干涉内政"的
原则加强 交流与沟通，继续保持中朝两党，两国高层交往的传统，进一步
加强双方在国际和地区重大问题上的磋商与合作，同时进一步发展两国间平
等互利的经济贸易与合作关系，加强青少年之间的交往和人员交流，把两党，

---

76)《人民日报》1995年1月29日，参见https://max.book118.com/html/2015/0902/24509905.shtm，
访问时间：2018年10月9日。

77) 这与当时中韩贸易额每年以40%左右的速度增长形成强烈反差。1997年，中韩贸易额为240亿美
元，而同年中朝贸易额却仅有6.57亿美元，相差达37倍之多。

78) 1991年10月，金日成对中国进行了一生中最后一次访问。当时，正值中韩就建立外交关系进行
"私下接触"之际。此后，一年多中朝没有高层往来。

79) 刘金质，杨准生主编《中国对韩国和朝鲜政府文件汇编》(1949-1994)，中国社会科学出版社，
1994，第2637-2638页。

80) 刘金质，杨准生主编《中国对韩国和朝鲜政府文件汇编》(1949-1994)，中国社会科学出版社，
1994，第2595页。

两国和两国人民之间的友好合作关系推向一个更高的发展水平。[81]

　　2002年11月，胡锦涛当选为中共中央总书记后，中国本着"继承传统，面向未来，睦邻友好，加强合作"的对朝工作方针，持续不断推动中朝两国之间的友好合作关系。两国高层依旧沟通密切，互访频繁。2003年10月，中国派全国人大委员长吴邦国访问朝鲜，中朝双方就朝鲜半岛核问题进行了讨论并达成共识；双方都表示支持通过对话和平解决核问题。2005年10月8日，中国国务院副总理吴仪率中国政府代表团访朝并出席大安友谊玻璃厂竣工仪式和朝鲜劳动党建党60周年纪念活动；10月28日，胡锦涛主席应邀访问朝鲜，并在与金正日会谈时就中朝双方进一步发展两党两国关系提出了四点建议：A.继续密切高层往来，加强相互沟通；B.拓展交流领域，丰富合作内涵；C.推进经贸合作，促进共同发展；D.积极协调配合，维护共同利益。金正日对此表示赞同并表示无论国际局势发生什么变化，朝方都将从战略高度把握朝中友好关系，把发展朝中友谊作为坚定不移的战略方针。由此表明中朝关系在传统友好基础上，正在不断适应新形势新发展，构建新型睦邻友好伙伴关系。12月，朝鲜内阁副总理卢斗哲率朝鲜政府代表团访华。曾培炎和卢斗哲分别代表中国和朝鲜政府签署了《中朝政府间关于海上共同开发石油的协定》。

　　2006年1月，应胡锦涛邀请，金正日对中国进行非正式访问。双方就双边关系及共同关心问题深入交换意见，达成广泛共识。除北京外，金正日还访问了湖北，广东。同年4月，中国国务委员兼国防部长曹刚川上将访朝。7月，中朝共同纪念《中朝友好合作互助条约》签订45周年。2007年，胡锦涛总书记先后三次向金正日总书记转达重要口信，表示中国党和政府十分珍惜并高度重视由两党两国老一辈领导人亲手缔造和培育的中朝传统友谊。3月4日元宵之夜，金正日应刘晓明大使邀请到中国驻朝鲜大使馆做客。这是时隔7年后金正日再次做客中国驻朝鲜大使馆。

　　2007年夏季，朝鲜遭受特大洪灾。胡锦涛最先向金正日发电慰问，中国政府也向朝方提供大量救灾医药品等援助。10月，朝方热烈祝贺中

81) 颜声毅：《当代中国外交》，复旦大学出版社，2004，第321页。

共十七大召开并对胡锦涛同志再次当选中共中央总书记，中央军委主席致电祝贺。朝鲜党报《劳动新闻》用近一版的篇幅刊载了胡锦涛总书记在十七大所作工作报告。中共十七大后，中国派政治局委员刘云山书记赴朝通报情况。这是中国共产党首次在党代会后派中央政治局委员来朝通报情况。[82] 2008年，中国汶川"5·12"特大地震造成重大人员伤亡和财产损失，朝鲜人民予以极大关注和同情。5月13日，在获知汶川地震消息后，朝鲜最高领导人金正日立即向胡锦涛总书记致电慰问。朝鲜内阁总理金英日于5月14日会见中国驻朝大使刘晓明，代表朝鲜政府和人民对地震造成重大人员伤亡和财产损失表示亲切慰问。外务相朴义春于5月17日代表朝鲜政府向中国提供10万美元现金救灾援助款。5月19日，当全中国人民为汶川大地震遇难同胞默哀时，平壤上空也响起了警报声。这充分体现了中朝两国人民患难与共的情谊。次日，朝鲜党政军领导人赴中国驻朝鲜大使馆深切吊唁四川特大地震遇难者；朝鲜劳动党中央委员会，国防委员会和内阁联名送了花圈并在黑纱缎带上写着"悼念地震遇难者"。[83]

2010-2011年金正日三次访华。其中在两次首脑会谈中，中国国家主席胡锦涛根据两国关系和国际形势的发展变化，又先后提出了两国发展中朝关系的"五点建议"，继续强调保持高层交往，加强战略沟通，深化经贸合作，扩大人文交流的重要性，并强调双方在国际和地区事务中加强协调，以维护地区和平稳定。两国领导人在表述中还提到了"战略高度"和"长远角度"两个字眼。这两个关键词充分表明两国既要继承和巩固传统友好关系又将积极探索新形势下两国关系的新路径。其后，两国政府有关部门就落实首脑共识开展了卓有成效的工作与措施，并在多个领域签署了一系列合作协议并建立了相关合作运营机制，从而使中朝两国互动更加频繁。这也预示着中朝关系逐渐进入了一个崭新的全方位，制度化交流的历史新阶段。

---

82) 庞脒，杨鑫宇：《从同盟到伙伴：中朝关系的历史演变》，《世界纵横》2008年第3期，第87页。
83)《中新网》2008年1月5日，参见http://news.sohu.com/20080519/n256960353.shtml，访问时间：2019年4月10日。

表 3.11 中朝两国领导人重要互访一览表(2000-2011年)

日期	中国领导人访朝	朝鲜领导人访华
2000年5 月		金正日(总书记)
2001年1 月		金正日(总书记)
2001年9 月	江泽民(国家主席)	
2004年4 月		金正日(总书记)
2005年10 月	胡锦涛(国家主席)	
2006年1 月		金正日(总书记)
2008年6 月	习近平(副主席)	
2009年10 月	温家宝(总理)	
2010年5 月		金正日(总书记)
2010年8 月		金正日(总书记)
2011年5 月		金正日(总书记)
2011年10 月	李克强(副总理)	

(2) 中国在"六方会谈"中的作用

"六方会谈"指东北亚地区有重大利益关切的朝鲜, 韩国, 中国, 美国, 俄罗斯和日本6国共同参与的, 旨在通过谈判和平解决朝鲜核问题而举行的一系列国际会议及谈判活动。2002年12月12日, 第二次朝鲜核危机爆发。在中国政府的积极推动下, 上述6国自2003年8月27日开始举行会谈。一直到2007年9月30日, 会谈总共举行了6轮。

20世纪80年代末90年代初, 随着东欧剧变, 苏联解体等国际重大事件的发生, 以美国为首的西方国家以卫星照片为依据并借助国际原子能机构(IAEA)等国际舞台制造舆论, 指控朝鲜秘密研制核武器。虽然1994年朝美签署了一项核安全监管协议, 但由于美国对朝鲜经济凋敝, 行将出现政权更迭的错误判断, 没有认真执行向朝鲜提供轻水反应堆的承诺, 美朝关系一直处于僵持状态。但这时的朝鲜并未真正发展核武器, 直到美国总统小布什2002年将朝鲜定位为"邪恶轴心国"并指责其支持恐怖主义和发展核武器致使朝美关系骤然紧张时，朝鲜才大张旗鼓地实施其核计划，由此引发了第二次朝核危机。

与此同时，朝鲜国内形势也发生了巨大变化。冷战结束后，由于苏联和东欧社会主义市场消失，美国等西方国家继续对朝鲜实行孤立和封锁政策以及朝鲜连年遭受严重自然灾害等原因，朝鲜经济形势在20世纪90年代中期极度恶化，经济总量减少了50%，出现了严重的粮食，能源和原材料危机。于是，朝鲜希望通过打"核"牌来换取国际社会的安全保证和经济补偿，并从根本上摆脱在安全，外交和经济方面的被动地位。与此同时，美国为了逼迫朝鲜妥协与退让，进一步强化了美韩军演的规模和力度，加大了驻韩美军的军事存在。自此，美朝矛盾进一步加剧。

朝核危机爆发后，中国表达了对朝鲜退出《不扩散核武器条约》以及朝鲜进入准战争状态的极大担忧，认为朝核问题是朝鲜和美国，朝鲜和IAEA以及韩国能够通过"对话和协商"得到"妥善解决"的问题。84)1993年，中国外长钱其琛访问韩国时再次强调中国反对绕过安理会解决核危机的立场。他认为，为了缓和朝鲜半岛的局势，朝鲜和美国应该进行对话，并努力说服朝鲜。

事实上，朝核问题不仅仅是朝美两国之间的问题，更是整个东北亚地区的问题。为此，在东北亚有重大利益关切的前述6个国家有必要聚集在一起来解决这个问题。

中国认为朝鲜核试验完全违背了中国关于朝鲜半岛无核化的基本主张。中国政府以史无前例的强硬态度表达了坚决反对的原则立场，支持联合国通过第1718号决议，并为和平解决由此引起的东北亚危局进行了紧张而全方位的周旋。

为了实现半岛和平，在中国的努力争取与推动下中美韩2003年4月在北京举行了"三方会谈"。这次会谈让中美韩阐明了各自的立场，加强了沟通交流与互信，更为重要的是为解决朝核问题提供了契机与机遇。虽然"三方会谈"的愿望很美好，但由于美朝两国存在很大分歧与矛盾，

---

84) 石源华：《朝鲜核试爆与重开六方会谈》,《东北亚论坛》2007年第1期，第53页。

其成果未能达到预期结果。

为此，中国从2003年5月便开始同相关各国进行磋商和沟通，并派出特使和外交官与俄罗斯，朝鲜，美国，韩国，日本进行沟通与斡旋，希望各国能够聚在一起，共同在谈判桌上解决朝核问题，由此开启了"六方会谈"的实施进程。

早在2003年3月18日，胡锦涛主席与美国总统小布什通话时强调新一届中国领导人将坚持改革开放，继续奉行独立自主的和平外交政策，致力于同包括美国在内的世界各国发展友好合作关系。关于朝核问题，胡锦涛表示：中国主张半岛无核化，维护半岛和平与稳定，希望通过对话解决问题；关键是尽快通过某种形式启动对话，尤其是美朝之间的对话，同时避免采取使局势进一步升级的行动。[85] 笔者认为，中国在朝核问题上的考虑包括以下几方面因素：A. 朝鲜拥有核武器之后，已有足够技术条件的日本，韩国更有理由发展核武器，同时以自卫为由进行军备升级；届时，中国将处于美日韩的联合军事势力包围中。B. 战争是中国难以接受的，因为一旦开战，大批朝鲜难民将涌入中国；如果朝鲜政治不稳定，中国也将失去与美日韩的战略缓冲带。C. 美国由于需要中国在朝核问题上予以协助，因此在台湾问题上会表现出向大陆倾斜的姿态。

综上，中国在朝核问题上的立场是：坚持维护朝鲜半岛的和平与稳定，支持半岛无核化；坚持通过对话和平解决朝核问题，维护国际核不扩散体制，但也妥善解决朝鲜合理的安全关切。

中国在和平解决朝核问题上所作的努力，赢得了国际社会的广泛赞誉。正是由于中方的努力，"六方会谈"的参与者在第四轮会谈后于2005年9月19日发表了《9·19共同声明》，并在第五轮会谈(2007年2月8-13日)后达成了《2·13协议》(指2007年2月13日所达成的《落实9·19共同声明起步行动》文件)。这些成果的取得，在很大程度上是中国艰苦努力的结果。[86]

《2·13协议》设定了朝鲜弃核"起步阶段"的具体步骤，即朝鲜关闭

---

85)《人民日报》2003年3月18日，参见http://www.people.com.cn/GB/news/9719/9720/2360750.html，访问时间：2019年1月5日。

86) 苗萌：《试析六方会谈各方在朝核问题上的考虑及所扮演的角色》，《理论观察》2008年第1期，第36页。

并封存宁边核设施同时允许IAEA予以核查，以换取美国取消对朝鲜在澳门汇业银行2500万美元的金融制裁，获得来自其他各方的100万吨重油的首批能源援助。2007年10月3日，第六轮"六方会谈"第二阶段会议又签署了《落实共同声明第二阶段行动共同文件》。该文件要求到2007年12月31日，朝鲜完成《2·13协议》有关规定宁边核设施的阶段性"去功能化"要求，向国际社会彻底申报核设施，核计划和核能力，而美国也承诺将把朝鲜从支持恐怖主义的国家名单中删除。2008年，美朝两国开始正常化谈判。这两个协议不仅是"六方会谈"所达成的《9·19共同声明》的具体化，而且使已经持续4年之久的朝核僵局开始松动，为"六方会谈"成功解决朝核问题创造了条件。[87]

　　"六方会谈"虽未能就朝鲜无核化提供确切保证，但对朝鲜半岛因朝核问题而发生最危险情况起到了一定的预防作用。不仅如此，"六方会谈"还提出了解决朝核问题之后的规划蓝图(比如，日后可以发展成为监督朝鲜弃核履约，分担对朝经济援助，讨论区域安全与持久和平问题的多边安全合作机制)。

4．中朝经济关系的发展

(1) 中国对朝经济援助的深化

　　20世纪末，随着两国高层人士互访的不断增加，中朝关系开始重新活跃起来。继1999年6月朝鲜最高人民会议常任委员长金永南带领50人代表团访问中国之后，2000年3月金正日委员长访问了中国驻朝鲜大使馆，5月访问北京。同年10月，中国中央军委副主席兼国防部长迟浩田访问平壤。

　　2004年4月2日，中国总理温家宝就经济和贸易合作问题与到访的金正日交换了意见，重申了中国政府积极鼓励中国企业和朝鲜方面开展不同形式"互惠合作"的立场。2005年8月，中朝缔结了《关于鼓励投资和

---

87) 朱峰：《六方会谈会在2008年获得决定性进展吗》，《和平与发展》2008年第2期，第37页。

保护的协定》以及《关于环境协作的协定》，双方同意设立经济合作共同
委员会。同年10月，胡锦涛访问朝鲜时与金正日探讨了"中朝友好关系
发展战略性方针"，再次强调"鼓励和支持中国和朝鲜的企业进行投资
合作"。[88]

2006年1月，金正日再次访问中国时受到了时任中共中央政治局常委
的集体会见。这充分显示中朝两党两国恢复及维持传统友好合作的决
心。与此同时，中朝之间的贸易额持续增加，中国对朝鲜的经济援助也
从未中断。据统计，中朝贸易额在2003年超过了10亿美元，即使在朝鲜
进行导弹发射和核试验的2006年，中朝贸易仍然增加了许多，接近17亿
美元。特别是从2005年开始，中国对朝鲜的投资也急剧增加，对朝鲜的
经济影响力迅速提升。

关于对朝鲜经济的无偿援助(参见表3.12)，2001年为6910万美元。
中国对朝鲜出口中无偿援助所占比重(中国对朝鲜的正式无偿援助包含在
中国对朝鲜的总出口之中)：2001年是12.2%，2003年和2004年分别以
1.7%的速度减少，但2005年占比较上年增加3.5%(总额为3810万美元)。

表 3.12   中国对朝鲜的正式无偿援助(2000-2005年)   (单位：百万美元)

区分	2000年	2001年	2002年	2003年	2004年	2005年
对朝鲜出口	450.8	571.6	467.3	627.6	799.5	1081.2
无偿援助	27.6	69.1	16.0	10.9	14.6	38.1

资料来源：中国海关总署统计司。

此外，中国对朝鲜非正式援助中有很大部分为经济支援。1999年6月，
朝鲜最高人民会议常务委员长金永南访问中国时，中国同意无偿支援朝
鲜15万吨粮食和40万吨煤炭(总价值有5000万美元左右)。2001年，江泽
民主席访问朝鲜时又给予朝鲜20万吨粮食以及3万吨柴油的无偿支援。

[88] 中朝首脑会议中，中国表示将向朝鲜提供约20亿美元的长期援助(参见《交通通信》 2005年10月
29日)；中国国务院副总理吴仪在胡锦涛主席访问朝鲜前于2005年10月10日和朝鲜商议在三大重
工业领域给予朝鲜开发援助(参见《香港文汇报》2006年10月30日)。

2002年为了迎接金日成诞辰90周年，中国给朝鲜无偿提供了相当于5000万人民币(约600万美元)的物资援助。2004年，中国向朝鲜提供了建设南浦市大安亲善玻璃厂2400万美元的无偿支援。89) 2005年10月，胡锦涛主席访问朝鲜时再次表示要对朝鲜进行20亿美元左右的长期物资援助。

(2) 中朝贸易趋向

中朝贸易的进一步发展巩固了两国间的政治，经济互信。在这过程中，找准合作领域与合作项目，强化行业间合作信心是中朝贸易发展的基础与条件，高层互动和措施得力是中朝贸易发展的保障。

值得注意的是，这一时期中朝贸易由于实行货币结算，两国贸易额虽逐年减少(如1999年仅为3.7亿美元)，但朝鲜在苏东市场不复存在的背景下对中国贸易的依存度更加明显。其中，在20世纪90年代初达到25%-30%之间。2000年为24.7%，2006年为56.7%。这时中朝贸易的另一特点是朝鲜对中国的贸易赤字一直居高不下。比如2000年和2001年为4亿美元，2004年虽一度缩减到2亿美元以下，但2005年大幅攀升至5.82亿美元，2006年为7.64亿美元。在朝鲜总体贸易赤字中，对中国贸易赤字所占比重2002-2004年(2004年26.2%)较2000年初期(2000年49.2%)虽有大规模缩减，但到2006年上升到了70%左右的水平。2009年是中朝贸易唯一出现负增长年份，贸易总额较2008年下降了3.8%。这主要是受全球经济危机影响，中国经济出现疲软特别是低端制造业工厂大量倒闭传导到了对朝贸易。在中朝双边贸易中，朝鲜方面的长期赤字加剧了两国贸易风险，限制了中朝贸易顺利发展。其直接后果是朝鲜贸易企业常年拖欠与延期支付中国贸易公司货款，造成许多从事对朝贸易的中国贸易公司关门歇业。

这期间，中朝贸易以一般贸易，边境贸易，加工贸易，保税贸易，无偿援助以及其他方式开展。其中，一般贸易指国家之间以货币结算为基础的贸易。边境贸易指中国政府对边境地区的企业及居民和邻近国家的

---

89) Chui Suying：《中朝经济关系扩大和应对方案》(系首尔统一研究院2007年7月研究成果之一)，第70-72页。

交易实行减免税负的优惠政策，以促进地域经济活跃化的制度。保税贸易是指经由中国输往第三国家或者从第三国家经由中国进口朝鲜的中介贸易形态，中国中间商人为获得买卖差额，以合约当事人身份介入进出口交易的形态。具体就朝鲜而言，保税贸易在朝鲜对中国出口中占比最大，一般贸易在朝鲜对中国的进口中占比最大。

以2005年为例，在朝鲜对中国贸易中，边境贸易所占比例最大，约为36.4%，一般贸易(29.6%)和保税贸易(29.1%)所占比例相近。又比如在2004年和2005年两年内，朝鲜由于在对中国贸易中，无烟煤和铁矿石的进口量增加，而且主要通过一般贸易形式出口，所以一般贸易所占比重迅速增加。保税贸易中，朝鲜产品以鱼贝类和纤维制品为主，且主要通过中国海关最终销往第三国家。其在对中国出口比重中，2002年和2003年占70%左右，2004年降至54.8%，2005年又减少至29.1%。这是由于鱼贝类的价格急剧下落，经由中国销往韩国，日本等第三国家的产品大大减少。在朝鲜对中国进口中，一般贸易占比最大，为60%-70%左右；居第二位的是边境贸易，为20%左右。朝鲜对中国进口中，一般贸易占据最大份额的原因是朝鲜方面的物资进口大部分都是以一般贸易形态开展业务。[90]

1992年后，中朝贸易出现了补偿贸易新形式。这种贸易方式的特点是中国企业以中国设备作价出口到朝鲜，从事资源开采；接着将所开采的资源作价进口到国内以抵销设备款作为补充。在21世纪初，这种贸易方式曾被包括国有企业在内的对朝贸易公司较为广泛地采用与实施，也确实在个别公司，个别区域取得了一定成功与效果。但是，由于朝鲜很快意识到资源的稀缺性和不可再生性，开始对资源出口进行严加管理，从而制约和影响了补偿贸易的发展。

90) Jo Myeongcheol：《朝鲜经济对中国依存度的深化和韩国的对应方案》(系韩国对外经济政策研究院2005年研究成果之一)，第105页。

表 3.13　中朝贸易不同类型所占比重　　(单位：%)

种类	朝鲜出口					朝鲜进口				
	2001年	2002年	2003年	2004年	2005年	2001年	2002年	2003年	2004年	2005年
一般贸易	5.8	3.3	5.3	12.8	29.6	60.8	64.3	68.7	70.8	62.8
边境贸易	24.0	20.3	20.6	26.7	36.4	20.4	21.3	18.3	18.0	24.0
加工贸易	12.7	4.1	2.6	3.7	4.2	4.6	4.8	7.2	4.4	4.8
保税贸易	56.9	70.8	70.3	54.8	29.1	1.5	4.1	3.3	2.6	4.0
无偿援助	–	–	–	0.0	–	12.1	3.4	1.7	1.7	3.5
其他方式	0.6	1.5	1.1	2.0	0.6	0.5	2.2	0.9	1.8	0.9

资料来源：中国海关总署统计司。

图 3.4　中朝贸易不同类型所占比重(朝鲜出口)　　(单位：%)

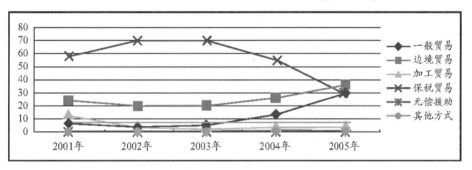

图 3.5　中朝贸易不同类型所占比重(朝鲜进口)　　(单位：%)

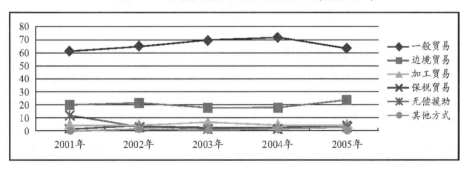

表 3.14　朝鲜贸易趋势　　　　　　　　　　　　　(单位：亿美元；%)

年份	中国对朝出口		中国对朝进口		贸易总额	
	总额	增长率	总额	增长率	总额	增长率
2001年	1.7	348.1	5.7	27.1	7.4	51.1
2002年	2.7	62.3	4.7	−18.1	7.4	0.1
2003年	3.9	46.1	6.3	34.3	10.2	38.6
2004年	5.9	48.2	8.0	27.4	13.9	35.4
2005年	5.0	−14.8	10.8	35.2	15.8	14.1
2006年	4.7	−6.3	12.3	13.9	17.0	7.5
2007年	5.8	24.3	13.9	13.0	19.7	16.1
2008年	7.5	29.7	20.3	46.0	27.8	41.2
2009年	7.9	5.2	18.9	−7.2	26.8	−3.8
2010年	11.9	49.8	22.8	20.7	34.7	29.3

资料来源：大韩贸易投资振兴公社网，www.kotra.or.kr。

图 3.6　朝鲜贸易趋势

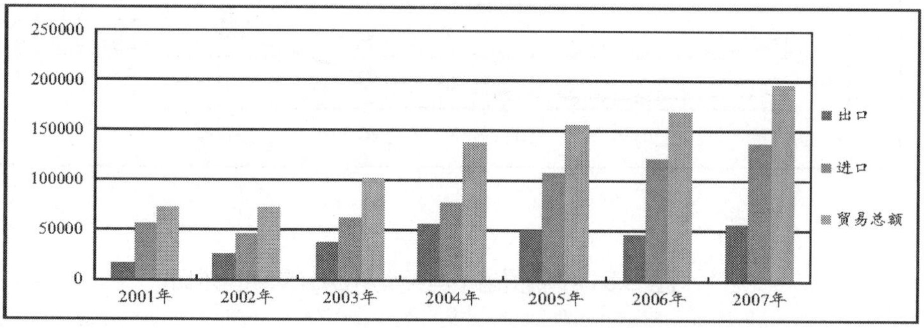

　　总之，这段时期中朝两国不断探索新的贸易规则和合作机制，逐渐形成了以一般贸易，互相投资，共同开发，保税贸易等多种形式并存的经贸合作新局面。其中占比较大的是一般贸易，边境贸易和保税贸易。在中国对朝出口中，一般贸易占比最大，大约在65%以上；边境贸易占比基本维持在20%左右，而加工贸易，保税贸易则处于10%以下水平。朝鲜对华出口中，

20世纪90年代一直以边境贸易为主，但到1999-2004年边境贸易和保税贸易都是对华出口主要贸易形式，但一般贸易比重很小。

(3) 中国对朝鲜投资概况

从2002年开始，中国积极对朝鲜进行投资。特别是2002年朝鲜实施"7·1措施"以后，中国确立了独立结算制并以对东北三省企业的投资为中心带动对朝鲜的投资。2005年10月，胡锦涛主席访问朝鲜时表示，中国将"立足于和朝鲜的相互利益和共同发展原则，支持两方企业进行各种形式的合作投资事业"。2006年1月，温家宝总理在接待金正日委员长的到访时表示"中国政府支持企业投资朝鲜"。

中国对朝鲜的投资主要分为补偿投资[91]和合作投资。比如，中国对茂山铁矿补偿投资的实施中就享有该地区朝鲜铁矿石的50年开发权利；另在罗津港建成后，中国也享有50年的独家使用权。中朝合作投资的案例有：中国天津电子贸易有限责任公司和朝鲜对外经济合作促进委员会的自行车合营工厂以及山东省招金集团和朝鲜两江道惠山青年铜矿之间的合营等。不过在合资企业里，中方企业如何参与企业的生产与经营，如何避免过去朝鲜总联[92]对朝投资中遇到的问题等需要加以认真研究。

中国对朝鲜的投资主要集中在矿产资源等领域。例如，中国对朝鲜的25项投资中，对钢铁，铜矿等7项投资达到了总投资额70%以上，也就是说中国的投资从开始的小规模生计型投资已转向了以矿物，能源资源等为中心的确保型投资。中国对朝鲜的投资形态主要分为以下几种。

地下资源开发型投资

2003年，吉林省商务厅和通化钢铁集团进行了关于茂山铁矿开发的可行性调查，并于2005年2月签订了共同开发协定。随后，中国最大矿产

---

91) 补偿投资是指朝鲜方面从中国接受资金，技术，设备或原材料等资源后，以委托加工方式生产产品偿还中方。这种贸易方式早在1979年9月3日就已提出。

92) 朝总联全称"日本朝鲜人联合会"，是一个庞大的朝鲜海外侨胞团体，1955年5月在东京成立。其"将团结和强化对祖国(指朝鲜)的爱国事业等活动作为最高事业"。在日朝没有邦交情况下，朝总联实际起到了沟通两国的桥梁作用，被视为朝鲜在日本的"准外交机构"。

资源进出口公司五锽集团对朝鲜的龙登煤矿进行了投资。此外，2005年12月，中朝间缔结了"中朝海上石油共同开发协定"。2006年1月，获得朝鲜中央经济合作委员会批准成立的惠山招金合营公司是朝鲜与中国之间建立的合营企业。93)

共同开发社会基础设施投资

2003年11月，中国吉林省提出的"珲春开发提案"得到朝鲜方面的积极响应。2006年1月，在朝鲜中央经济合作管理局的批准下，中朝开展了投资合作。另外，中国辽宁省格林斯投资有限公司投资了4亿人民币，与朝方合作共建了年发电量1.6亿千瓦时的水力发电站。94)

开发当地市场投资

制造业方面，中国天津电子贸易有限公司和朝鲜对外经济合作委员会合资的平津自行车合营公司在中方投入了65万美元后于2005年10月开始生产；流通业方面，在丹东市对外经济贸易局和丹东贸易促进会的努力下，大连市辽宁泰星国际贸易有限公司旗下3个分公司和朝鲜贸易省中央进出口物资交流总会社合作投资100万美元开设了平壤普通江贸易市场。

开发水产资源投资

2004年11月，中国和朝鲜达成协议联合开展渔业生产项目。95) 协议规定：朝鲜的东海北方边境线以北的远山浅海向中国渔船开放，而中国方面以截至2009年5月每年向朝鲜提供捕鱼量的25%作为补偿。

2000年以后，在中朝贸易规模不断增大的同时，中国对朝鲜的投资额也快速增多。如2003年，中国对朝鲜的投资额为110万美元，2008年则达到4100万美元，增加了近40倍。在朝鲜年均外国直接投资中，中国投资比重在2003年为0.7%，到2008年激增至94.1%。

总之，这一时期中国企业对朝鲜的投资以矿产资源开发为主，同时

93)《投资朝鲜》2006年1月16日，参见http：//www.doc88.com/p-0059125296458.html，访问时间：2018年11月11日。

94)《投资朝鲜》2006年5月23日，参见https://news.naver.com/main/read.nhn?mode=LSD&mid=sec&sid1=100&oid=001&aid=0005120092，访问时间：2018年12月29日。

95)《联合新闻》2004年11月26日，参见https://news.naver.com/main/read.nhn?mode=LSD&mid=sec&sid1=100&oid=001&aid=00044282，访问时间：2019年1月4日。

对朝鲜制造业方面的投资也卓有成效。中国企业对朝投资的目的不是为了经营权，而是以补偿投资和合作投资为主，中国中央政府和地方政府的对朝 投资额均在不断增长。

(4) 成立新义州特别行政区

新义州是朝鲜第四大城市，平安北道的首府，是位于中朝边境鸭绿江南岸的重要城镇(朝鲜第一大边境贸易城市)，也是朝鲜第二大轻工业城市。其在朝鲜外向型经济发展和外引内联上占据着非常重要的地位并发挥

表 3.15　中国对朝鲜主要投资实况

领　域		协定时间	中国投资者	朝鲜投资者	规模
矿山资源开发	茂山铁矿	2005年2 月	通化钢铁集团		70亿韩元
	龙登煤矿	2005年10 月	中国五锽集团		
	油田共同开发	2005年12 月	海洋石油总公司(CNOOC)		5亿美元
	铜矿	2006年1 月	山东国大黄金股份有限公司		220 百万韩元
社会资本开发	港口开发	2005年9 月	珲春东林经济贸易公司	罗先市人民委员会	3000 万欧元
	发电站	2006年5 月	辽宁省格林斯投资有限公司		4500 万美元
当地市场开发	电脑	2004年11 月	南京熊猫电子集团	大东江计算机合营公司	130 万美元
	自行车	2005年10 月	天津电子贸易有限责任公司	对外经济合作委员会	65 万美元
	市场	2005年6 月	辽宁省泰星国际贸易有限公司	中央进出口物资交流总公司	100 万美元
	百货店	2004年8 月	沈阳中旭集团	平壤第一百货店	5000 万韩元
水产资源合作	远山	2004年11 月	北京综合化学贸易公司	详明贸易总公司	
	东海	2005年8 月	大连海洋渔业集团	三台星贸易公司	

资料来源：韩国开发研究所编《朝鲜经济》(2006)，2006年。

着极其重要的作用。

为了促进国内经济发展，2002年9月12日朝鲜发布关于设立"新义州特别行政区"的政令，决定在新义州开展比罗津—先锋特区幅度更大的改革开放试验，并期待其成为朝鲜"发展的中流砥柱"和进出中国的前进基地，起到促进与西方国家进行经济合作的桥梁作用。[96] 9月19日，"新义州特别行政区"[97] 正式成立；9月24日，朝鲜破格任命了新的行政长官并赋予新义州特别行政区立法权，行政权，司法权，明确表示除外交事业外，中央不干涉行政区的其他事业。该政策以50年为期限，赋予外国人和本国居民一样的权利和义务，并为在新义州投资企业创造有利的投资环境和开展经济活动的条件。

新义州交通发达，其不仅是新义州—平壤—咸兴—罗先电气化铁路的起点，而且是从韩国首尔开往朝鲜新义州的京义线铁路终点，同时更是从中国开往朝鲜的国际铁路线上朝鲜段第一个火车站。这里曾是朝鲜最重要的轻工业中心，只是由于朝鲜战争的爆发，朝鲜被迫将其工业迁入了山区，进而导致新义州经济逐渐下滑与衰退。直至2002年《新义州特别行政区法》的颁布，新义州才重新获得了全新的发展空间与机会。

新义州特区的建立是朝鲜改革开放的又一次重要尝试，旨在努力建设一个集金融，贸易，商业，工业，科学，娱乐和旅游为一体的新特区。此后，朝鲜开始改造重建道路和房屋，更委任了时任欧亚农业首席执行长的荷兰籍华人杨斌为该行政区的特别行政长官。但是，就在短短两个星期内杨斌因为参与偷税漏税等各类非法活动被立案侦查，随后在中国被捕。之后，

---

96) Go Yuhwan：《朝鲜新的发展战略和改革开放的局限性》，《世界经济与政治》2002年第9期，第36页。

97) 新义州特区政策具体包括以下基本内容：第一，在法律地位方面，拥有立法，司法，行政 权；第二，在政治外交方面，外交权归国家所有，但特区可以行政区名义开展外事活动，不仅可发放行政区护照，还可办理前往朝鲜境内其他地区以及其他国家的移居和旅行手续；第三，在经济投资方面，特区拥有辖区土地的开发利用和管理权，土地可以租借到2052年并可雇佣朝鲜劳动力；第四，在居民管理方面，特区没有对性别，国籍，政见，信仰的歧视(外国人也拥有和朝鲜居民一样的权利和义务)；第五，在立法，检查方面，特区立法会行使立法权，拥有居民权的外国人也可当作立法议员，地区裁判所和检查所拥有裁判权，但最终裁判机关是旧裁判所；第六，行政长官是行政区的最高代表，拥有对行政部成员，旧检查所所长的任命权；第七，特区共同使用朝鲜国徽，但可拥有行政区区徽和区旗。

由于该州各种建设计划均缺乏实际操作指导与规划，而且也因为中朝两国对待该州开发计划存在不同意见，"新义州经济特区"的相关规划与实施都不了了之，其未来发展需等待新的契机。

四. 中共十八大以来中朝伙伴关系的巩固

1. 习近平新时代中朝关系走向

(1) 中国周边外交政策的变化

中共十八大召开以来，中国周边外交政策呈现出新的发展变化。第一，中国周边外交置于与大国外交同等重要的地位；第二，中国周边外交战略不仅要服务于经济发展，而且要服务于保障中华民族的伟大复兴；第三，战略谋划与具体措施同步推进；第四，在解决与周边国家的领土纠纷时，采取"软的更软，硬的更硬"两手策略，外交策略与手段坚持以对话协商解决为主，但必要时不惜采取一切必要手段坚决维护国家利益；第五，中国在维护国家利益上绝无双重标准。[98]

习近平主席指出："我国周边外交的基本方针，就是坚持与邻为善，以邻为伴，坚持睦邻，安邻，富邻，突出体现亲，诚，惠，荣的理念，这和睦邻友好政策一脉相承。"[99] 近年来，习近平主席亲手规划和推进灵活多样的周边外交，以极其高超的聪明才智与谋略，在国内外复杂局面中游刃有余，在为人民谋取福利的同时，为国家负起了责任，也为世界展现了担当与负责任的前提下，更以宽广的胸怀推动促成了尊重，正义，公平，合作共赢的全新良好双边关系。[100] 中共十九大报告进一步提出，中国将

98) 王俊生：《变革时代的中国角色：理论和实践》，中国社会科学出版社，2017，第140-143页。
99) 同上，第139页。
100) 刘江永：《中国周边外交： 在继承中发展创新》，《现代国际关系》2013年第10期，第29-90页。

积极发展全球伙伴关系，扩大同各国的利益交汇点，推进大国协调与合作，构建总体稳定，均衡发展的大国关系框架，按照亲诚惠容和与邻为善的理念处理与周边国家的外交关系，在维护国家利益上绝无双重标准。

在未来几十年，中国外交的战略目标是：政治上，推动人类命运共同体的构建；经济上，推进和落实"一带一路"国际合作倡议；文化上，坚持文明交流互鉴，在坚持传统外交理念的同时，与时俱进，加强与第三世界的合作，使中国以全新姿态屹立于世界舞台。

(2) 中美日俄在东北亚地区的竞合新态势

近年来，东北亚态势呈现出区域内国家之间相互竞争与合作并存的复杂局面。各有关国家为了自身利益，开展"合纵连横"式的外交活动。其中，美国和中国处于东北亚竞合态势的发力中心。美国希望通过"亚洲再平衡战略"或印太战略在亚太地区保持一定的影响力与优势，而中国在经济崛起基础上提倡构建新型大国关系。与此同时，日本以推行"国家正常化"战略为目标，与美国协同配合，强化美日同盟。俄罗斯作为东北亚地区一支重要力量，这些年一直以组织和主办"东方经济论坛"为契机，在积极推动各有关国家参与俄罗斯远东西伯利亚开发的同时，尤其重视与中国的战略协调，致力于维护和增强包括朝鲜半岛在内的东北亚局势的和平与稳定。中国作为经济大国，能源消费需求大幅增加，获得石油和天然气是中国尤为关切的问题，而俄罗斯拥有丰富能源资源。[101] 为此，中国大力加强与俄罗斯的友好协调力度，并且希望通过加强中俄合作来牵制与抗衡美国和日本。总的说来，未来在相当长的一段时期内，东北亚地区美中之间在政治，军事，经济等方面的竞争与合作仍将继续。特别是在朝核问题尚未找到有效解决办法之前，东北亚地区以中美关系为核心，相对平稳的大国竞合态势将继续存在和发展。

---

101) 金永山：《朝鲜无核化与韩中战略伙伴关系》，研究生论文，中国社会科学院，2016年4月1日，第25-27页。

(3) 中共十八大以来中国与朝鲜关系

中国在面对朝鲜外交事务时，从来不回避矛盾和分歧，既合理关切朝鲜利益，也坚持核心原则，并在此前提下积极寻求保证双方共同利益点的共识。2013年，朝鲜半岛战争危机一触即发之际，王毅外交部长一再表示"不允许任何一方在中国家门口生事"[102]；习近平主席也公开指出"反对任何国家为一己之私把一个地区乃至世界搞乱"。从中国高层领导人所表达出的强烈不满与反对，到与美国共同达成有限制裁朝鲜的立场与举措，中国在坚持原则的同时也表现出了灵活性。中国一方面持续规劝与告诫美国不要武力威胁朝鲜，另一方面也不惜中朝关系受损并严格执行对朝制裁决议以引导朝鲜回归谈判正轨。这不仅给危机降了温，而且也清晰地向国际社会展现中国真正努力实现朝鲜半岛无核化的负责任大国姿态与立场。中国充分利用自身在国际事务中的话语权与影响力，和朝鲜等国一道共同维护与保持朝鲜半岛的安全并获得朝鲜等方的足够信任。

就中朝关系现状而言，中国为了维护东北亚的安全稳定，需要朝鲜这个安全屏障与缓冲地域；朝鲜政权的存在也需要中国为其提供必要的安全，政治，经济支持与帮助。这就是两国的共同利益之所在。在这种相互依赖，相互依存的关系中，中国是崛起中的大国，主要精力放在国内的建设上，更多关注维持朝鲜半岛的和平与稳定；而朝鲜由于其争取经济援助的渠道不仅有中国还有韩国以及国际社会其他方面，在处理与中国的关系时其政策的灵活性与空间度更大一些。[103]

总体来看，中朝关系一直受到两国政府的高度重视，中朝人民多年来始终保持着深厚的友谊。只要将中朝友好这一传统保持下去，以和平发展为前提，中朝两国在多个领域加强合作必定能让两国人民过上更幸福的生 活，进而保证整个东北亚地区的和平与稳定。

---

102) 王毅：《不允许在中国家门口生事》，《新华日报》2013年4月7日，参见
　　http://www.dtxw.cn/system/2013/04/07/011243892.shtml，访问时间：2019年5月29日。
103) 刘儒鹏：《新形势下中国对朝政策新思路》，《武汉科技大学学报》(社科版)2014年6月号，第375页。

2. 中共十八大以来中朝经济合作关系

(1) 关于深化中朝韩经济合作的路径思考

　　"一带一路"国际合作倡议于2013年一经提出便受到了国际社会的高度关注。2015年4月21日，中国驻朝鲜大使李进军在到任拜会朝鲜对外经济相李龙男时全面介绍了"一带一路"倡议的构想和愿景，勉励双方共同努力，抓住机遇，继续推动中朝经贸合作在新时期新形势下再上新台阶，造福两国人民。[104) 此举被韩国媒体解读为中国热情邀请朝鲜加入"一带一路"国际合作。[105) 在此背景下，也有中国学者撰文探讨中朝韩经济合作的新路径，先后提出了"中朝韩经济走廊"[106) 和"中朝韩经济圈"[107) 概念。不管这些概念的提出是否具有现实操作可能，但至少表明人们对东北亚次区域合作的新期待。本人认为，随着"一带一路"国际合作的不断推进，特别是朝鲜半岛局势的相对缓和，深化中朝韩经济合作具有以下几方面的重要战略意义。

　　有助于丰富与完善"一带一路"倡议的内涵

　　中国东北三省服务于中俄蒙经济走廊的建设，大连，青岛，烟台及渤海湾也被归入"海上丝绸之路"的大战略之中。在此背景下，如中朝韩之间缺乏相关整体经济合作区域规划将使中国周边大战略出现"断裂带"。如果能建成中朝韩区域经济合作圈，这既可北扩至中俄蒙经济走廊，又可与未来的中日韩自贸区对接，从而使"一带一路"倡议在东北亚地区实现南北贯通，进而提升中国周边外交战略的效能和影响力。

　　有助于推动朝鲜步入国际快车道，改变朝鲜长期被封锁，孤立的状态

---

104) 《李进军大使到任拜会朝鲜对外经济相李龙男》，中国驻朝鲜大使馆网站，http://kp.china-embassy. org/chn/zxxx/t1257266. Htm，访问时间：2019年1月11日。

105) 《中国邀朝鲜加入"一带一路"》，参见
　　　http://news.ifeng.com/a /20150426 /43637152_0.shtml#_zbs_baidu_bk，访问时间：2019年1月5日。

106) 石源华：《倡议"中朝韩经济走廊"，实现周边合作全覆盖》，《世界知识》2015年第5期，第72页。

107) 仇发华：《"中朝韩经济圈"建设初探——兼论"一带一路"在东北亚地区对接》，《韩国研究论丛》总第33辑.2017年第1辑，第98-110页。

深化中朝韩经济合作是推动朝鲜摆脱孤立，走向国际的有效途径之一。在当前东北亚地缘政治经济环境中，中国和韩国应该是与朝鲜经贸关系最密切的国家，也是政治，经济，安全利益相关度最大国家。中韩在推动朝鲜国际化中有共同利益，也有非常大的合作可能性。

有助于探索突破东北亚区域合作瓶颈新路径

朝鲜在地域上是东北亚的核心国家之一，在政治上是实现东北亚地区和平与安全的关键国家，在经济上是国际化程度最低，最贫困落后，有待开发与振兴的国家。因此，没有朝鲜参与的东北亚区域合作至少是不完备的，甚至谈不上是真正的东北亚区域合作。近30年来，由于朝鲜的封闭和缺席以及美国"亚洲再平衡战略"或印太战略的实施，图们江开发项目及东北亚其他区域合作均未取得实质性突破。在此背景下，深化中朝韩经济合作在某种程度上将突破东北亚区域合作受阻的瓶颈，进而带动解决朝核等一系列政治，安全问题，同时也为中国东北三省经济结构转型和发展带来活力。

(2) 中朝经贸发展现状

中朝经贸合作问题已经不能单纯看作是两国经济的发展问题，这是由朝鲜对外关系中的特殊性所决定的。

长期以来，朝鲜对外经济合作"具有浓厚的计划经济性质"和"高度服从国家战略的需要"特点。与此同时，多年来，朝鲜由于长期进行核武器与远程导弹的开发和试验，其对外经济合作呈现出受国际经济制裁影响的独有特征。

金正恩继任朝鲜最高领导人后通过一系列强有力的政策调整，逐步完成了新旧体制的过渡。对朝鲜而言，现阶段中国仍然是朝鲜对外经贸合作的主要对象国，朝鲜对中国单方面的贸易依存度还会不断加深但规模不会太大。有数据显示：尽管2014年以后中朝贸易额有所下降，但其在朝鲜对外贸易总额的占比却有所上升。比如，2016年中朝贸易额占朝鲜对外总贸易的80%以上。随着2017年3月中国商务部宣布"执行联合国安理会第

2321号决议，全面暂停进口朝鲜原产煤炭"108) 政策的出台，中朝经贸合作的规模也在不断缩小。当前，中朝经贸关系呈现以下几方面特征。

两国贸易基数较小

尽管中朝对外贸易额大体呈增长态势，但相对于其他双边贸易关系，中朝两国贸易基数与规模较小。这是因为朝鲜高度集中的计划经济体制限制与阻碍了其经济的正常增长。从中朝年度进出口发展变化可以看出，中朝小规模的双边贸易稳定性差，易受外部环境的影响。

中朝两国贸易结构较为单一

中国与朝鲜的进出口产品主要集中在矿产，煤炭，海产品，纺织以及粮食等初级与低端产品领域，贸易结构单一，而服务业与高新技术产业的经贸交往几乎为零。这种经贸趋势限制了双方贸易进一步扩大的可能性，并且随着技术产业的升级，很可能出现下滑与减弱的态势。在此贸易结构背景下，两国经贸合作难以寻求新的合作点与突破点。由此需要双方探索新的贸易增长点以提升经贸合作的范围与领域。此外，这种单一的贸易结构虽然表面上可以看作是对两国贸易资源和结构的互补，但却常常会引起弱势方对自身安全的关切以及对国家行为自主能力的担忧与不安，进而引发其他相关矛盾与冲突。

中朝两国贸易关系极不平衡

在中朝经贸往来中，中国几乎占朝鲜对外出口的90%，而朝鲜产品在中国的进口量中只占2%。这种极不平衡的贸易往来与中朝两国的发展历史和国内政治体制密切相关。改革开放政策实施以来，中国十分注重对外开放在国家经济增长中所具有的重要地位。近年来，随着"一带一路"国际合作倡议的不断落实，中国更加强调在经济发展中将"引进来"与"走出去"有效融合的产能合作。然而，朝鲜由于内外因素的影响，长期以来其只是将对外贸易视为克服国内经济发展瓶颈的补充手段，奉行"保守"内向的经贸政策。中朝这种不同的经贸合作初衷是导致两国双边贸

---

108)《中国全面暂停从朝进口煤炭》，中朝经贸合作网，http://www.idprkorea.com/news/news/view.asp?id=4103，访问时间：2018年9月20日。

易长期不平衡发展的主要原因之一。

　　基于上述分析，笔者认为，未来中朝两国为了更好地深化合作，需在政治，经济两方面改进和调整合作思路与模式。在政治领域中，首先需要双方共同坚持和平发展的总体思路与框架(这是双边经贸关系的基础)。"经济是安全的基础，安全是经济的保障"。中朝经贸关系的稳定与发展，需要双方共同建立一个良好的经贸环境与基础。109) 在经济领域，中朝需不断优化和调整两国的经贸结构，注重市场的驱动力与调节功能，促进经贸合作方式的转型与升级。

3. 中共十八大以来中国在朝核问题上的立场

(1) 朝核问题发展概况

　　1962年，朝鲜在距离平壤北部90公里的宁边建立了核物理学研究所，开始研发核武器。1964年，中国第一颗原子弹爆炸成功后，金日成向毛泽东提出要中国向朝鲜分享核技术时，毛泽东断然拒绝了朝鲜这一提议。1965年金日成提出"主体思想"后，朝鲜决定自行发展与研制核武器。不久，由于苏联的技术支援和核燃料供给，朝鲜在宁边成功建立和运行了2MWt的IRT－2000型核反应堆。此后，朝鲜又通过苏联的支持及自己的努力建立了5MWt核反应堆，并于1986年年末成功启动。1989年，经过几次运行后核反应堆增加到了8MWt。苏联解体后，朝鲜核武器的研发工作进一步得到了曾在苏联工作的相关外流专家的技术支持。只是当时朝鲜作为《不扩散核武器条约》成员国(1985年12月加入)受国际原子能机构(IAEA)的监督，其核武器实质性开发处于停滞状态。110)

---

109) 景璟：《中朝经贸关系的现状探索及原因反思》，《东北亚经济研究》2017年第4期，第43-44页。
110) 韩国国防部：《国防白皮书》(2000)，2000，第44页。

表 3.16　朝鲜的核设施现状　　(电力单位: 兆瓦〈MWe〉)

编号	设施名称	数量	所在地	比较
1	研究用核反应堆 (IRT–2000型)	1期	宁边	1965年 (2MWt→4MWt→8MWt)
2	临界设施	1期	宁边	0.1 MWt
3	5MWt试验用核反应堆	1期	宁边	25MWt (1979年动工→1986年启动)
4	放射化学实验室	1个所	宁边	1985年动工, 1989年运转, 计划1995年完工, 1994年10月建设中断
5	核燃料制造设施	1个所	宁边	
6	核燃料保存设施	1个所	宁边	
7	准临界设施	1期	平壤	金日成大学
8	50MWe核发电所	1期	宁边	1985年开工, 1994年建设中断
9	200MWe原子能电站	1期	平北	1989年开工, 1994年建设中断
10	铀电力工厂	1期	黄北屏山	
11	铀矿山	1个所	黄北	
12	铀矿山	1个所	黄北屏山	
13	铀矿山	1个所	平南顺川	未确定
14	核发电所(635MWe)	1期	咸南新浦	在计划阶段就中断
15	核发电所(635MWe)	1期	咸南新浦	在计划阶段就中断
16	核发电所(635MWe)	1期	咸南新浦	在计划阶段就中断
17	同位元素生产加工研究所	1个所	宁边	未申报
18	已废弃设施	3个所	宁边	1976年开工, 1990年(Bldg500)废弃

资料来源: 韩国国防部编《大规模杀伤性武器(WMD)问答百科》(2001), 第96页。

　　在秘密研制核武器的同时, 朝鲜自20世纪70年代中期开始致力于运载核武器的导弹研发并在20世纪末21世纪初进入试射阶段。[111]

---

111) 20世纪80年代末开始, 随着国内外环境变化, 朝鲜开始改变导弹开发战略。首先, 为确保自身安全, 开始研发射程为1000公里的"劳动1号"导弹。90年代中期以后, 朝鲜虽然内部危机更加严重, 但在美国严重威胁的刺激下加速研发中远程导弹并于1998年试射了射程为2000公里的"大浦洞1号"。2006年7月, 朝鲜又进行了"大浦洞2号"(射程为4000-6000公里)的试射。引自俄

1989年，美国根据卫星照片指控朝鲜发展核武器，但遭到朝鲜否认。1990年7月，美国《华盛顿邮报》称朝鲜在宁边的核设施可能被用来分离钚(钚是进行核武器试爆的关键原料之一)。随后，朝鲜虽然就其核设施于1992年1月同IAEA签订全面保障监督协议，但由于双方在核查机制的设立上无法达成一致，导致IAEA对朝鲜核设施的保障监督无法实施。不久，由于朝鲜不顾恶劣的国内外环境在核武器实验与导弹试射等方面铤而走险，导致朝核问题开始浮出水面。

表 3.17 朝鲜导弹概况

名称	射程(公里)	弹道	总重量(吨)	开发时间	试验飞行
DF–61				1976年	1978年 (开发中断)
Scud B(R–17E)	300	1000	5.86	1980年	1981年
火星5号 (Scud Mod.A)	300	1000	5.86	1981年	1984年
火星5号 (Scud Mod.B)	320–340	1000	5.86	1984年	1985年
火星5号 (Scud Mod.C)	500	770	5.93	1988年	1990年
劳动1号	1000 –1300	1200	16	1988–1989年	1993年
大浦洞1号	4000	100	20.4	1991年	1998年
大浦洞1号SLV	4000	100	19.9		1998年
大浦洞2号	4000 –6000	700 –1000	69.4	1991年	

资料来源：Heing Yongpyo：《朝鲜导弹开发战略》，(统一研究院，1999，第18页)。

罗斯参谋部所属军事战略研究中心的"秘密报告书"(1993年10月22日)；LeeHeonkyung：《朝鲜大规模杀伤性武器实态和美国的反应：战略和战略模拟》(系韩国统一研究院2001年11月研究成果之一)，第15页。

表 3.18　2006-2017年联合国安理会通过的历次对朝鲜制裁决议

序号	时间	决议编号	主要内容
1	2006年10 月14日	1718号决议	• 禁止向朝鲜提供，销售，转让核或弹道导弹或其他大规模杀伤性武器相关计划的物项，材料，设备，货物和技术
2	2009年6 月12日	1874号决议	• 禁止向朝鲜提供，销售，转让所有武器 • 不再承诺向朝鲜提供新赠款，金融援助或优惠贷款
3	2013年1 月22日	2087号决议	• 禁止使用大量现金以规避制裁
4	2013年3 月7日	2094号决议	• 防止提供可能有助于朝鲜的核或弹道导弹计划或有助于安理会决议禁止的活动或有助于规避安理会决议措施的金融服务，防止转移任何可能有助于这些计划或活动的金融或其他资产或资源(包括大笔现金)
5	2016年3 月2日	2270号决议	• 决定在机场，港口，自由贸易区，检查自朝鲜发运或运往朝鲜的货物，或由悬挂朝鲜国旗的飞机或船只运载的货物 • 决定在有合理理由相信飞机上载有安理会决议禁止供应，销售，转移或出口的物项时，不让飞机从其领土起飞，降落或飞越 • 决定在有合理理由相信船只上载有安理会决议禁止供应，销售，转移或出口的物项时，不得允许这些船只进入港口 • 禁止在本国领土内设立和运营朝鲜各银行的新分支机构，附属机构或代表处；禁止金融机构与朝鲜各银行建立新的合营，股权，代理行关系，关闭现有这些分支机构，附属机构或代表处，并与朝鲜各银行终止这些合营关系，股权，代理行关系 • 禁止金融机构在朝鲜开设新代表处，附属机构，分支机构或银行账户，关闭现有的这些代表处，附属机构，分支机构或银行账户

序号	时间	决议编号	主要内容
6	2016年11 月30日	2321号决议	• 关注出入朝鲜人员的随身行李和托运行李是否被用来运送安理会决议禁止供应,销售或转让的物项 • 禁止给与朝鲜进行的贸易提供公共和私人金融支持(包括出口信贷,担保或保险)
7	2017年6 月2日	2356号决议	• 增加被制裁的个人和实体清单
8	2017年8 月5日	2371号决议	• 禁止涉及安理会决议所禁止活动的船只进入本国港口
9	2017年9 月11日	2375号决议	• 禁止协助或从事任何船到船的转移行为,不得向悬挂朝鲜国旗的船只或从这些船只转移任何供应,销售或转运往来朝鲜的物品或物项 • 禁止开放,维护和经营与朝鲜实体或个人兴办的任何新的或现有的合资企业或合作实体,关闭未获朝鲜制裁委员会核准的现有合资企业或合作实体
10	2017年12 月22日	2397号决议	• 有合理理由认为相关船只参与安理会决议禁止的活动或物项运输时,应在其港口对该船只予以扣押,检查,冻结(查封) • 禁止朝鲜直接或间接销售或转让捕鱼权 • 遣返朝鲜劳工

　　2006年10月至2017年9月, 朝鲜因先后进行6次核试验并进行了若干次导弹试射, 招致国际社会的强烈反对和一轮比一轮严厉的经济制裁。这期间,朝鲜开始以不点名方式批评中国, 到后来发展成为公开批判中国, 而中国则采取了克制态度。其中, 针对2017年9月3日朝鲜进行氢弹试验, 联合国安理会所通过制裁朝鲜决议的核心是限制对朝石油出口。根据该决议, 2018年国际社会对朝成品油出口不得超过200万桶。另外, 朝鲜90%以上的出口都被禁止, 这是对朝鲜所施以最严厉的制裁。

　　为此, 朝鲜曾放言要"炸沉日本, 夷平美国", 将核道路走到底。2017年9月15日, 朝鲜导弹再次飞越日本上空, 意在与美国保持"军事平 衡"。

9月19日，特朗普总统在联合国大会上发言时指出：如果朝鲜在核问题上不妥协，美国将别无选择，只能完全"摧毁朝鲜"；金正恩是在执行"自杀任务"。特朗普还称，朝鲜政府是由"一群罪犯组成的"。[112] 9月21日，金正恩发表声明，怒怼特朗普，称"摧毁朝鲜"是史无前例的野蛮狂言，必须以火惩治美国的"疯老头"。[113] 之后，特朗普提及对朝动武的可能性，金正恩则宣布完成国家核武力建设的"历史大业"。美国将战略资产集中朝鲜半岛，并把朝鲜重新列入"支恐国家名单"。11月29日，朝鲜称成功试射火星-15洲际弹道导弹(该导弹可覆盖整个美国)，并宣布完成"核武大业"。与此同时，美韩启动最大规模演习，230架战机盘旋在半岛上空。至此，朝美战争口仗仍步步升级，多方担心局面失控。

(2) 中国在朝核问题解决上的战略选择

面对朝鲜核问题的升级，中国始终坚持"维护半岛和平稳定，实现半岛无核化"的原则。在酌情考虑朝鲜民生的前提下，中国不仅依旧积极参与联合国对朝鲜的制裁，遏制朝鲜发展核武器的势头，而且一直积极努力将朝鲜拉回到"六方会谈"的谈判轨道并引导其加入东北亚地区合作机制。

积极参与联合国的制裁行动

自朝核问题爆发以来，中国一直坚持与相关各国沟通，承担大国责任，调赞成制裁朝鲜不是目的而是希望将其拉回到谈判桌上。当时，面对朝鲜的恫吓和核讹诈以及由此引发的韩国引进和部署美国萨德导弹防御系统，进而导致东北亚地区安全形势异常复杂的情形，中国一改以往做法，不仅支持制裁朝鲜，而且也暂停进口朝鲜煤炭，使朝核问题逐渐摆脱了"核武—制裁—核武"的死循环。由此可见，中国参与对朝拥核行径的国际制裁是解决朝核问题不可或缺的重要力量。

---

112)《特朗普联大首秀语出惊人》，《环球时报》2017年9月20日，参见http://news.cyol.com/content/2017-09/22/content_16524866.htm，访问时间：2018年12月20日。

113)《金正恩罕见发声怒怼特朗普》，《新华网》2017年9月22日，参见http://www.xinhuanet.com/mil/2017-09/22/c_129710565.htm，访问时间：2018年12月20日。

将制裁朝鲜与解决朝鲜民生问题脱钩

朝鲜由于长期受到国际社会的制裁，国内经济已经陷入困境，其普通百姓常常在饥饿难耐时冒着被朝鲜边防军射杀或被抓回坐牢的危险越境进入中国。出于人道主义考虑，中国在制裁朝鲜的同时，也酌情考虑适当解决朝鲜的民生问题，为朝鲜经济发展提供一定经济和技术上援助（比如通过提供太阳能，风能，水能等先进能源技术，为朝鲜经济的发展奠定能源基础）。

坚持在"六方会谈"框架下解决朝核问题

当前朝鲜虽然高调推行"经济与核武"并行的战略，但推动经济发展已逐渐成为全国上下的一项重大任务。由于经济发展需要稳定的国际国内环境，这给相关各国以创建和平稳定的东北亚地区环境为目标，将朝鲜重新拉回谈判轨道并重启"六方会谈"提供了一定的"想象空间"。为此，中方依旧积极主张在"六方会谈"框架下解决朝核问题。"六方会谈"机制的存在在很大程度上可以推动朝鲜在与其他国家的双边和多边对话中最终作出放弃核武器的选择并为半岛无核化创造良好的国际氛围。

引导朝鲜加入地区合作机制

朝鲜若始终坚持发展核武器，中国似可尝试引导朝鲜加入地区合作机制，并从发展经济角度探索解决朝核问题的新思路。比如，中国可以坚持朝鲜半岛无核化为前提，将工作重点由讨论"拥核"与"弃核"转向扩大对朝鲜的经济交流与合作，并引导朝鲜加入到地区合作机制。这有助于逐渐打开朝鲜的国内市场，实现地区资源的优势互补，将世界各国资本引入到朝鲜市场，使朝鲜日后在国际化大潮中逐步作出弃核抉择。这既可促进朝鲜经济的发展，又可为中国东北地区的发展提供动能。

五. 结束语

中朝关系在中华人民共和国成立之初非常友好。这不仅是因为当时两国的政治经济体制有很大共同性，而且是由于朝鲜半岛的地缘价值与政治生态对中国来说非常重要。在1950-1953年的朝鲜战争中，中国援助朝鲜抗击美军的侵略，维持了朝鲜半岛的稳定，从而极大地增进了中朝两国人民的友谊，促进了中朝关系的进一步发展。20世纪60年代，中朝关系一度受到中苏分裂和中国国内"文化大革命"的影响；70年代末和80年代，中国在全方位推行改革开放政策的过程中也开始大力调整和改善对朝关系。具体策略是：在安全上，强调和平与稳定；在政治上，主张协助与自主；在经济上，坚持合作与繁荣。从总体上看，这时的中朝关系朝着比较好的方向发展。

随着90年代初朝核危机的爆发，特别是朝鲜一次次铤而走险进行核实验和导弹试射，中朝关系也一次次经受严峻考验。作为联合国安理会常任理事国，中国反对朝鲜违反安理会决议的行动，谴责朝鲜核试验，支持严格执行联合国安理会通过的关于制裁朝鲜的有关决议，履行了自己的国际义务。

近年来，随着"一带一路"国际合作倡议的落实以及深化中朝韩经济合作目标的提出，特别是朝鲜与美国，韩国之间双边对话的持续进行，中朝关系也有望朝着更加积极的方向发展。

第四章

韩朝关系的发展变化

第四章

韩朝关系的发展变化

朝鲜半岛的分裂与大国霸权主义以及强权政治密切相关。1945年8月8日，苏联依据《雅尔塔协定》宣布对日作战并迅速向朝鲜半岛推进。不久，苏军先后攻占了雄基，罗津和清津后，继续向半岛南端挺进。此时，美国军队还驻扎在琉球群岛，进入朝鲜半岛尚需时日。[1] 在此形势下，为阻止苏军占据整个朝鲜半岛，美国政府向苏联建议：以北纬38度线为界，把朝鲜半岛划分为南北两个区域，北部日军向苏联军队投降，南部日军向美国军队投降。美国的提议得到苏联认可后，朝鲜半岛上的"北纬38度线"便成为了美国，苏联在半岛接受日本投降的临时分界线。

不久，随着美苏分别支持的南部大韩民国(1948年8月成立，简称：韩国)和北部朝鲜民主主义人民共和国(1948年9月成立，简称：朝鲜)的相继出现，朝鲜半岛迄今仍处于分裂状态之中。其中，韩国历届政府为

---

1) 孟庆义，赵文静，刘会清：《朝鲜半岛：问题与出路》，中国人民大学出版社，2006，第8页。

了结束南北分裂局面，实现南北统一，不时根据国内外环境的变化积极制定统一政策和统一方案。一般说来，韩国在国外环境有利时会积极推行统一政策，在国外环境恶化时则采取保守立场，在国外环境不好不坏时则首先发展经济。由此可见，韩国统一政策发展史就是一部韩朝国力竞争变迁史。[2] 时至今日，不仅韩国内外对南北统一问题的研究和讨论从未中断，[3] 而且韩朝之间南北交流及经济协作乃至首脑会晤一直是世人关注的焦点之一。

一. 韩国历届政府对朝政策的演变

1. 朝鲜半岛南北敌对政权的统一索求

　　朝鲜半岛分裂之前，南北间的矛盾和斗争实际上与半岛内部不同政治势力之间以及美苏之间的矛盾和斗争交织在一起。总体来说，半岛内部不同政治意识形态和政治主张派别之间的斗争一度在很大程度上从属于美苏之间的战略利益划分和安排以及随之而来的冷战格局的发展需要。半岛南北双方各自建立国家实质是美苏两国在东北亚冷战前沿阵地对峙的结果。南北政府成立后，美苏两国军队先后撤出朝鲜半岛，其结果是南北两个政权继承了美苏当局遗留的政治遗产。值得注意的是，南北各自建国以后，对立双方在全面否定对方的同时都主张通过吸收对方的方式实现朝鲜半岛的统一。

　　韩国成立之前，军人出身的李承晚在美国的帮助下主张：依据联合国托管朝鲜半岛的决议，在"联合国临时朝鲜委员会"的监督下通过"三八线"南北地区的总选举而最终实现统一。朝鲜则对联合国关于朝鲜半岛的

2) Lee Hongku等：《分裂和统一—以及民族主义》，朴映出版社，1984，第202-205页。
3) Robert A. Scalapino, *Korea Approaches Reunification*, (New York: The National Bureau of Asian Research, 1995), p.102.

决议进行了坚决的反对和抵制，认为在"联合国临时朝鲜委员会"监督下举行的选举是践踏莫斯科三国外长会议和分裂朝鲜半岛的行为。在此背景下，1948年8月15日，李承晚在朝鲜半岛南部正式宣布组建大韩民国政府并自任总统，且宣称其所领导的政府是朝鲜半岛唯一拥有合法主权的政府。接着，金日成在北方于1948年9月10日宣布成立朝鲜民主主义人民共和国，明确指出朝鲜将继续把实现南北统一作为奋斗目标。他号召全体朝鲜人民团结合作，为实现南北统一和建设富强，民主，自主独立的国家而奋斗。然而，朝鲜也意识到依赖自身的力量难以实现南北统一，必须积极寻找外部力量的协助，而苏联则是其最佳选择。当时，以金日成为首的朝鲜政府在"革命民主基础论"的指导下，提出了首先在北方完成"反帝反封"革命，接而在整个朝鲜半岛实现社会主义化的战略目标，甚至希望借助苏联支持通过战争完成社会主义化。《朝苏经济文化协定》签订后，金日成于1949年3月17日在朴宪永外相的陪同下前往苏联，与斯大林就朝鲜半岛的统一问题展开了讨论。这时，斯大林对通过武力统一朝鲜半岛持否定态度，但他承诺对朝鲜实行军事援助。[4]

2. 李承晚政府(1948-1960年)的"北进统一论"

　　面对金日成的统一索求，以李承晚为首的大韩民国政府虽自认为当时不具备武力统一朝鲜半岛的条件，但出于对内对外政治的考虑，相应提出了自己的"北进统一论"。在该理论指导下，李承晚政府认为在分裂，战争和冷战环境中朝鲜半岛的统一可循以下方案之一加以推进：方案A. 在联合国的监督下，依照大韩民国宪法，按人口比例在朝鲜选出一百名议员加入到大韩民国国会。这实质上是朝鲜被大韩民国政府合并的"吸收统一方案"(但朝鲜人口只是韩国人口的一半，断难接受这一政策)。方案B. 如果朝鲜不肯接受方案A，韩国则采用武力"北进统一"或"灭共统一"的"武

---

4) Lee　Shengjin：《脱离冷战时期的朝鲜对中国，俄罗斯的关系》(系韩国民族统一研究院1993年研究成果之一)，第26页。

力统一方案"。 由此可见, 李承晚政府执政之时尚未考虑通过韩朝协商推动朝鲜半岛统一的形式。1949年2月18日, 李承晚总统发表声明指出, 任何试图统一祖国的努力都必须在大韩民国生存目标下进行; 如果与朝鲜政府进行协商就等于默认朝鲜的共产主义政权, 那么就要对此断然拒绝。[5] 显然, 李承晚政府统一政策的目标背后, 隐藏着遏制朝鲜军事南进的安保目标。可见, 当时韩国的统一政策只能是维持其政权的一种工具。

李承晚政府的"北进统一论"是非现实意义的对朝政策。鉴于联合国决议事实上已将大韩民国作为朝鲜半岛的唯一合法政府, 李承晚政府的统一政策就是将朝鲜民主主义人民共和国看作非法团体, 哪怕采取武力手段也要实现朝鲜半岛南北方的统一。当时, 朝鲜为了解决自身"政府正统性"问题, 也同样主张武力统一南方。然而, 朝鲜战争(1950-1953年)的悲剧性结果让南北双方认识到:在朝鲜半岛统一问题上, 战争解决不了问题。1953年的《停战协定》无异于宣告李承晚政府"北进统一"政策的结束。自1956年开始, "武力统一方案"渐渐发生了改变, 李承晚政府认为, "对于韩朝统一问题不能不考虑国际局势, 而且采取单边行动也是不明智的。"当时武力统一作为一个政治纲领已经不能发挥相应的作用, 有必要提出新的和平统一纲领。为此, 李承晚执政末期对北方朝鲜的政策是:武力方案与和平方案并存。[6]

3. 张勉政府的"中立化统一方案"(1960-1961年)

1960年4月26日, 李承晚因选举丑闻被迫辞职。民主党人尹潽善于8月12日当选韩国总统, 着手推行内阁制, 由张勉出任总理。8月27日, 张勉在国会发表施政演说中提出了"在联合国监督下, 通过韩朝双方的自由选举实现统一的主张"。11月2日, 韩国国会通过了依照大韩民国宪法程序, 在联合国监督下按人口比例进行自由选举的"中立化统一方案"。

5) Hong Suhui:《南北统一政策小考》,《外交研究》1979年春季号, 第5页。
6) Min Byeongcheon:《转换期的统一问题》, 大王出版社, 1990, 第233页。

其核心内容是：在目前不具备统一的条件下应该首先进行经济建设，并通过国内经济建设积累能够战胜共产主义的力量，而后谋求朝鲜半岛的统一。这一方案的通过标志着李承晚政府"北进统一"主张的彻底终结和张勉政府"中立化"和平统一主张的全面实施。

实施这一方案的主要原因在于：A.韩国需维持自身的安全保障和朝鲜半岛和平，有效保持与反对武力统一的美国之间的军事协商关系；B.韩国必须有效应付朝鲜有关实行韩朝联邦制，韩朝多方面交流，撤离驻韩美军的和平攻势的主张；C.当时已有大量亚非新兴国家加入联合国，联合国内部权力结构已发生变化。

具体措施包括：A.韩国必须在联合国的监督下，以自由选举方式完成民主和平统一；B.监督团体必须依据联合国的决议，从联合国民主国家中产生；C.在全韩选举之前，有关成立所谓"南朝鲜统一委员会"的主张（朝鲜所提统一方案内容之一）因与联合国所主张韩国为朝鲜半岛唯一合法政府的决议相违背，韩国政府将不予接受。

4.朴正熙政府(1963-1979年)的"先建设后统一方案"

20世纪60年代初，韩国还是世界上最贫穷的国家之一（人均国民生产总值仅78美元），李承晚统治所遗留下的吏治腐败，经济凋敝，民不聊生等社会现状并未因张勉上台而快速改变。相比之下，北方朝鲜因其经济和军事实力早已从朝鲜战争的废墟中得以恢复，向韩国发起了一波一波的统一攻势。在此背景下，1961年5月4日由首尔大学"民族统一学生联盟"发起组织的10万学生代表掀起了到板门店举行"南北学生和平统一誓师大会"运动，并得到韩朝双方学生的积极响应。

为了稳定局势和掌握朝鲜半岛的统一主动权，韩国一批以朴正熙为首的少壮派军人于1961年5月16日发动军事政变，推翻了张勉政府并以"国家重建最高会议"名义代行国家治理大权。1963年10月，朴正熙正式当选韩国总统。其后，他三次连选连任（直至1979年10月26日遇刺身亡）。

　　朴正熙上台后立即采取一系列措施稳定国内政局，确立了"经济第一，以退为进"的统一政策；1965年进一步提出了"先建设后统一方案"，意在将国家的工作中心集中到经济建设方面。朴正熙执政期间，韩国的统一政策处于历史转折阶段。其中，1963-1969年为第一阶段，以"胜共统一"为特征；1970-1979年为第二阶段，以"和平统一"为特征。

　　20世纪60年代朴正熙政府"先建设后统一方案"的具体策略是：对内采取一切必要的手段，全力巩固政权，大力推动经济建设；对外则拒绝与朝鲜进行接触，谈判，全力拓展国际生存空间，以求在政治，经济，军事各方面超越朝鲜，达到"胜共统一"的目标。[7] 朴正熙在《5·16革命宣言》中宣称"反共是国家第一任务""为了国土统一的民族夙愿，集中全力培养能够与共产主义对决的势力""尊重联合国宪章，忠实履行国际协定"；尤其强调进一步强化和完善反共体制，重建国家独立经济，培养民主力量，坚持"反共""先建设后统一"的路线。[8]

　　进入70年代，由于国际局势有所缓和，韩国国内形势也发生深刻变化，特别是其经济飞速发展且日益增强并赶超了朝鲜。在此背景下，朴正熙政府对朝鲜改变了过去的强硬态度，采取了更加温和的政策。[9] 1970年8月15日，朴正熙总统发表宣言，表示有意寻求完全放弃通过武力或暴力方式追求统一的目标，并将"先和平后统一"当作分阶段消除双方之间人为造成壁垒的具有划时代意义的方案。[10] 他提议南北方应通过和平的方式进行一场竞争，也就是通过比较韩国和朝鲜哪种政治体制更能带给人们美好生活的方式，让人们做出选择而实现统一。其具体主张如下：A. 朝鲜保证不再使用武力统一朝鲜半岛以缓和半岛的紧张局面；B. 提出切实可行的统一方案以消除人为划分的"三八线"，解决人道主义问题，为统一奠定良好的基础；C. 朝鲜可以参加联合国有关朝鲜问题的讨论；D. 韩国和朝鲜将进

　7) Yu Seokyeol：《韩朝统一论》，法文出版社，1994，第15页。
　8) 韩国统一研究院：《统一问题理解》，《统一研究》1995年，第41-42页。
　9) 庞彦：《韩国历届政府对朝政策演变》，《国际研究参考》2013年第11期，第32页。
　10) 韩国国土统一院：《关于我国的统一方案与南北对话的战略和评价》，《研究文集》(第3卷)，1980，第265-268页。

行友好的政治体制竞争，从而明确哪种制度更适合发展。[11] 朴正熙的这份 "8·15宣言" 成为韩国和平统一政策的新起点。

对朝政策的转变为两国打开了交流的大门。南北方首先从解决人道主义问题开始了接触和交流。通过南北红十字会的沟通和接触，韩朝之间增进了相互了解并为韩国和朝鲜恢复正常交往创造了机会。这有利于促进韩国和朝鲜进入国家间的正常交往状态。1972年5月，半岛南北双方一致决定成立南北协调委员会作为解决国家统一问题的永久性磋商机构。7月4日，韩国和朝鲜经过协商签订了《7·4南北联合声明》。该声明就朝鲜半岛实现统一的方式，南北方开展交流等事项做出了具体阐述。对韩朝双方来说，这是具有划时代意义的大事。[12] 为此，韩国和朝鲜为落实联合声明成立了南北协调委员会。在此基础上，朴正熙政府8月18日发表了如下 "和平统一三原则"："第一，为在朝鲜半岛建立和平，南朝鲜应缔结互不侵犯协定；第二，南朝鲜应予对方开放门户，建立互相信任，加速进行南 北对话及多方面的交流与合作；第三，在上述基础上，依人口比例实施南北普选，达成国家统一。"[13] 这三原则既强调了韩国所具人口优势的统一政策，也对朴正熙政府20世纪70年代的统一政策作出了相对全面的总结。[14]

自此，《8·15宣言》和半岛 "和平统一三原则" 成为了日后韩国和朝鲜交往的政策依据及展开南北对话协商的基础。这一时期，南北双方举行的一系列对话不仅使南北之间完全对立的局面被彻底打破，南北紧张局势得以缓和，而且使朝鲜半岛和平统一的若干原则和基本方向基本确立并为南北双方通过对话取得积极成果创造了条件。韩国也据此在南北统一问题上逐步取得了主动权。与此同时，韩国经济也实现了腾飞，创造了 "汉江奇迹"。

---

11) 管广峰：《20世纪70年代初中美关系缓和对朝鲜半岛局势的影响》，《传承》2008年第2期，第80页。

12) 《劳动新闻》1972年7月4日，参见https://news.naver.com/main/read.nhn?mode=LSD&mid=sec&sid1=100&oid=086&aid=007207304，访问时间：2019年2月24日。

13) 韩国国土统一院编《南北对话白皮书》，南北对话事务局出版，1982，第323页。

14) 庞彦：《韩国历届政府对朝政策演变》，《国际研究参考》2013年第11期，第32页。

5. 全斗焕政府(1980-1988年)的 "民族和睦, 民主统一方案"

1979年10月26日, 朴正熙总统因与部属政见分歧遇刺身亡。[15] 不久, 韩国军事强人金斗焕以稳定政局, 辅佐崔圭夏代总统之名, 先后通过策划 "肃军政变"[16] 和镇压 "光州民主化运动", [17] 控制了韩国军政大权并于 1980年9月1日取代崔圭夏正式就任韩国第5任总统。

依靠军事政变上台的全斗焕自知其执政合法性将受世人诟病, 为此其 希望在半岛南北关系方面寻求突破以克服政权的局限性。针对此前韩国 的统一政策仅仅停留在口号宣示且毫无实际举措的客观现实, 全斗焕政 府于1982年1月22日提出了具有实际可操作举措的综合性, 系统性民主统 一方案。其内容主要由统一原则, 统一宪法以及南北基本关系的暂行协 定三个部分构成, [18] 主张通过南北公民投票实现统一, 不再主张联合国介 入, 也不坚持 "南北按人口比例普选"。[19]

虽然该方案当时也未被朝鲜政府接受, 但对打破南北僵局与重启和

---

15) 朴正熙遇刺: 1979年, 韩国经济滑坡物价飞涨。10月中旬, 韩国釜山发生大规模工人游行并快速 蔓延到全国, 致使韩国中央警卫室主任车智澈和中央情报部部长金载圭原有政见分歧日趋激烈。 为协调部属矛盾, 朴正熙于10月26日晚在中央情报部宫井洞餐厅设宴招待车, 金二人以弥合分 歧。席间, 金载圭因担心职务被撤将朴正熙和车智澈一同枪杀。

16) 肃军政变: 朴正熙遇刺后, 韩国时任总理崔圭夏任代总统, 陆军参谋总长郑升和任戒严司令, 陆 军保安司令全斗焕任戒严司令部联合搜查本部部长。不久, 郑升和顺应军方要求清理了大批政治 军人。而与此同时, 全斗焕在审理金载圭案件时发现郑升和与一批高级将领同金载圭关系特殊。 经与陆军第9师团长卢泰愚等密谋并征得崔圭夏的 "批准", 全斗焕于1979年12月12日发兵逮捕 郑升和等40名高级将领。因政变发生在12月12日, 也称 "双十二政变"。经此政变, 全斗焕集政 大权于一身, 成为韩国实质统治者; 崔圭夏成为有名无实总统, 8个月后正式遭全斗焕取代。

17) 光州民主化运动: 朴正熙遇刺后, 崔圭夏代总统主政时, 韩国似乎出现了短暂的 "汉城之 春"。 但好景不长, 实权仍由军人掌控。继140名民运人士因要求民主于1979年11月24日被逮捕和拷问 后, 军界强人全斗焕又发动了肃军政变, 继续实行独裁统治。为此, 以金大中, 金泳三等为首的 民运学生领袖旋即发表《促进民主化国民宣言》, 要求全斗焕下台。次年4月下旬, 韩国爆发波及 全国的大规模工人及学生示威。5月17日, 全斗焕宣布全国戒严并实施 "紧急戒严令", 禁止一切 政治活动, 关闭大学校园, 禁止召开国会, 禁止批评国家元首, 同时拘捕金大中, 金泳三等首 领。在美国的默许下, 18-27日韩国戒严部队最后以武力平息了以全罗南道首府光州市为核心的 示威活动。因事件中多达4362名(截至2005年4月公布统计数据)平民和学生死亡与受伤[其中, 154名死亡(含12具无人认领尸体), 70名失踪, 4138名致残或者被逮捕, 拘禁], 又称 "光州惨案"。

18) Yang Yeongjik:《统一政策论》, 博英出版社, 1997, 第192页。

19) 庞彦:《韩国历届政府对朝政策演变》,《国际研究参考》2013年第11期, 第32页。

谈之门产生了一定影响。不久，朝鲜半岛再次出现了对话热潮，实现了分裂以来首次失散亲属探亲和民间文化体育交流，举行了包括南北体育会谈，红十字会谈等多项务实交流。尽管大多数会谈当时只是徒具形式，未取得实质成效，但随着双方交流日益扩大，层次不断提升，它们对日后南北接触与互动具有深远影响。[20] 例如，南北首脑会晤，金刚山观光，南北道路连接，离散家属相聚，各界人士互访，国际竞技统一代表队组成等许多在今天已经变成现实的提案都是在当时达成共识并积极推进而来的。

总的来说，金斗焕政府时期的统一政策相比过去韩国其他政府的政策采取了更灵活的立场，日后多少带来了一些积极成果。但是，我们也应该注意到这种统一政策总体上还没有脱离反对共产主义的基调，所谓的"民族和睦，民主统一方案"事实上并非什么新范式下的对朝鲜政策或统一政策，只不过是维持了朴正熙政府时期韩朝双方发表的《7·4南北联合声明》的基调。特别是朝鲜半岛南北统一问题所需要的理论基础并没有被讨论和涉及。

6. 卢泰愚政府(1988-1993年)的《大韩民国民族共同体统一方案》

1988年2月25日，韩国第6任总统卢泰愚上任，正式成为第六共和国的领导者。卢泰愚在参考了历任领导者和社会各界的统一方案后，积极探索制订了新的统一方案。当时，卢泰愚政府意识到，现有民族和解与统一方案只是根据人口比例构想成立统一政府，但并没有提出促进统一的具体方案，因此，在收集各种意见和建议的基础上开始了对新的统一方案的探索。

为此，卢泰愚政府的国土统一院院长官李洪九把"民族共同体"的概念引入了统一政策中，并在1988年4月25日的国防大学演讲中公开提出了"民族共同体"这个概念。他说"统一并不只限于国土的统一，还包括对连接南北不同社会体制的课题的研究。我们只有以民族共同体这个概

---

20) 同上。

念为基础，才能够提出有效的政策""要在尽快建立一个民族共同体的前提下讨论统一的道路问题"。5月30日，卢泰愚总统在国会发表的演说中明确提出"在同一民族的基础上建立共同繁荣的民族共同体"。不久，卢泰愚总统以民族共同体这个概念为基础，分别发表了《争取民族自尊和统一繁荣的特别宣言》和《大韩民国民族共同体统一方案》。21)

(1)《争取民族自尊和统一繁荣的特别宣言》

《争取民族自尊与统一繁荣的特别宣言》于1988年7月7日发表（又称《7·7宣言》）。其主要内容是：第一，促进南北相互交流和自由往来；第二，鼓励离散家属的书信往来和相互访问；第三，打开南北贸易大门，实施门户开放政策；第四，实现民族经济的均衡发展，不反对友邦和北方的非军事性贸易；第五，南北方在国际社会的协助下改善关系；第六，协助北方开展改善与友邦关系的外交活动。

(2)《大韩民国民族共同体统一方案》

《大韩民国民族共同体统一方案》是1989年9月11日卢泰愚总统在第147届国会开幕式上演讲时提出的南北统一方案。其主要内容是：南北应以自主，和平，民主的三个原则为基础，通过南北联合，实现民主统一。该方案的精神实质是韩朝两国无论何时何地都应根据民族自决的原则，采取不依靠武力的和平方式和谋求民族大团结的民主方式来实现统一。但是，由于南北双方长期以来因体制和理念不同一直处于严重对峙，敌视的状态，实现统一困难重重。因此，该方案明确规定要承认韩国和朝鲜是存在于朝鲜半岛的两个不同政治体制的国家，应该把双方看成是共存共荣的合作者，而不是"道不同不相为谋"的对手。承认对方的存在是实现统一的首要前提，只有这样才会有共同繁荣，开放的局面，才能有进一步的相互交流，才能通过合作来发展民族共同体。《大韩民国民族共同体统一

---

21) 韩国统一研究院,《民族统一的前进, 国土统一院20年》, 壮元出版社, 1989, 第110页。

方案》的主旨就是南北通过和平方式先建成一个社会，文化和经济共同体，等政治统一的条件成熟以后再完成国家统一。方案的执行分：和解协商阶段，南北联合阶段和国家统一阶段。

在此基础上，朝鲜总理和韩国总理于1991年12月13日在汉城签署的《南北基本协定》规定：韩朝双方互相承认对方的存在，承诺不进行针对对方的军事侵略，破坏和颠覆活动，并通过相互间的交流和合作为民族共同发展与渐进式阶段性目标(特别是南北统一)的实现创造条件。

7. 金泳三政府(1993-1998年)的"三阶段三基调统一政策"

1993年2月25日，金泳三总统上台执政，终结了军事政权，开启了文人政府时代。金泳三总统在发表上任演说时呼吁金日成主席尽早实现民族统一："我想对金日成主席说，我们一定要对相互合作持真诚的态度。世界现在是和平与合作的时代而不是对峙的时代，其他民族和国家也都在为进行各种各样的相互交流和合作努力。但是无论是哪种同盟国的关系，都不如同一民族亲密，不管何种思想和理念都比不上民族团结带来的幸福伟大。"[22]

同以往历届政府相比，金泳三政府的对朝政策更注重同国民协商，对北方将不采取孤立封锁政策，把民族福祉放在首位而不是以某一特定理念和制度作为立足点。1993年7月6日，金泳三提出"三阶段三基调统一政策"，并在维持《大韩民国民族共同体统一方案》的基础上，采取了短期 实用主义的作法。

(1) 三阶段统一目标

金泳三主张要把国家统一视为一个历史过程。该过程可分为三个阶

---

22)《金泳三总统就职演讲》(1993年2月25日)，参见https://terms.naver.com/entry.nhn?docId=920637&cid=62048&categoryId=62048，访问时间：2019年4月3日。

段(即和解合作阶段, 南北联合阶段, 国家统一阶段)。每个阶段都有特定内容和任务。其中,"和解合作阶段"指南北双方忠实地履行1991年签署的《南北基本协定》和朝鲜半岛非核化宣言中的各有关条款, 以减少南北敌对举动, 使双方关系由敌对转向合作和合解, 促进相互信任并在此基础上加强合作。"南北联合阶段"是指南北双方在和解和合作阶段的基础上, 展开全方位交流与合作。在此阶段, 南北在政治, 经济, 外交和国际等方面有着独立自主权, 但要在南北联合的框架下加强交流与协作, 逐步形成社会, 文化和经济共同体; 双方应设立一些机构来协调解决南北间存留的不同问题, 促进南北双方向统一迈进。"国家统一阶段"则是要以实现"一个民族, 一个国家"的统一为目标, 并在"南北联合阶段"形成的经济, 文化, 社会共同体基础上, 逐渐提高南北政治结合度。南北议会代表根据民主程序制定宪法并据此宪法举行南北大选, 组成统一国会和统一政府, 最终使南北两个不同体制的国家完全彻底的统一。

(2) 三基调实施办法

金泳三总统坚持对朝鲜采取接触政策, 帮助朝鲜成为国际社会的一员, 增加社会责任感, 强调与朝鲜通过协商完成统一。[23] 为了符合新的对内对外要求, 金泳三政府在向各界人士征求多方面意见基础上, 制定了更加积极的对朝政策。1994年8月15日, 金泳三总统在第49周年光复节上进一步阐明了《大韩民国民族共同体统一方案》。为更好地推进"三阶段"统一方案的实施, 金泳三政府又提出了"国民民主协商""共存共荣"和"民族福祉"的三基调实施办法。

"国民民主协商"是"共存共荣"和"民族福祉"原则的基础。借助"国民民主协商"使国民自觉地支持民主来解决统一问题, 使统一变为全体国 民的事情。没有国民民主协商就没有共存共荣和民族福祉。

"共存共荣"是指南北双方应抛弃对立的立场, 互通有无, 互惠合作。"共存共荣"的主旨是南北互相承认对方的存在, 尽管目前双方的信仰和

---

23)《金泳三政府的三阶段三基调统一政策》(系韩国统一研究院1993年研究成果之一), 第204页。

政治制度不同，也同样要坚持互不干涉内政原则，共享自由和富足(即"共存共荣")，并通过努力，"诱导"朝鲜成为国际社会负责任的一员。

"民族福祉"是指进一步提高全体国民的生活质量，充分体现人的尊严。这是开放的"民族主义"，其核心是人类共荣精神。

金泳三在执行《大韩民国民族共同体统一方案》时强调南北应通过直接对话，采取共同步调维护半岛统一。为此，他提议为确保全体朝鲜国民的安全和半岛的永久和平，应坚持如下原则：A. 南北之间通过南北直接对话，建立朝鲜半岛和平机制，因为维护半岛和平最终是全体国民之事；B. 建立朝鲜半岛和平机制需要相关国家(即美国，中国，俄罗斯和日本)的支持；C. 《南北基本协议》《朝鲜半岛无核化共同声明》(1991年)和其他南北缔结的协定必须得到尊重。如果按照上述原则去运作，在朝鲜半岛建立起和平体制将对东北亚乃至全球的稳定作出巨大贡献。金泳三希望快速发展南北关系，表示和平统一是全体国民的热切愿望，但它的实现需要耐心，希望不久的将来朝鲜变得更加稳定并成为国际社会中负责任的一员。

在这期间，为消除隔膜，走向和解，韩国成立了首脑协会(1994年)，以协调推进韩朝南北关系。随着1994年朝美《关于解决朝鲜核问题的框架协议》[24] 在日内瓦的签订，韩国进一步加大了与朝鲜的接触并于1995年向朝鲜提供了大米援助。所有这些都可以看作是韩国对共存共荣政策的贯彻与实施。[25]

---

24)《关于解决朝鲜核问题的框架协议》于1994年10月21日由美国和朝鲜在日内瓦正式签署。内容有4项，共13条，核心是将朝鲜的石墨反应堆改为轻水反应堆。协议规定，朝鲜拆除所拥有1座5兆瓦石墨反应堆和另外2座在建石墨反应堆(发电能力分别为50兆瓦和200兆瓦)后，美方将向朝方提供2座发电能力各为1000兆瓦的轻水反应堆(总价值约40亿美元，建筑周期10年左右)。在轻水反应堆建成之前，美国将向朝鲜提供重油充作替代能源(每年约50万吨)。相关费用将由美国牵头组成包括韩，日等国在内的国际财团负责提供。为此，协议要求朝鲜重返《不扩散核武器条约》，承担条约规定的安全保障义务，同意恢复朝韩直接对话，并同韩国一道执行《朝鲜半岛无核化共同声明》；美国则除给予朝鲜相应经济补偿外，还保证不对朝鲜首先使用或威胁使用核武器，放宽对朝鲜的贸易和投资限制并同意尽快在双方首都互设外交联络处。

25) Lee Jongseok：《分裂时代的统一学》，韩蔚出版社，1998，第140-141页。

8. 金大中政府时期(1998-2003年)的对朝"阳光政策"

1998年2月25日，金大中就任韩国第8任总统。考虑到全球范围的冷战已不复存在，朝鲜也在以不同方式积极探索摆脱经济危机的困境，金大中上台后继承和发展了金泳三政府对朝鲜的包容政策。他在以《克服困难，实现新的飞跃》为题的就职演讲中特别就对朝鲜的政策和原则作了说明。他指出：南北关系只有在和解与合作及寻求和平的基础上才能发展。

南北朝鲜之间的冷战状态持续了半个多世纪，甚至不让离散家庭探明自己的父母，兄弟姐妹是死是活，更谈不上进行对话和交流。这种状态必须尽快结束。为此，他明确提出对朝政策三原则：A. 我们决不容忍任何武装挑衅。B. 我们没有任何伤害或吞并朝鲜的意图。C. 积极推进南北之间的和解与合作并从最容易达成协议的领域做起。[26]金大中坚持上述三原则的目的主要有二：A. 试图劝告朝鲜，放弃用武力统一的冷战思维；B. 创造一个祥和的国内环境，促进南北双方交流。

1999年5月5日，金大中在接受美国有线电视新闻网记者采访时将所奉行的对朝政策称之为是更加灵活，务实的"阳光政策"。他说："我们将继续推行对朝鲜的阳光政策，以维护半岛的和平与稳定。韩国政府现在所推行的政策，在韩国民族内部关系上产生了更富有历史意义的进展。""为了在朝鲜半岛实现长期稳定与和平，我们必须寻求一种一揽子妥善解决问题的更现实方案"。为此，他认为在朝鲜半岛周边国家的理解与支持下，应积极推动实现以下五项课题目标：A. 必须把南北关系由对峙和不信任转变成和解与合作。这需通过认真履行1991年达成的和解，互不侵犯，交流合作等协定来实现。B. 美日改善对朝关系并实现邦交正常化。与往届政府观点有所不同的是：金大中表示，美日改善对朝关系不必事先征得韩国同意，同时，韩国同朝鲜进行接触也不必事先征得美日同意。美国和朝

---

26) Officeof thePresident, *TheRepublicof Korea : Governmentofthe People—Selected Speecheso fPresident Kim Dac-jung*, 1999,p.12；孟庆义，赵文静，刘会清《朝鲜半岛：问题与出路》，中国人民大学出版社，2006，第132 页。

鲜必须履行日内瓦协议，减少相互威胁并进一步改善关系。C. 积极创造有利于朝鲜进行变革与开放的条件和环境，使其成为国际社会中负责任的一员。为此，希望美国，中国，日本，俄罗斯及世界尽可能多的国家加强与朝鲜的交流。D. 必须控制并消除朝鲜半岛的大规模杀伤性武器(如核弹，导弹等)，以控制军备(这是消除半岛冷战结构，建立和平半岛的中心任务)。E. 把现有的停战体制转变成南北之间的和平体制，使南北人民得以互相交流和帮助。

金大中表示，"上述五项课题是为了消除朝鲜半岛的冷战体制，它们是密切相关的。为此，争得社会的支持与合作尤为重要。我希望国际社会就韩国政府对朝采取的包容政策方针予以积极的支持与合作，以消除朝鲜半岛冷战体制"。27) 由上可知，金大中政府的阳光政策具体内容为：A. 为南北和解合作和增进朝鲜半岛和平打好基础；B. 争取国际社会对和平解决朝鲜半岛问题的广泛支持。

金大中政府对朝政策的基本方向可以概括为政经分离原则(即"阳光政策")。这是韩国历史上第一个脱离冷战指向的统一政策，旨在推进南北经济协作。28)

金大中政府的政经分离原则是对金泳三政府对朝政策中政经统一原则29)的超越和发展，因为以往简单的政经统一原则不仅难以推动南北关系的整体改善，而且使南北经济协作也难持续。比如，金泳三政府虽然尽可能吸取历史经验和教训，在对朝政策实施过程中不断进行反思并希望借助当时北方的粮食危机，通过对朝鲜进行大米支援及促进朝美关系

---

27) 大韩民国海外弘报院：《大韩民国阳光政策》，1999，第6页。

28) 南北经济协作是韩国政府根据相关经济理论制定的旨在推动韩朝关系改善的具体实施方案。其尊重企业的自主性判断，在与朝鲜合作中首先促进有关朝鲜急需领域的合作，增加企业家与朝鲜方面的往来，扩大投资规模，使经济协作步骤趋向简单化。参见韩国统一部编《统一白皮书》(1998)1998，第4页。

29) 以前政府(包括金泳三政府)都主张通过政经统一政策(即经济合作和政治，军事问题相联系的政策)，促进经济交流。为限制朝鲜发展核武器，韩国政府需要发展与朝鲜的经济协作事业。由于当时朝鲜的最大任务是克服经济危机，所以对朝鲜的经济合作就是解除朝鲜核武器威胁的最有力手段。事实上，如果美国和日本等发达国家对朝鲜的进出口贸易与援助一直处于停滞状态，朝鲜将会继续承受经济困难。

改善等来发展和改善南北关系。然而，最终却弄巧成拙，南北关系非但没有得到改善反而陷入更加恶劣的境地，金泳三政府也为此付出了惨痛代价：经济协作无所作为，财政浪费以及韩美关系恶化等。[30] 造成金泳三政府上述政经统一政策执行难以为继后的根源是在当时朝鲜半岛局势中韩朝南北关系无法主导朝美关系，而南北政治形势的任何变化都会影响南北经济协作的推进成效。比如，在奉行政经统一政策时，一旦南北政治分歧产生将势必导致南北经济协作中断；而南北经济协作不稳，朝鲜自然会放弃与韩国的经济合作。在此情况下，过去决定与朝鲜进行合作的企业也会放弃与朝鲜的联系。为此，金大中认识到只有实行政经分离的"平分促进论"才能促进南北关系的可持续发展。在他看来，政经分离原则的实施有助于韩朝双方从冷战时期的敌对关系走向非冷战时期的合作关系。据此，这种政经分离的方案也被评价为能够有效促进南北统一的合理方案。正是由于这一政策的实施，金大中执政时不仅在政治方面创造了缓解南北敌对关系的契机，而且形成了南北间的正常对话，促成了《6·15南北共同宣言》的发表；在经济方面，由于韩国政府和现代企业的投资，韩朝之间有了开城工业园区和金刚山观光项目的落地。

9. 卢武铉政府(2003-2008年)的 "和平繁荣政策"

2003年2月25日，卢武铉政府上台之时面临着解决朝核问题，发展南北关系以及韩美同盟协议续订等重大安全课题。朝核问题依旧是这时期的重大问题。[31] 为了解决这些安全问题和构筑朝鲜半岛和平体制，卢武铉政府提出了融统一，外交，安全政策于一体的"和平繁荣政策"。[32]

---

30) Lee Jongseok：《造成政经分离的条件和政策课题》，《民族统一研究》1998年秋季号，第3页。

31) 2002年10月，朝鲜宣布退出《不扩散核武器条约》，接而再次启动宁边核反应堆。2003年4月，朝美中三方会谈破裂，朝鲜完成核再处理等事件使国际社会为之震惊。美国以此为契机，提出"防止大规模杀伤性武器扩散构想"，对朝鲜采取了封锁核武器，导弹，毒品交易等措施，并与中国和俄罗斯一道促成朝鲜同意参加"六方会谈"。

32) Yun Taeyeong：《卢武铉政府的对北和平繁荣政策：政策课题和促进战略》，《世界地域研究总论》，2003，第132页。

他在总统就职演说中表示新政府将在五年执政期内持续实施促进统一，外交安全的和平繁荣政策，33) 并将和国民一起建设和平与繁荣的东北亚时代。他坚信，和平繁荣政策能够为实现朝鲜半岛的统一奠定基础；韩国作为东北亚经济中心要为东北亚的发展创造条件。

在上述"和平繁荣"的战略构想中，卢武铉主张韩国的对朝政策应该越过南北关系的限制，追求整个地区的和平和共同繁荣，应在"东北亚的朝鲜半岛"这个议题下思考所有问题，制定促进朝鲜半岛和平发展的原则和方向，以推动大韩民国成为东北亚的势力均衡者这个现实战略目标为工作中心。为此，韩国应通过各种手段争取国内外支持，据以制定对朝政策。

卢武铉政府"和平繁荣政策"的基本内容包括：A. 终止停战体制，构筑和平机制，把停战体制转化为和平体制，致力于解决朝核问题，减少战争爆发可能性，增强构筑南北军事信赖，谋求和平。B. 通过改善朝鲜产业基础设施(如修筑南北铁路，开展道路连接和开城地区基础设施建设等)以及帮助朝鲜发展经济特区等举措，进一步深化南北经济交流合作，以期实现共同繁荣和构建南北经济共同体的目标。C. 使21世纪的朝鲜半岛不再成为大国争夺势力范围的场地，而是和平与繁荣的东北亚时代的旗手并在和平和安定的事业中发挥中心作用。D. 继承，补充和发展对朝阳光政策，以促进韩朝和解为基础，致力于增进和平并通过争取更多公民的支持来进一步推进南北交流事业的开展，最后形成解决问题的具体步骤。

"和平繁荣政策"以促进朝鲜半岛的和平及东北亚的共同繁荣为目标。为实现这两个目标，卢武铉总统提出了四大促进原则：A. 通过对话机制解决问题；B. 奉行以相互信赖为前提的互惠主义；C. 开展以南北独立自主解决问题为基础的国际合作；D. 争取国民支持并以国民参与为基本精神建设国家，增强改革力量。34)

---

33) 用"和平繁荣"之名是为了争取更多的国民参与协商并获得更大的支持，因为此前不论是金泳三的"包容政策"，还是金大中的"阳光政策"均未被朝鲜接受，收效不大。

34) 总统职位交接委员会企划调整和交接委员2003年2月10日在记者招待会上谈及"新政府"的特征时，明确表示：卢武铉政府实质上是"参与政府"，其主人公是国民。这样的政府将通过国民的参与，增强改革的动力，以建设先进的国家和持续推进社会发展。

不久，卢武铉政府提出了与四大促进原则相匹配的三大战略实施阶段。其中，第一阶段是要解决以朝核问题为代表的安全危机，加速和平发展进程。具体措施是通过储备电力，召开南北和解会议以及举行南北军事会谈例会等手段，为南北首脑会晤等打下和平与安定的基础；以外交手段创造东北亚和平与合作氛围以推动解决朝核问题。第二阶段是深化南北协作，为和平体制的建立打下基础；推动有关解决朝鲜核武器，导弹问题协议事项的具体执行，深化南北军事互信进而推动东北亚和平共同体构想方案的提出和实施等。第三个阶段是缔结南北之间的和平协定，构筑和平体制。为此，卢武铉政府先后提出了有关缔结南北和平协定，确保国际安全和建立南北经济共同体以及实行阶段性军备控制，构筑东北亚和平共同体等重要议题。

总之，卢武铉政府继承了金大中政府的"阳光政策"，并以政经分离的方式持续推动南北对话和经济合作，为朝鲜半岛南北关系的持续缓和，特别是为2007年《落实9·19共同声明起步行动》35)文件和《10·4南北共同宣言》36)的达成起了积极的促进作用。但是，由于当时朝鲜依旧不断进行核试验，韩国方面也有人对此政策的实施效果提出了质疑。

10. 李明博政府(2008-2013年)的"非核，开放，3000"政策

2007年12月19日，李明博当选为韩国第10任总统。其在就职第二天(即2008年2月26日)明确表示对前总统卢武铉对朝"和平繁荣政策"的放弃，并提出了取而代之的言辞激烈，态度强硬的"非核，开放，3000"对朝政策。

---

35) 2007年2月13日，参加解决朝核问题"六方会谈"的(中朝日韩俄美)代表在北京达成《落实9.19共同声明起步行动》文件，也称《2.13协定》。内容包括：A.朝鲜半岛非核化；B.美国和朝鲜关系正常化；C.日本和朝鲜关系正常化；D.经济与资源协作；E.东北亚和平，安保体系，协议相关实务工作组的设立等。

36) 2007年10月4日，卢武铉总统和金正日国防委员长共同发表了《关于南北关系发展和和平繁荣宣言》(简称:《10.4南北共同宣言》)。内容包括：A.为了中止军事上的敌对关系通力合作，遵守互不侵犯义务；B.召开相关朝鲜半岛会议，宣布中止战争；C.设置西海和平协力特殊区域；D.开通京义线货物铁道，建设安边，南褒朝鲜合作团体；E.开设长白山－首尔直航线；F.当年11月中旬在首尔举行南北总理会谈。

随后，韩朝之间展开了争锋相对的言语之战，南北关系由此急剧恶化。

　　李明博总统认为，《南北基本协议》是其政府制定对朝政策的基本依据，因为"在这之后，南北之间虽然进行了首脑会谈，也签订了一些新的协议，但是朝鲜半岛南北双方最重要的协议精神依然是1991年缔结的那个基本协议""到现在朝鲜也仍然承认南北基本协议""我们要继续坚持该精神"。他还认为非核化是南北互相依存的前提，"非核，开放，3000"是共同繁荣的政策手段。

　　李明博政府对朝政策所遵循的逻辑思路是：《大韩民国民族共同体统一方案》-《南北基本协议》-相生共荣37)-"非核，开放，3000"。

(1) "非核，开放，3000" 政策目标

　　对李明博政府来说，"非核，开放，3000"既是其所对朝外交所追求的短期目标，也是其推动朝鲜半岛南北关系的长期政策目标。具体来说，该政策设计包含非核化，开放论，3000美元3个构想，并最终把朝鲜国民所得提高到3000美元水平。为了实现这个目标，韩国需要在短期内解决朝鲜核问题，促进朝鲜实行开放政策，早日使国家走上正常化发展道路。其中在实现3000美元方面，韩国需在10年内对朝鲜有关经济，教育，财政，产业基础设施和福利"五大"领域38)进行一系列援助，同时帮助其解决非

---

37) 此处特指韩朝之间的南北相生共荣(mutual benefits and common prosperity)关系。其有两种意义：A.消除朝鲜对被吸收统一的担忧，南北要共存，共荣，相生(比如在非核化协商中支援朝鲜与美国正常建交，并消除朝鲜的安全担忧和解决其经济困难)；B.支持朝鲜经济发展，韩国也可借此契机发展自身经济。

38) 经济方面：要培养出口交易额达300万美元以上的出口企业100个[具体举措：A.向朝鲜派遣经济法律金融领域专门人才(全职经济官员，经济人士)；B.在朝鲜内部设立5个自由贸易地带；C.要培养年出口可能达到300万美元以上的企业100个；D.活用KOTRA(大韩贸易投资振兴公社)等韩国的海外网络]。教育方面：培养30万产业人才[具体举措：A.培养30万朝鲜经济金融技术专门人才；B.在朝鲜的10个主要城市建立技术教育中心；C.支援朝鲜版KDI(韩国开发研究院)和KAIST(韩国科学技术院)的设立；D.支持朝鲜大学的经济金融通商教育]。财政方面：组织400亿美元左右的国际合作资金[具体举措：A.向世界银行和亚洲开发银行进行国际借款；B.建立南北交流合作基金(10年100亿美元)；C.吸引海外直接投资；D.朝鲜日本关系改善后争取日本的对朝鲜援助金]。产业基础设施方面：修建新京高速公路[具体举措：A.协助解决能源危机；B.连接主通信网和建设港湾，铁路，道路；C.修建长达400公里的新京(一新义州)高速公路；D.连接大运河]。福利方面：开展更加人道的福利援助[具体举措：A.通过解决粮食危机减少绝对贫困；B.开展派遣

核化问题和开放问题。在此过程中，可对朝鲜采用诱导，说服，压制等任何手段，"非核，开放，3000"不表示时间上的先后顺序，只表明政策上的优先次序。[39] 首先在第一阶段，所有政策都为达成非核化服务。如果非核化进程有所进展，就在第二个阶段扩大开发开城工业园事业；反之，将分阶段实施《10·4南北共同宣言》。在这种情况下，非核化阶段中的南北经济协作必须用经济利益来刺激和劝导朝鲜。

　　上述政策的具体目标：A. 10年内建立朝鲜半岛经济共同体。B. 实现半岛无核化，以和平手段解决朝核问题，使朝鲜真正成为国际社会的一员并为其经济发展创造出比较良好的国际环境。C. 实现朝鲜的改革和开放。在这里，开放不仅指体制的对外开放，还指朝鲜在其生存战略中所追求的成为国际社会的一个正常成员。D. 实现公民人均年收入3000美元的目标。韩方认为朝鲜成功解决核问题并进行改革开放后，实现经济飞速发展将指日可待，因为南北之间可以通过引入国际金融机构的借款，引进外资，活跃南北交流合作；可以建立一个连接俄罗斯的铁路[即将朝鲜半岛纵贯铁路(TKR)与西伯利亚纵贯铁路(TSR)联通]和公路网；可以通过建立陆地通道从俄罗斯进口丰富的天然气。此外，韩国企业活动范围也可以从朝鲜半岛的南端扩大到朝鲜和整个亚洲大陆的北边。这样，韩国既可从北方进口天然气等自然资源，也可以将韩国商品出口到北方。

(2) 关于对"非核，开放，3000"政策的评价

　　李明博政府的对朝政策在表面上看是一种有效促使朝鲜变革的政策，但在实际操作中却使韩国呈现"被朝鲜牵着鼻子走"的被动。这是因为：A. 朝鲜没有因为韩国着力推动的南北经济合作以及许诺帮助朝方公民人均每年3000美元的收入而放弃核武器发展计划，反而是在李明博执政时于2006年10月9日和2009年5月25日进行了2次核试验。B. 诱导朝鲜开

医疗人员，改善医院设施等医疗援助；C. 开展住宅和上下水道改善事业的合作；D. 为了绿化环境，植树1亿棵]。
39) Kim Yeongyun：《南北经济合作现状和课题》(系三星经济研究所2008年研究成果之一)，第55页。

放是比解决核问题更难的问题。"非核，开放，3000"政策针对的不是开城工业园和金刚山观光活动，而是要求大规模投资的长期对朝事业。这恰恰需要朝鲜方面主动开放和积极配合。然而，朝鲜即使判断出其通过开放可以从韩国获得很大的经济利益并提高人民的收入水平，而且即使有了外部对其体制维持的担保，但还是顾虑开放会给内部体制带来不安定性，因而依旧很难应承实施开放政策。C.既然非核，开放无法进行，帮助朝鲜公民人均年收入3000美元的目标自然无法实现。由此可知，李明博政府的对朝政策在执行中因无着力点难以为继，进而使韩朝南北关系持续紧张。李明博政府一厢情愿地强制要求朝鲜实施开放的对朝政策，其结果是南北经济协作基础的解体以及韩国民众对政府对朝政策的不满。

11. 朴槿惠政府(2013-2016年)的"半岛信赖进程"政策

(1) 政策背景

2013年2月25日，朴槿惠就任韩国第11任总统。当时，恰遇朝鲜刚刚进行了第三次核试验(2013年2月12日)，国际社会对朝鲜一片指责，韩朝关系严重恶化，朝鲜半岛犹如进入临战状态。

时任美国总统奥巴马说：朝鲜核试验只能让国际社会更加孤立朝鲜，表示美国将通过强化导弹防御计划予以坚决回应。中国强调朝鲜半岛无核化和核不扩散关系到东北亚地区的和平与稳定，并将根据联合国安理会决议采取相关政策。[40] 3月8日，联合国安理会通过第2094号决议对朝鲜在陆海空和金融等19个方面进行制裁。针对国际社会的谴责和制裁，朝鲜像以往核试验后一样作出了空前强有力的回应。[41] 比如，其立即宣布全面废除朝韩《南北和解，互不侵犯与合作交流协定》和《朝鲜半岛无核化共

---

40) Jang Gongja：《北朝鲜核武器的威胁和中美关系》，《韩国统一部政策》2013年3月16日。
41)《联合国安理会一致通过制裁朝鲜的2094号决议》，《韩国新闻》2013年3月8日，参见 http://www.newshankuk.com/news/content.asp?fs=1&ss=7&news_idx=201303080138551683，访问时间：2018年9月24日。

同声明》，同时还采取切断朝韩之间板门店红十字会通道和停止开城工业园区建设等反制措施。

在此背景下，朴槿惠总统以发表题为《通过信赖外交打开半岛新时代》的演讲为契机，提出了将实施"半岛信赖进程"的对朝政策。她认为在建设新的朝鲜半岛问题上，只有以信赖为基础(即国民信赖，韩朝信赖，国际信赖)，才可以使恶化的南北关系再次正常化, [42] 并实现可持续和平。

(2) 政策内容

"半岛信赖进程"政策以尊重《6·15南北共同宣言》和《10·4南北共同宣言》为基础，旨在谋求韩朝之间的政治军事信赖，构建与社会经济交流协作相完善的，可持续发展的新机制，在以往"等待即是战略"的构想中增加"不是等待统一而是靠近统一"的元素。为实现这一方案，该政策主张推动韩朝基础合作，并在践行维护半岛和平和相互尊重精神的同时打开多种对话渠道，通过将人道问题和政治形势加以区别的方式，实现南北合作透明化的可持续发展。此外，该政策主张韩朝双方要扩大互惠经济合作和社会交流等规模，在和平壤建立全面负责此类事务的办公室，从而不断增进信赖，实现无核化发展，以构筑有利于经济共同体建设的"朝鲜半岛项目计划"。[43] 为此，朴槿惠政府制定了分阶段推动实现"半岛信赖进程"政策目标的计划。其中，第一阶段是对朝鲜进行人道主义援助；第二阶段是实现低水平的南北经济合作；第三阶段则是进行大规模的　基础投资等。在第一，第二阶段，援助和合作与朝鲜核问题无关，但在第三阶段则将大规模投资和无核化问题同时推进。[44]

为实现上述构想，朴槿惠政府提出了9项重要课题。[45] A. 通过人道主

---

42) Park Hongryeol：《对朝鲜半岛信赖程度的思考》，《韩国统一部政策》2012年12月24日。

43) 朝鲜半岛项目计划是指朝鲜半岛南北在信赖程度不断积累的基础上，特别是朝鲜实现非核化后韩朝双方为建设朝鲜半岛的经济共同体开展大规模的经济合作计划。这意味着进一步推进一京义州线，输气管道，电力，港口等具体项目以及北方开城工业园区建设。

44) 《首先支援北部经济协作大规模投资非核化的条件》，《韩国民族日报》2013年3月28日，参见http://www.hani.co.kr/arti/politics/diplomacy/580279.htm，访问时间：2019年3月25日。

45) 韩国统一部：《2013年统一部工作报告——为了建立朝鲜半岛的和平进程和统一基础》，参见

义解决问题。为了持续推进透明的人道主义援助，主张通过世界卫生组织(WHO)，联合国儿童基金会(UNICEF)等国际机构以及民间团体援助弱势阶层，同时解决离散家庭和战俘问题。B.基于朝鲜半岛局势和朝鲜的态度，视机促进政府间务实对话，实现协议履行制度化。C.为了文化繁荣和恢复民族统一并开展南北实施交流与合作，将设立一平壤南北交流事务所，推进"朝鲜半岛项目计划"研究。D.建设国际化的开城工业园区，为韩朝经济协作示范项目——开城工业园区的"朝鲜制造"（共同品牌产品）在中国，美国，欧洲等地扩大销路创造新的附加价值。E.为实现朝韩两国真正的和平，力争解决朝鲜核问题并借助"半岛信赖进程"寻求南北关系突破口。F.让"脱北者"适应韩国生活，对他们家人应进行相应的教育，强化就业培训，扩大就业。G.开发有利于统一教育的节目，扩大民众参与度。H.继承"民族共同体统一方案"，就"半岛信赖进程"政策的推进强化国民共识。I.就朝鲜"半岛信赖进程"政策的实施，确保国际社会及周边四强(中俄美日)的理解和支持，以便为东北亚和平的维护与发展作贡献。[46] 在以上课题中，尤以实施人道主义的项目为重点，以便在朝韩关系恶化时，韩国凭借"半岛信赖进程"降低朝鲜以挑衅和威胁举措恶化 南北关系的意志。

12. 文在寅政府(2017年至今)的"和平与繁荣"政策

(1) 政策背景

2017年5月10日，文在寅通过补缺选举当选为韩国第12任总统，接替此前遭韩国国会弹劾的朴槿惠总统。

文在寅上台之际，以朝鲜半岛为核心的东北亚局势一直因朝鲜强行进行导弹试射与核试验以及美国在韩部署"萨德"导弹而持续紧张，韩朝对

---

http://www.unikorea.go.kr/CmsWeb/viewPage.req?idx=PG0000000704，访问时间：2019年3月26日。

46) 同上。

话大门业已关闭。为缓和韩朝关系，打开韩国外交新局面，文在寅6月30日在会晤美国总统特朗普并谈及其对朝政策的基本思路时明确表示：在朝鲜核问题上，韩国将对朝鲜施加最大压力，但会通过双方对话来解决问题；关于朝鲜半岛南北统一问题，韩国将以"主导者身份"积极进行协调与运作。同一天，文在寅发表了题为"对朝四不原则"的演讲。他说：A.不提倡对朝实施敌对式政策。B.不会有攻击朝鲜的意图。C.不希望朝鲜政变或政权崩溃。D.不提倡人为性质的加速统一。7月6日，文在寅总统在受邀出席德国柏林柯尔柏集团所组织相关活动的演讲时正式全面阐述了其对朝政策。他说，将继续努力推进2000年第一次南北首脑会谈与2007年第二次南北首脑会谈的金大中总统与卢武铉总统奉行的对朝政策，"开启以更有主导性的身份促进朝鲜半岛的和平体制的伟大旅程"；强调将履行李明博政府与朴槿惠政府无视的《6·15南北共同宣言》和《10·4南北共同宣言》，再三表示不提倡瓦解朝鲜与收复朝鲜的统一方式，同时提出为了"持久和平体制"或"构造持久和平"，将不仅"通过交涉解决朝鲜核问题与构建和平体制以实现无核化与签订和平协定"的目标，而且还将大大促进与政治军事无关的对朝人道主义交流与合作。

(2) 政策内容及实施举措

总的说来，文在寅政府上台后虑及朝鲜半岛的特殊情势，其没有选择李明博政府和朴槿惠政府所奉行的对朝强硬政策，而是以金大中政府和卢武铉政府对朝的包容与和解政策为依归，借以进一步为朝鲜半岛的和平统一奠定较为扎实的社会基础。

三大和平目标

文在寅政府对朝政策的核心是和平共存和共同协商。他认为，如果没有和平，国家安全与经济就无法得到保障，强调首先要完成和平共存这一重要工作。换句话说，和平不仅仅是单纯的维持无战争状态并以和平方式解决朝鲜核问题，更重要的是要通过构造南北间政治与军事上的信任，建立朝鲜半岛的和平体制等积极方式来实现真正的和平。为此，文在寅政府创造性地提出了"积极和平"的概念，具体内容如下：A.国家安全和平。文在寅政府主张控制朝鲜半岛军备，希望通过国防改革最大程度控制战争，守护和平；同时，积极主张努力解决朝鲜核问题，统一韩朝两国市场，建设无战争风险的朝鲜半岛。B.市场和平。考虑到具有市场经济的国家之间没有战争，希望通过交流与经济协作提升朝鲜内部市场活跃度并根据互通有无原则扩大朝韩经济合作，借以引导朝鲜体制的变化。C.民主和平论。基于对德国康德有关"民主共和政权制度国家之间发生战争的可能性低"思想的认识，主张将朝鲜体制逐渐安全地引导为民主共和政权，以实现全面和平(这是对朝政策的核心目标)。由此可见，文在寅政府的对朝政策不仅要阻止南北的潜在军事冲突，缓和军事紧张局势，而且要通过交流合作，建立"和平的朝鲜半岛"，从而最终实现安保和平，市场和平，民主和平这三大和平目标。

实施策略

为了实现上述三大目标，文在寅政府对朝政策的具体实施策略是：A.将解决朝鲜核问题与实现持久和平并行推进。为了朝鲜半岛的和平，韩国将把以和平方式解决朝鲜核问题视为首要工作目标，主张以南北问题的解决为切入口，国家上下齐心协力，主动介入制裁与对话兼融并用，推动和平解决朝鲜核问题并果断应对朝鲜的挑衅。B.持续发展南北关系。主张本着相互尊重，和解协作，增进信任等基本精神，在以往历届政府与北方所达成《7·4南北共同声明》《南北基本协定》《6·15南北共同宣言》《10·4南北共同宣言》基础上，持续发展南北关系，并以民主协商为中心将南北协商法制化，为和平统一作出制度性安排；同时，努力消除内部分歧，达成国民共识，确保对朝政策的一致性与持续性。C.在朝鲜半岛推动南北双方合力创造新的互利共存共赢经济增长点，构建更加富有的南北新经济共同体。主张韩朝以相互信任和互惠为基础，促进经济合作，开辟新经济发展通道，实实在在地改善朝鲜人民的生活质量，为韩朝南北共同繁荣奠定坚实的经济基础并最终在朝鲜半岛建立"三大经济带"[47]与"新经济制度"，实现韩朝与中国，俄罗斯等东北亚邻国的经济一体化，以便这些国家在各个领域协同发展，共同繁荣，创造新的经济时代。在这过程中，首先发展有可能实现的合作事业并在解决朝鲜核问题后让朝鲜也能参与其中。

四大战略部署

为了实现以上目标，文在寅政府开展了四大战略部署：A. 阶段性全面接触方式。考虑到朝鲜核问题的解决比以前变得更加困难，韩国认为只能通过制裁，施压与对话并行方式，以阶段性接触手段加以和平解决。在解决朝鲜核问题过程中，通过对话建立韩朝间政治与军事信任，建立朝鲜半岛和平体制，推动与朝鲜和国际社会达成有关协议，从根本上消除国家安全威胁。B. 将韩朝南北关系的改善与朝鲜核问题的解决同步推进。鉴于韩国在南北对话频繁时期曾有过在解决朝鲜核问题的"六方会谈"中促成发表《9·19共同声明》和缔结《2·13协议》的成功经验，韩国希望在朝鲜核问题的解决陷入僵局时，通过向朝鲜派遣特使，以主导者身份通过南北对话与交流，促进各方信任，开启多方对话。C. 通过制度化安排，构建南北可持续信任关系，以促进民主协商方式制定可持续的，一致性的对朝政策，推动韩朝签订有法律约束力的"新南北基本协定"，以免韩国对朝政策受韩国执政政府交替的影响以及朝鲜的履约义务受周边国际环境变化的影响。D. 通过互惠协作构建南北和平统一基础，如扩大南北经济合作与交流，创建南北共同体，促进并解决南北离散家庭问题，对朝鲜弱势家庭婴幼儿进行非政治性的人道援助以及促进"朝鲜半岛新经济制度构想"的实现等。

---

[47] 三大经济带：在元山，端川，罗先构建连接俄罗斯能源的资源带；在首都圈，开城，海州，平壤，南浦，新义州构建连接中国的交通物流产业带；在韩朝交界非武装地区(DMZ)的生态和平安全观光地构建连接统一经济特区的观光带。

二. 韩朝经济合作进程

1. 南北经济合作的现实基础

(1) 南北经济合作早期准备

朝鲜半岛的分裂使韩朝双方的生产结构均遭到了严重破坏。但是，朝鲜战争结束后，朝鲜在苏联的支援下经济一度快速发展，而且其经济状况在相当时期曾优于韩国经济。然而，随着时间的推移，朝鲜经济体制内部的非效率性因素在20世纪80年代后期开始日益凸显并拖累整个国民经济的发展。据统计，在80年代末到90年代后半期，朝鲜经济一直为负增长甚至连维持正常的国家经济运行都变得十分困难。[48] 与此同时，韩国在全球化浪潮的推动下，其经济在20世纪80-90年代取得了飞速发展并积极拓展国际市场。在此背景下，朝鲜半岛南北经济合作似乎已有了外在 动能。

早在1972年韩朝《7·4南北联合声明》发表后，朝鲜半岛南北双方一直强调要加强南北交流合作。20世纪80年代中期以后，随着冷战体系的结束，包括朝鲜半岛及周边环境在内的国际形势发生了很大变化。在这种局势下，南北交流日益活跃，掀起了离散家族回乡访问和艺术团交流的热潮。

1988年7月7日，卢泰愚政府发表的《7·7宣言》表达了韩国全体国民对统一的热烈盼望。为践行该宣言，韩国又于10月7日提出了"对北经济开放措施"，[49] 鼓励南北交易并制订"南北物资交流运营方针"和"南北交易指南"。至此，南北经济交流正式拉开了帷幕。[50] 不久，韩国政府制定了

---

48) Yang Yuncheol：《关于中国式经济发展战略作用于朝鲜的研究》(系韩国世宗研究所2000年研究成果之一)，第29-31页。

49) 韩国"对北经济开放措施"的主要内容是：A.允许民间企业与朝鲜进行物资贸易；B.允许民间企业代理朝鲜物资；C.允许使用朝鲜原产地标志；D.免去直接或间接的贸易物资关税；E.允许韩朝商人相互接触并访问；F. 允许朝鲜商船入港；G. 从法律上保证南北经济交流。

50) 日本投降后，朝鲜半岛南北之间虽然形成了"3.8贸易"和"军政贸易"形式的有限人与物的贸易形式，但是，随着1949年"南北交易政策规定"的颁布，这种贸易形式被全面中断。1978-1983年，通过中国和英国中介公司，韩国进口朝鲜120万吨无烟煤都算不上是公开的南北贸易。参见〔韩〕李钟元(Lee Sangman)：《统一经济论》，萤雪出版社，1994，第275页。

关于南北交流合作的基本政策并于1989年3月31日设立了"南北交流合作推进委员会"；6月12日颁布的《南北交流合作基本指南》（南北间交流和合作法律制定之前的临时文件）为南北交流合作确定了常规访问，交易，合作事业相关实施条件和步骤；7月21日，韩国出台"南北交流合作执行指南"，用以推动日后拟开展的南北人力物力交流活动。

随着1990年8月韩国《南北交流合作法》和《南北交流基金法》的通过以及1991年末《南北基本协定》的缔结，韩朝之间正式开启了南北经济合作进程。

(2) 南北经济合作必要性

南北经济合作是朝鲜半岛南北双方分别以朝鲜的廉价劳动力与韩国的资本和技术优势相结合，带来经济利益双赢的合作事业发展，而不是仅仅对朝鲜进行的一般支援。南北经济合作的必要性可以从以下几点来说明。

有助于活跃韩国经济和调整朝鲜产业结构

就韩国而言，南北经济合作是指通过降低韩国某些因工资高以及人才和资源缺乏的中小企业的税率，鼓励其向朝鲜投资并传授技术和生产管理知识，诱导朝鲜自身改革经济体制，以缓解经济危机的措施；就朝鲜而言，南北经济合作意味着朝鲜可以规避内部体制缺陷，通过从韩国获得粮食和生活必需品的援助来缓解内部经济危机。例如，韩国那些由于工人工资的提高和租金上涨而失去了竞争力的服装，鞋子，玩具，纤维等产业可以通过南北交流合作到朝鲜投资设厂，并利用朝鲜的廉价劳动力优势提高市场竞争力，在国际市场上夺回被他国抢去的市场份额，从而促进韩国经济的飞速发展。与此同时，由南北经济合作和交流而形成的经济共同体有助于调整南北产业结构和统一后的产业地域分布，并给韩朝经济发展带来长远利益。

统一费用最小化

南北在经济领域的交流和合作将改善双方在政治军事等领域的对立关系,

因为朝鲜半岛的安定及朝鲜经济危机的缓和是南北合作首先需要解决的
难题，所以经济交流与合作能够有效促进南北和解和合作。同时，政府间
深度经济合作更可以通过缩小南北经济差距来减少统一费用。

缓和南北矛盾，为朝鲜半岛统一作准备

非政治领域的交流和合作在统一前不仅有政治社会化功能，而且有协
调理念对立矛盾功能。特别是南北政府之间主导的经济合作有助于开发
更多互利衍生项目从而为日后朝鲜半岛统一作准备。

(3) 南北经济合作政策依据

《南北交流合作法》

为使南北交流与合作有据可依且可持续稳步推进，1990年8月韩国颁
布和实施了《南北交流合作法》。[51] 该法由包括同业执行令和执行规则
等内容在内的30条法规组成，其中第三条规定："南北交流合作是指韩国
和朝鲜之间以往来，接触，交易，合作事业和通信贸易等交流合作为目的
的行为"。

韩国统一部把南北交流与合作事业分为经济合作事业和社会文化合作
事业。[52] 其中，经济合作事业是指"韩国和朝鲜居民(包含法人，团体)共
同进行的以经济利益为主要目的的全部活动，具体包括韩国和朝鲜居民之间
的合作，单独投资和与第三国家的合作投资。另外，还包括由韩国企业向朝
鲜人民提供工作岗位，雇用朝鲜居民工作并由双方共同举办各种活动"。这
里未包括单纯人才的交流和交易。社会文化合作事业是指"为了民族共同情
感的恢复和文化共同体的形成，在对方领域或者第三国领域根据当事者之间
达成的协议和合约，实施计划，准备，后续工作等连续性行为"。

南北交流合作的主体种类多，范围广，但是在南北交流合作中也会有

---

51) 《南北交流合作法》于2005年5月31日修订后，韩国成立了南北交流协会协助该法规的执行。
52) 《关于南北交流合作的情况》，   参见http://inter-korea.unikorea.go.kr/cooperation/cooperation
   _guide.asp，访问时间：2019年5月25日。

许多限制。53) 比如，韩国和朝鲜的居民(包含法人或团体)在教育，学术，文化，艺术，宗教，保健，科学，体育，出版，报道等领域共同进行的非营利性活动必须遵从《南北交流合作法》规定的条件和步骤。

《南北交流合作基金法》

为了更好地执行《南北交流合作法》，韩国政府配套制定了《南北交流合作基金法》及其他相关辅助法规。此法由14条组成(现除第6条被删，还有13条有效)，主要内容包括基金设置(第3条)，基金来源(第4，第5，第10条)，基金运营与管理(第7，第9，第12，第13，第14条)，基金用途(第8条)以及基金使用报告与基金回笼(第11条)等。

(4) 南北缔结"四大经济合作协定"的意义

为有效推动南北经济合作，韩朝于1992年就保障南北居民自由往来以及投资保障，避免双重征税，纷争调解，财务清算结算事宜先后缔结了《南北基本协定》和《交流合作附加议定书》。然而，随着第一次朝核危机的爆发(1993年)以及金日成的去世(1994年)，韩朝关系受朝美关系的影响也不断恶化，上述两协议根本无法执行。在金大中"阳光政策"的影响下，南北经济合作再度进入活跃期。为此，制定确保南北经济合作持续稳定发展的相关法规被再次提上议事日程。在此背景下，2000年12月16日，第四届南北长官级别会议制订了韩朝4个"经济合作协定"。它们分别是：《关于南北之间投资保障的协定》(含前文和正文12条)，《关于南北之间所得双重征税的协定》(含前文和正文28条)，《关于南北之间商事仲裁纷争解决的协定》(含前文和正文19条)和《关于南北之间清算结算的协定》(含前文和正文10条)。

---

53) YangHyeonmo：《有效推进地方自治团体——南北交流合作事业方案研究》，　《韩国行政研究》(第11卷)2002年第2期，第133–134页。

表 4.1   韩国《南北交流合作法》主要内容

类别	条次	主要内容
目的和定义	第1-2条	•关于促进韩朝相互交流合作必要事项规定 •出入场所，交易，进口，出口，合作事业等定义
其他相关法规	第3条	•统一部长官由担当委员长的15人以内的委员组成·关于南北交流合作政策的确立，调整和基本原则·关于南北交流合作的各种许可，承认等重要事项的规定和调整交易对象范围的决定 •对合作事业的整体规划和调整 •为促进南北交流合作提供支持 •促进南北交流合作相关重要部门间的协作·对其他委员长否认事项的审议表决规定
南北交流合作促进会的设立和运营	第4-8条	•韩国居民往来和接触时要有统一部长官的许可·海外同胞(指无外国国籍也无大韩民国护照的海外居住同胞)往来韩国时，根据护照法规定要持有旅行证明书
南北交流合作内容和办法	第9-25条	•关于交易和合作当事人事项 •关于合作事业内容，办法及调整规定 •南北交流合作中政府资金补助及其他必要支持规定
其他适用法律	第26条	•外国人交易法，外国人投资促进法，韩国进出口银行法，出口保险法，对外经济合作基金法，法人税法，租税特例限制法，出口用原材料关税等及关于归还特例法，其他总统令特例规定
处罚	第27-29条	•根据案例处以3年以下徒刑或1000 万元罚款和1年以下徒刑和500 万元以下罚款规定
朝鲜居民判定	第30条	•坚持朝鲜路线的国外团体都被看作是朝鲜居民

资料来源：韩国统一部编《南北交流合作法规集》，2005，第9-50 页。

表 4.2　韩国《南北交流合作基金法》主要内容

类别	条次	主要内容
目的和定义	第1-2条	• 为了促进南北相互交流合作，设立南北合作基金并规定其运营和管理等事项
基金及财源	第3，第4，第5，第10条	• 基金由政府和政府以外人士的捐赠金，长期借入金，公共资金管理基金法规定的耶稣金，基金运营收入金，其他总统令规定的收入金等组成 • 长期借入和短期借入规定
基金运营，管理基金用途，回笼及使用报告	第7-9，第12-14条	• 支援南北居民南北往来所需部分或全部费用 • 支援文化学术体育领域合作事业所需资金部分或全部·对促进交易和经济领域合作事业中韩国居民以及法人团体给予资金支援或帮助其融资 • 给南北交流合作中大规模货币结算提供便利或者对已获融资金融机关进行资金支援或补充损失及作为金融机关执行总统令规定的承受非自净货币 • 根据借入金和公共基金管理法规定偿还公共基金耶稣金的原利金 • 关于资金的组成运营和管理经费支出

资料来源：韩国统一部编《南北交流合作法规集》，2005，第218-220 页。

这4个协议的签订使从1989年开始的韩朝民间经济合作有了法律保障，意义重大。

关于投资保障问题

韩朝南北投资保障协议的签定弥补了此前南北双方保护对方投资和投资者利益法令的缺失。朝鲜原有法律中虽然有投资法，合营法，自由经济贸易地带法等针对外国人投资保护的条款，但是这些法律是否适用于韩国投资者还不是很确定。所以，制定南北之间的投资保障协议，有助于减少韩国企业对朝鲜进行投资时的不确定性,[54] 有利于活跃对朝投资。

关于清算结算问题

此前韩朝南北银行之间并没有缔结有关清算贷款条约，南北交易的清

---

54) 韩国统一部编《统一问题理解》，2001，第124页。

算贷款都只能通过第三国银行进行。这使汇款还贷手续费大大增加，结算时间也很长。制定清算结算协议能保证资金更快更安全地到位，减少两方企业交易中可能出现的各种危险。

关于商事仲裁

此前，由于经济制度和日常习惯不同，韩朝南北企业之间交货延迟，制品不良等违约情况时有发生。那时，南北之间因没有规范的仲裁机构，彼此发生的商事仲裁纷争时，双方在大多数情况下宁愿承受所有损失或通过私下协商解决，基本不愿通过两国仲裁机构(韩国：对朝仲裁院；朝鲜：朝鲜国际贸易仲裁委员会)进行仲裁。南北商事仲裁协议书的缔结无疑对南北经济合作的平稳发展也具有一定积极促进作用。

关于避免双重征税问题

此前，韩朝任何一方企业到对方领域投资获利后都需根据两方税法交税，从而导致重复交税现象的发生。为此，南北之间避免双重征税协定规定：在朝投资的韩国企业，凡已在朝纳税者都应避免在韩再被征税现象的发生[该协定只适用于"所得"税利(即个人所得税和法人税等)的征收，而不适用于"交易"的附加价值税等间接税(指因只对消费者进行征税，所以不产生双重征税情况)的征收。反之，亦如此]。南北之间采取避免双重征税措施大大减少了两方投资者投资负担，增加了韩国企业的投 资收益。

2. 南北经济合作特点

(1) 南北经济合作发展迅速

金泳三总统上台初期，朝鲜副总理对韩国进行了正式访问。期间，虽然朝鲜有意开发图们江流域并希望韩国代表团对朝鲜进行访问，以加强南北交流。但是，由于第一次朝核危机的发生，南北经济交流由此被迫中断。随着1994年10月美朝正式缔结《关于解决朝鲜核问题的框架协议》以及12月中旬朝鲜半岛能源开发机构和朝方达成有关向朝鲜提供轻水反应堆协定，韩朝之间南北贸易规模开始不断扩大(1995年达到了2亿美元)。1997年，在朝鲜钢铁金属类产品出口，委托加工贸易和轻水炉物质进口等不断增加的背景下，南北交易总额比上年增加22.3%，突破了3亿美元大关，达到了3.83亿美元。

金大中政府上台后的2000年，韩国对朝农产品进口以及电气，电子制品等委托加工贸易持续扩大。加之，对朝肥料援助，轻水炉等工程的实施，南北交易创下历史新高，达到4亿美元。2001年，由于韩国内部经济不景气，南北交易较2000年有小幅度下降，但发展势头良好。[55] 2002年，南北经济交易继续呈上升趋势，特别是由于向朝鲜提高粮食借贷量以及对铁路连接线道路建设工程等非经济领域相关材料和设备的援助持续上升，南北交易额首次突破了6亿美元。[56]

虽然2006年朝鲜先后进行了导弹试验发射和核试验，但这年南北交易规模还是比2005年增加了27.8%，达到了13.5亿美元。2007年，南北首脑会谈进一步促进了南北关系的发展，朝鲜需求相应增加。随着"六方会谈"协议顺利执行，南北交易在国内外良好环境下迅速发展，交易额比2006年增加了33.2%，达到了17.98亿美元。南北交易规模可以从进口和出口两个方面进行分析。2007年韩国进口7.65亿美元，比上年增加了47.3%；出口达到10.33亿美元，比上年增加24.4%。[57] 自2008年李明博政府执政以来，南北交流呈减少趋势。但从表4.3可以看出，因开城工业园相关交易额增加，2014年南北交易额比上年增加106.2%，为23.42亿美元；2015年为27.14亿美元，达到了历史最高交易额。

值得注意的是：此后，由于朝核问题不断激化，韩朝经贸合作关系快速降温。到2016年达到冰点，两国贸易额仅为3.33亿美元，创1998年以来历史最低点。2017-2018年韩朝贸易关系继续恶化。

---

55) 韩国统一部编《统一白皮书》(2003)，2003，第195-196页。
56) Yun Gigwan：《现代朝鲜的理解》，法文出版社，2004，第236-239页。
57) 韩国统一部编《统一白皮书》(2008)，2008，第27-30页。

表 4.3　韩朝交易规模 （单位：百万美元）

年份 进出口	2007年	2008年	2009年	2010年	2011年	2012年	2013年	2014年	2015年	2016年	2017年	2018年
出口 (南→北)	1032	888	745	868	800	897	521	1136	1262	147	1	21
进口(北 →南)	765	932	934	1044	914	1074	615	1206	1452	186	0	11
总计	1797	1820	1679	1912	1714	1971	1136	2343	2714	333	1	32

资料来源：韩国统一部编《统一白皮书》(2019)。

图 4.1　韩朝交易规模 （单位：百万美元）

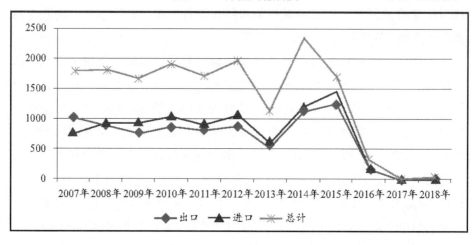

在朝鲜对外贸易方面，随着1988年《7·7宣言》和"南朝鲜物资贸易指南"的实施，南北整体贸易规模无论是贸易批次，种类，还是贸易量都有很大增长。1995年开始，韩国超过俄罗斯成为朝鲜继中国，日本后的第三大贸易国家，2002年又超过日本成为朝鲜第二大贸易国家。2002年末，南北贸易达到25.7亿美元。[58]

2003年，从贸易数值上看，韩国财政盈余1.46亿美元(非贸易性进口出

---

58) An Seongho：《朝鲜改革开放政策的局限性和南北经济合作课题》，《韩国北方学会论文集》(第12辑)，2004，第222-223页。

口除外)，实际贸易数值是1.69亿美元赤字。1989年到2003年，韩国累积盈余4.16亿美元(非经济领域除外)，实际积累赤字为16.74亿美元。[59]

　　根据2007年7月大韩贸易投资振兴公社(KOTRA)调查显示，2006年，除南北贸易外，朝鲜贸易额为29.96亿美元。其中，朝中贸易额达17亿美元，占56.7%；南北贸易额为13亿美元，占45%。[60]　2007年，韩朝贸易总额达14.31亿美元，比上年增加54.2%，占整体贸易额的79.6%。其中，进口7.65亿美元，比上年增加47.6；出口6.66亿美元，比上年增加62.5%。商业贸易中，一般交易额为4.6亿美元，比上年增加51.7%；委托加工贸易3.30亿美元，比上年增加30.4%。开城工业园收入达4.4亿美元，比上年增加47.5%，但是其他贸易总额却只有1191万美元，比上年减少23.3%。[61]　非商业贸易3.67亿美元，比上年减少13%，占全部贸易20.4%。其中，社会文化合作占93万美元，比上年减少61.4%，韩肥料，粮食等对朝援助达3.29亿美元，比上年减少21.6%。

　　由表4.4可知，从2014年开始双方交流呈增长趋势，商业贸易达23.39亿美元，比上年增加106.4%，占全部贸易额的99.8%。商业贸易中进口额为12.6亿美元，比上年增加了96%，出口额为11.32亿美元，较上年增加118.8%。尤其作为韩朝经济合作事业的开城工业园贸易额达23.38亿美元，比上年增加了106.5%，占全部贸易额的99.8%。

　　具体就2014年商业贸易组成比例来看，开城工业园相关交易为23.38亿美元，同比增加106.5%，占商业贸易额的99.97%，占全体贸易额的99.8%，占比极高。2016年以后，经济合作事业进出口额急剧下降。其中，进口从2015年14.52亿美元锐减到1.85亿美元，出口从2015年12.52亿美元减至1.45亿美元。2017-2018年韩朝交流几乎完全中断。

---

59) 随着金刚山观光事业以及援助朝鲜肥料和京义线，东海岸铁道，道路连接事业的推进，韩朝非往来贸易比重随之增加。因此，这种贸易收支结构呈现赤字增加趋势。随着朝鲜经济的进口增加，通过清算结账扩大品种贸易，上述贸易收支的不平衡得到了一定程度缓解。参见韩国统一部编《统一白皮书》(2004)。

60) 倘若包含南北贸易额，朝鲜贸易总额为43.45亿美元。其中，朝中贸易额占39%，南北贸易额占31%。

61) 韩国统一部编《统一白皮书》(2008)，2008，第230-232页。

(2) 南北经济合作形式多样，涉及面广

一般贸易

一般贸易是指一国入关或出关货物的进出口贸易方式，是与加工贸易相对而言的贸易方式。韩朝间一般贸易始于20世纪80年代末。那时两国贸易形式十分单一，贸易额也不大(例如，1989年两国一般贸易额为0.19亿美元)。其中，以韩国对朝鲜进口为主。朝鲜长期处于顺差，韩国长期处于逆差，进出口结构不平衡。

韩朝南北贸易初期，一般贸易主要通过海外中介商间接进行。从1998年开始，朝鲜民族经济合作委员会负责南北经济合作事业并在北京设立丹东代表处推动韩朝贸易。后来，韩国因顾及朝鲜对通信的限制将给贸易带来风险，故一般采取中介贸易。2003年9月30日，韩国和朝鲜贸易协会对30多个南北贸易企业进行联合调查显示，南北贸易中直接签订合约进行贸易企业只占17.4%，通过第三国中介机构进行的间接贸易占60.1%，既采用直接贸易也采用间接贸易企业占22.5%。[62]

对此，韩国和朝鲜于2002年8月28日召开了南北经济合作促进委员会第六次会议，商议扩大南北之间的直接贸易并通过附属协议。为此，2004年双方在开城工业园为直接贸易服务设立了经合办公室。随着直接贸易机构的设立，韩朝直接贸易呈逐渐增加趋势。比如，南北贸易项目也从1989年25个增加到2002年572个，到2003年增加到了588个。其中，2003年进口虽只有181个(比上年少了18个)，但出口却达到了530个(比上年增加了35个)。

2005年10月以来，为了给南北贸易企业提供关于投资，面谈援助的信息和资料，开城工业园南北经济合作协商事务所开始正式运行。2005年南北贸易项目从2004年634个增加到2005年775个；2006年虽然比上年减少2.4%，但是也达到了757个。其中，一般贸易有343个，委托加工贸易有248个。2007年又开始恢复上升势头，达到了852个。到2008年8月为止，韩朝贸易项目为793个。不同项目构成比率中，农林水产品占57.5%，矿产物占23.5%，钢铁金属制品占15.7%。

---

62) 韩国统一部编《统一白皮书》(2004)，第46页。

表 4.4　韩朝一般贸易额(1998-2017年)　　(单位：百万美元)

年份		1998年	1999年	2000年	2001年	2002年	2003年	2004年	2005年	2006年	2007年
一般贸易	金额	72	89	110	111	171	223	171	210	304	461
	增长率	−58.62	23.61	23.60	0.90	54.10	30.40	−22.90	22.40	44.80	51.70
年份		2008年	2009年	2010年	2011年	2012年	2013年	2014年	2015年	2016年	2017年
一般贸易	金额	399	256	118	0.23	0.84	0.59	0.18	0.18	0.03	–
	增长率	−13.4	−35.9	−54.10	−99.81	269.74	−30.10	−69.70	2.80	−83.3	–

资料来源：韩国统一部编《南北交流合作动向》(2018)。

　　韩朝贸易初期，一般贸易自1989年开始，保持着小幅度增长趋势，直至1998年韩国因受金融危机影响，对朝商品进口才有所减少。但如表4.4所示，之后近10年时间(直至2007年)，两国一般贸易额除2004年受朝核问题影响下降至1.71亿美元外，其他年份均呈增长趋势。2008年李明博政府上台采取的对朝强硬政策使贸易额开始下降，2011年两国一般贸易额更是降至历史最低点。

　　在朝鲜对韩国出口的物资种类中，占最大比重的是农林水产品(主要是由于朝鲜水产品丰富)。韩国从朝鲜大量进口的农林水产品有：鱼类，贝类和软体动物等。2005年朝鲜对韩国出口农林水产品贸易额达1.4亿美元，占朝鲜农林水产品出口总额的40%，第一次超过对中国的出口(韩国借此成为朝鲜农林水产品的第一出口市场)。韩国从朝鲜进口的第二大商品是纤维制品。从1992年开始，随着委托加工贸易逐渐扩大，纤维制品比重也在不断增加，到2003年达到了33.4%。韩国从朝鲜进口的第三大商品是钢铁金属制品。在韩朝南北贸易初期，韩国进口的主要是金，铜矿产物和亚铅类，铸铁等。不过，这些矿产类的进口量在逐渐减少。2008年，韩朝矿产品和钢铁金属制品贸易额分别比2007年同期下降了17.4%和46.4%。后来，随着李明博政府对朝强硬政策的实施，两国贸易开始迅速下降。

近年来，由于韩国政府对朝政策的改变，一般贸易在韩朝贸易形式中逐渐萎缩，贸易额度急剧下降。这并不是由于韩朝贸易改变了两国间贸易形式，而是韩朝政治关系紧张的结果。

委托加工贸易

委托加工贸易是指韩国的原材料或辅材料出口至朝鲜，在朝鲜加工后又以半成品方式进口到韩国或出口到第三国的交易方式。对韩国来说，委托加工贸易可以利用朝鲜廉价而高素质的劳动力；对朝鲜来说，发展委托加工贸易既可充分发挥其劳动力资源充沛的优势又无投资负担且能获得外币收入，甚至可以为落后的轻工业提供良好的发展契机。因此，这种贸易对南北双方来说是双赢的。特别是在南北工资水平差异比较大的经济结构下，委托加工贸易互补性强，在纤维类，电子零部件组装等劳动密集型产业领域最具发展前途。

在韩朝南北贸易中，委托加工贸易占比较大(如1992年委托加工贸易在全体贸易中占0.45%，1994年占13.2%，1996年占29.5%，1997年占25.6%)。对朝鲜来说，发展这种能充分发挥劳动力优势而无需资本就能获益的委托贸易最有利。[63] 1998年，韩朝委托加工贸易额为7098.8万美元。这一数字虽然受韩国内经济收缩影响较上年减少了10%，但是在全年贸易额中占比32%(较之1997年占比26%还是有明显增长的)。1999年，韩朝委托加工贸易额为9962万美元，比上年增加了40.3%，占全年贸易的29.9%，占贸易成交额的52.7%。此后，直到2009年，这种贸易不断扩大，贸易额也不断增加(详见表4.5)。

李明博政府上台之前，韩朝委托加工贸易受两国政治关系影响较其他贸易形式规模较小。2010年天安舰事件以后，朝鲜半岛局势恶化，朝韩两国政府强硬对峙，对韩朝经贸往来带来了直接打击。2010年委托加工贸易额首次出现同比下降，2011年下降到两国贸易初期阶段水平，2012年以后两国委托加工贸易全面停止。

---

63) Kim Changhui：《朝鲜国家战略和南北经济合作》，《韩国政治外交史论丛》(第4卷)2002年第1辑，第203-204页。

(3) 南北经济合作进展

目前，南北合作形态和领域逐渐扩大，并呈多样化趋势。2000年以后，韩国以投资保障协议书为主的13个经济合作项目开始实施，并设立了南北经济合作协商事务所等机构，不断对南北经济合作事业机制进行完善。民间层面上的经济合作事业也以平壤的小规模制造业为中心，开始向朝鲜整个地区的农业，林业，轻工业，矿业及IT领域扩散和发展。

民间层面的经济合作事业主要以制造业等为中心不断积累资本。2002年6月，南浦汽车工厂组装生产线上启动生产和平汽车后，2006年12月已经组装了838辆汽车，其中727辆用于朝鲜内销，剩下的18辆以"骏马"车名组装后售卖，生产模型也逐渐朝多元化方向发展。

表 4.5　韩朝委托加工贸易企业及种类数量　　　　(单位：个)

年度	1995年	1996年	1997年	1998年	1999年	2000年	2001年	2002年	2003年	2004年	2005年	2006年	2007年
种类	83	118	108	157	216	257	284	311	217	215	243	248	166
企业	24	70	64	66	131	157	147	108	109	117	136	123	89

图 4.2　韩朝委托加工贸易状况

图 4.3 韩朝委托加工贸易企业及种类数量 (单位：个)

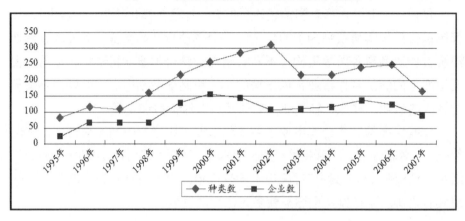

　　1988年，卢泰愚政府《7·7宣言》的发表为韩朝南北经济合作开启了发展新篇章。继1988年10月通过对朝经济实施开放措施并允许南北开展贸易活动后，韩国于1989年6月制定了《南北交流合作基本指南》，允许和支持南北交流合作。随着1990年8月韩国《南北交流合作法》及其相关法律的颁布，1992年1月大宇集团金宇中访问朝鲜并达成合资建设南浦工业园区的协议。这是最早被承认的南北经济合作事业。1998年以后被承认的南北经济合作事业有21个，其中包括2003年韩国矿业振兴工事与和平航空旅行社合作的平壤白头山观光事业。[64] 到2006年，除开城工业园以外，被承认的民间南北经济合作事业共有45个。

　　1993年，金泳三政府在统一方案中明确提出了"和解，合作"思想，主张重视南北交流协会的作用，实现南北间的和解与合作，表现出积极推进南北交流合作的意向。随着因朝核问题所引发紧张局势的缓和以及南北和解与合作的推进，1994年韩国又采取了"南北经济合作活跃化措施"，积极促进民间企业访朝，大力发展对朝委托加工贸易；允许发展示范经济合作事业，推动民间层面的经济交流合作发展，按照法律程序

64) 韩国统一部编《统一白皮书》(2004)，第141页。

促进其有秩序发展。1995年韩国加入世界贸易组织后，为了促进南北交流合作事业发展，对"南北交易对象和进出口许可程序的告知"进行了修订。考虑到实行进口自由化等对外开放政策，可能会给国内市场带来负面影响，韩国把可能受到负面影响的225个项目归为进口限制门类。

1998年，金大中政府立足"政经分离原则"，通过第45次"南北交流合作推进协议会"的审议和表决，进一步出台了深化南北经济合作的措施。其具体施政方向为：A. 尊重作为经济合作主体的企业自主决策。B. 推进由民间主导的经济合作事业。C. 防止不良竞争和不公平交易等行为，集中力量推进经济建设，维持经济合作秩序。1999年8月16日，韩国采取了确立贸易秩序和步骤简单化措施。考虑到外国农产品的进口剧增将使国内一些产业受到影响，韩国政府一方面将进口农产品归为进口许可对象，另一方面对国内一些受害产业采取救治措施，并修订了"关于南北贸易对象和进出口许可程序的通知"（于2000年9月28日开始执行）。2000年《6·15南北共同宣言》发表以后，通过两次南北经济合作会议，韩朝商讨了"投资保障""避免双重征税""商事仲裁解决方案""清算结算"等4个协议，并在12月第四次南北最高级别会谈中提出。在此之前，虽然也有关于南北间经济合作原则的协议，65) 但是并没有具体规范经济活动的制度，因此这4个协议可算作是最初协议的补充。

2000年以后朝鲜制造业发展步入正轨，开始进行产品生产和进口。2001年7月，朝绿十字进口尿激酶半成品；2002年7月，朝南浦成立汽车组装工厂，组装生产"口哨"牌轿车463辆，并设有汽车展示场和加油站，还在平壤树立了屋外广告板；2007年7月，TECANG金刚山泉水开始在朝国内销售。

这一时期，韩朝在信息技术领域(IT)的合作事业也有所发展。虽然初

---

65) 2000年以前，韩国对朝经济合作的主要内容包括：第一，允许企业家等经济人士访问朝鲜；(示范单位)可邀请朝鲜企业家见习韩国产业现场，并召开相关投资说明会。第二，积极推动南北委托加工贸易，允许委托加工技术人员访问朝鲜；允许委托加工贸易所需器材进口，但大型设备和无偿进口设备要经韩国统一部长官批准，其他小型设备由韩国外汇银行行长批准。第三，推动示范性经济合作事业，其中小型示范性经济合作事业的实施可在朝鲜设置民间办公室，并开展有关南北交流合作业务联系，市场调研等活动。

期的投资费用很低，但是在以后的合作过程中，双方在联合开发软件领域进行了积极尝试。2000年3月，韩国三星电子在得到经济合作事业许可后，着手与朝方联合开发软件。到2003年10月，三星电子投资金额增加到59.6万美元，并新增了9个新课题。66) 此外，在医疗机器，动漫，信息方面，韩朝也在开始探索合作，但由于朝鲜IT界相关产业基础薄弱，该项事业并没有获得太大发展。

农渔业领域的经济合作事业是解决朝鲜粮食危机的最现实，最切实可行的合作领域，能有效促进人力物力资源的交流。面对朝鲜农业极其脆弱的现状，民间合作在推进过程中势将面临很多难题。为此，韩方将原由韩朝合作生产韩国品牌产品的计划改为扶植朝方发展自己品牌产品的思路。例如，韩国国际玉米财团也推进了与朝鲜玉米新品种的开发合作。2000年2月，现代峨山会社金刚山地区耕作事业开始首次出售农产品。此外，2000年4月，韩国烟草人参公社停止加工生产韩朝共同销售的"一心"烟后，代之以支持朝鲜发展属于自己的烟产业，进而带动相关制品烟的出口并扩大南北合作事业范围。

(4) 南北交流范围的扩大

自卢泰愚政府于1989年6月12日开始实施《南北交流合作基本指南》后，以韩国居民访问朝鲜为主的南北往来快速增加。据统计，从1989年到2008年8月间，韩国访问朝鲜的总人数为55.4万人。2003年韩国人访问朝鲜申请1060次（16161人），获许可1028次（15697人），成功访问983次（15280人）；2007年申请12807次（111650人），获许可12803次（109476人），成功访问29862次（158170人），达到了峰值。1989-2005年，朝鲜人访问韩国申请98次（5385人），获许可97次（5375人），成功访问95次（5243人），也呈持续上升势头；2007年申请69次（1052人），获许可69次（1052人），实际访问69次（1044人）。2013年南北往来人数短暂减少，2014年双方往来人数恢复增长，

---

66) 韩国统一部编《南北经济贸易》(2007), 2007, 第48–50页。

达到129394人。2015年南北往来人数开始逐渐减少，尤其是2016年由于朝鲜进行第四次核试验，韩朝两国关系陷入冰点，两国往来人数急剧减少。

在经济领域，韩朝居民因经济事务而彼此交往情况越来越频繁，且占比日益提高。如2008年8月韩国访问朝鲜的总人次为11482次，其中经济类11343次，社会文化类14次，援助类20次，离散家庭类7次，其他98次。

表 4.6　韩朝南北交流历年人员往来状况　　（单位：人）

年份	1989-2002年	2003年	2004年	2005年	2006年	2007年	2008年	2009年
朝鲜	39977	15280	26213	87028	100838	158170	126614	120616
韩国	2586	1023	321	1313	870	1044	229	246
总计	42563	16303	26534	88341	101708	159214	126843	120862
年份	2010	2011	2012	2013	2014	2015	2016	2017
朝鲜	130119	116047	120360	76503	219028	132097	14787	51
韩国	132	14	0	40	366	4	0	63
总计	130251	116061	120360	76543	129394	132101	14787	114

资料来源：韩国统一部编《人员交流概况》(2018)，2018。

图 4.4　韩朝南北交流历年人员往来状况　　（单位：人）

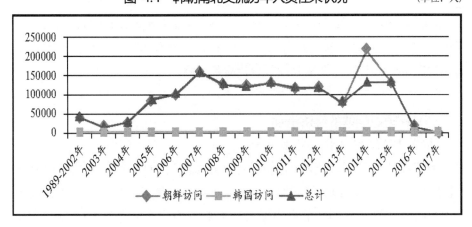

　　金大中政府上台后，立足于"政经分离原则"，为促进南北经济合作，确立了大企业人士访朝制度。同年10月，　现代集团董事长郑周永先生访问朝鲜，与金正日国防委员长就金刚山观光事业等进行了会谈。1999年，郑周永直接和朝鲜高层人士再次就金刚山观光事业和建立西海岸工业园地事项进行协商。2000年南北首脑会谈后，韩朝南北经济合作推进委员会正式成立并具体负责南北经济合作事务。该委员会旗下设有铁路公路，开城工业园，清算结算，原产地，水产合作等事务运作部，分别负责商议确立南北经济合作事业的具体实施方案。2007年上半年，南北经济合作推进委员会召开第十三次会议，并举行了有关铁路公路连接，开城工业园建设，轻工业发展和地下资源开发等10个领域的会谈。2007年南北首脑会谈以后，韩朝又召开了南北经济合作共同委员会第一次会议和西海和平合作特别地带推进委员会第一次会议。此外，还召开了相关农水产，开城工业园，保健医疗环境保护等15个具体事务会议。其间，为积极推进南北经济合作事业进程，韩国访问朝鲜的人数持续增加。2003年，针对开城工业园开发，韩朝南北铁路公路连接，KT&G烟草制造工业以及和平汽车的组装生产，国际玉米财团的农业技术合作等项目而访问朝鲜的韩国代表团络绎不绝。在此情况下，南北之间的和解气氛日益浓厚，相关经济领域的交流和合作也不断加深。1989-2003年，在经济领域方面，韩国政府受理与朝鲜居民接触申请5941次(12787名)，获许可5801次(12472名)，实际访问2935次(4755名)。其中，2003年受理申请781次(1198人)，获许可745次(1161人)，实际访问411次(534人)。所有这些活动极大地促进了南北合作事业的发展，使南北经济合作更加活跃。

(5) 韩国对朝鲜的经济援助

韩国对朝鲜经济援助政策概述

　　韩朝和解打开了韩国对朝援助的大门。随着1991年年末韩朝《南北基本协定》的签定，从1995年起韩国开始对朝鲜进行援助。然而，由于体制和理念不同以及第一次朝核危机的爆发，韩朝双方尚未就最基本的合作，和解等事务的协商取得实质性进展，两国关系最终又退回到以前状况。鉴此，

1998年金大中政府出台"阳光政策"，强调对朝鲜应实行柔性而不是强硬政策，并计划从2000年起持续实质推进对朝援助作为南北经济合作的重点。接着，金大中政府从农业开发，医疗和粮食援助三方面，除了向朝鲜提供直接经济援助，还通过国际机构以及民间模范企业等渠道对朝鲜开展了灵活而有实效的援助行动。这时，金大中政府摒弃了前任金泳三政府以朝鲜为敌的互不信任政策，使对朝政策向和平共存与交流包容方向发展，其目标是力图通过经济援助来推进韩朝相互理解，实现渐进式变化。

随着对朝援助规模的不断扩大，韩国民间团体日益认识到：只有加强各团体间及其与政府间的合作，才能使南北经济合作有序进行。为此，1999年4月29日，韩国20多个非政府组织联合成立了对朝援助协会(对北合作民间团体协会前身)，并决定每月定期开会一次以协调对朝援助共识并加强合作。

2003年卢武铉政府上台后继承了金大中政府"阳光政策"的精神，在对朝援助方面不仅增加了预算，而且提升了援助实际效果。这主要体现在从持续推进对朝的粮食，肥料救护援助，逐渐转向对朝鲜农业的中长期结构调整和长期经济开发援助(如引入国际信托基金配置和民间配比基金)。

表 4.7　金大中政府鼓励民间对朝鲜援助措施

日期	主要内容
1997年3月31日	·关于对朝援助范围和项目扩大许可措施 ·关于允许通过企业经济团体开展(外国产)大米援助措施
1998年3月18日	·关于民间对朝援助灵活性措施 ·关于允许对朝协议援助和以消费者监督为目的的访朝活动规定·关于允许媒体/企业赞助以及促销活动规定
1998年4月25日	·关于(根据个人提案)允许ARS方式募捐的规定
1998年9月18日	·关于允许通过大韩红十字会民间团体进行个别援助的规定 ·关于民间团体对朝以协议约定开展有关物品购入，运送及对消费者直接监督的规定 ·关于大韩红十字会承担(带有红十字会标示)货物包装和对朝通报的规定
1999年2月10日	·关于民间对朝援助窗口多元化措施 ·关于允许以民间团体名义单独援助的规定
1999年10月27日	·关于民间就对朝人道主义援助事业募集南北合作援助基金规定

资料来源：Lee Geumsun：《对朝人道援助的影响力分析》，韩国统一研究院编《政策研究》2003年5月号，第6-8页。

　　李明博政府对朝援助政策的基调是促进南北关系发展，实现朝鲜半岛和平以及朝鲜半岛共同发展和共同繁荣。表面看，这种援助政策并不违背《大韩民国民族共同体统一方案》的精神，但在执行中却遇到重重障碍。当时朝鲜由于经受长期的经济困难，普通民众衣食住等问题十分突出，韩国对朝援助在解决朝鲜粮食和物资短缺问题上得到了肯定的评价。不过，由于韩朝政治体制及监督机制的差别，韩方的援助有时很难真正让需要救助的朝鲜民众受益。为此，李明博政府将对朝援助与政治问题脱钩，突出强调援助的分配透明度和实效性，并认为有必要在中长期内将对朝援助事业转变为支持朝鲜社会协同发展事业，提出要发展以消除朝鲜贫困为目标而培养朝鲜经济自立能力的政策。在此政策方针指导下，韩国统一部2010年对朝援助报告虽然依旧暗示要对朝提供适当规模援助，但强调进行物资援助时应更注重援助对象的选择并确立常设监督机制的发展方向。这无疑是在强调对朝援助的分配透明性以及对朝援助方案应让朝鲜民众得到实惠的目标方向。为了具体实施该方案，李明博政府甚至决定执行通过外部专家小组等测定援助效果的"评价指标"，构建援助物资的分类和管理系统。由此可见，李明博政府的对朝援助政策明显不同于前任政府的包容政策，是实实在在的以实用主义为中心的强硬政策。其执行效果事与愿违，韩朝关系也因此出现了严重倒退。2013年，朴槿惠上台后，韩朝关系不仅没有明显回暖，反而由于2016年朝鲜进行第四次核试验，两国关系进一步恶化，韩国对朝鲜经济援助也就此逐渐搁浅。

　　韩国对朝鲜经济援助现状

　　在世界各国对朝援助中，韩国援助的比重逐步扩大。特别是从2003年起，韩国在各国对朝援助总额中大约占30%-50%，一跃成为朝鲜的最大援助国。韩国对朝援助由韩国政府和民间团体共同实施。自1995年到2011年，韩国对朝援助总支出为24.51亿美元，其中2000年后政府对朝援助7.73亿美元，民间团体对朝援助6.99亿美元。得益于金大中政府和卢武铉政府的"阳光政策"支持，2000-2007年援助额不断增加(仅2005年受朝核危机影响有所下降)。不过，进入2008年以后，受李明博政府对朝强硬政策的影响，韩对朝经济援助急剧减少。其中，2008年仅有1.04亿美元，2009年更是下降到0.53亿美元。之后徘徊在0.1亿美元左右（详见表4.8）。[67]

　　在韩国对朝援助中，通过朝鲜红十字会进行的粮食援助占了最大比重，价值达6.87亿美元（8728亿韩元）。韩国政府对朝援助中的粮食援助是以借款，无偿援助，国际机构援助等方式进行的。除了粮食之外，韩国对朝鲜的全部无偿援助金额达10亿美元（1.2兆韩元）。1995年，朝鲜发生洪灾和粮食危机时，韩国以紧急救助形式对朝给予粮食援助。当时主要由宗教团体和单纯民间团体提供。2000年6月第一次韩朝首脑会谈之后，南北关系缓和加速，韩国对朝鲜的粮食和肥料援助不断增加并从2007年起成为日常援助项目。韩国对朝鲜的粮食援助以大米为主（总量约为40万-50万吨），以借款方式支付；另外，韩国还通过世界粮食计划署（WFP）向朝鲜无偿提供了10万吨玉米和30万吨肥料。

表 4.8 1995-2016年韩国对朝鲜援助额　（单位：百万美元，%）

年份	对朝援助金额			年份	对朝援助金额		
	政府支援	民间支援	合计		政府支援	民间支援	合计
1995年	232.00	0.25	232.25	2006年	227.40	79.88	298.28
1996年	3.05	1.55	4.60	2007年	208.93	95.68	304.61
1997年	26.67	20.56	47.23	2008年	39.96	64.60	104.56
1998年	11.00	20.85	31.85	2009年	24.20	28.58	52.78
1999年	28.25	18.63	46.88	2010年	17.80	17.48	35.28
2000年	81.39	32.38	113.77	2011年	5.65	11.73	17.38
2001年	75.22	60.17	135.39	2012年	2.10	10.32	12.41
2002年	89.15	45.77	134.92	2013年	12.09	4.53	16.62
2003年	93.77	63.86	157.63	2014年	13.30	5.06	18.37
2004年	115.41	132.50	247.91	2015年	12.20	10.02	22.22
2005年	135.88	76.66	212.54	2016年	0.70	6.57	7.32

资料来源：韩国统一部编《南北交流合作动向》(2017)。

---

67) 韩国统一部编《统计数据》(1995-2011)，参见http://www.unikorea.go.kr/CmsWeb/viewPage.req?idx=PG0000000238，访问时间：2018年12月5日。

表 4.9 2010-2011年韩国对朝鲜粮食援助规模

年份	规模	金额(亿韩元)	金额(万美元)	备注
2000年	大米30 万吨 玉米20 万吨	1057	9105	贷款
2001年	玉米10 万吨	223	1921	经由WFP
2002年	大米40 万吨 玉米10 万吨	1510 234	13007 2016	经由WFP贷款
2003年	大米40 万吨 玉米10 万吨	1510 191	13007 1645	经由WFP贷款
2004年	大米40 万吨 玉米10 万吨	1359 240	11706 2067	经由WFP贷款
2005年	大米50 万吨	1787	15393	贷款
2006年	大米10 万吨	394	3393	无偿支援
2007年	大米40 万吨玉米1.2 万吨杂粮1.7 万吨面粉2千吨奶粉 1千吨	1505 190	12964 1636	经由WFP贷款
2008年	-	–	–	
2009年	-	–	–	
2010年	-	–	–	
2011年	-	–	–	
总额		10200	87860	

资料来源：Lee Jowon：《关于韩国政府援助事业的评价与未来课题》， 国家安保战略研究
所编《对朝人道援助事业的评价与改善方案论坛文集》，2009，第24页。

表 4.10　2000-2011年韩国对朝鲜化肥援助规模

年份	规模	金额(亿韩元)	金额(万美元)	备注
2000年	30 万吨	944	8131	第一次20万吨第二次10万吨
2001年	20 万吨	638	5495	
2002年	20 万吨	832	7167	第一次20万吨第二次10万吨
2003年	30 万吨	811	6986	第一次20万吨第二次10万吨
2004年	30 万吨	940	8097	第一次20万吨第二次10万吨
2005年	35 万吨	1207	10397	第一次20万吨第二次10万吨
2006年	35 万吨	1200	10337	第一次15万吨第二次20万吨
2007年	30 万吨	961	8278	
2008年	-	-	-	
2009年	-	-	-	
2010年	-	-	-	
2011年	-	-	-	
总额		7533	64888	

资料来源：韩国统一部编《韩国对朝鲜人道援助》(2000-2011)。

　　韩国政府援助朝鲜的肥料大部分是无偿的，也是通过朝鲜红十字会提供的(从2000-2007年累计援助230万吨)。韩国政府对朝鲜提供的这些化肥援助价值总额达6.48亿美元(7533亿韩元，详见表4.10)。韩国政府还向朝鲜提供了价值4337万美元(491亿韩元)的紧急灾难救护材料和装备,以帮助朝鲜在2004年龙川站爆炸事故和2006年, 2007年水灾之后的重建。为了援助朝鲜的灾后重建以及防治H1N1禽流感, 韩国政府提供了价值总额高达1.34亿美元(1515亿韩元)的紧急物资援助(参见表4.11)。

医疗用品也是韩国对朝鲜援助的重要项目。在过去10多年, 韩国共向朝鲜提供了价值396亿韩元的医疗紧急救护用品, 全部以无偿支援方式送至朝鲜红十字会, 或者通过相关国际组织(WHO, IVI)援助给朝鲜保健省。对朝鲜援助的医疗用品主要是疟疾防疫类医疗用品和H1N1禽流感, 麻疹的治疗剂。

表 4.11　2000-2011年韩国政府对朝鲜洪灾恢复物资援助规模

年份	规模	金额(亿韩元)	金额(万美元)
2000年	衣物	46	353
2004年	朝鲜龙川灾害(药品, 救济设备)	46	354
2005年	禽流感的国防支援 洪水恢复(救济设备)	12 2	123 19
2006年	洪水恢复(大米, 物资设备等)	800	8003
2007年	口蹄疫, 森林病虫害 猩红热, 洪水恢复紧急救援	48 423	505 4452
2009年	甲型H1N1流感病毒治疗	167	1284
2010年	甲型H1N1流感病毒手消毒剂	78	68
2011年	无	–	–
总额		15158	14881

资料来源：LimEulchu：《2000-2010年韩国对朝人道援助现状和评价》, 韩国发展研究院编《朝鲜经济评论》2011年2月号, 第20页。

韩国民间对朝鲜的援助主要是通过韩国民间团体(如朝鲜一教联盟等)来实现的。韩国民间团体援助领域涉及众多方面。A. 农, 畜产业领域：参与援助团体有世界宣明会(马铃薯种植体系改造)，国际玉米基金会(玉米种子改良)，好邻居(家禽，乳制品等)，韩国共享运动(农业机械化示范园区)，畜产农业及韩民族福祉财团等。B. 医疗保健领域：参与援助团体有好邻居，EUGENEBELL基金会，医药品援助本部，国际保健医疗财团，NANUM国际狮子俱乐部，保健医疗协会以及中央，道，市，郡，区域，里(协同农场)各级医院。援助项目为医疗装备和医疗保健设施及建设。另有一些专门医院(如儿童医院，眼科医院，心脏专门医院)与朝鲜进行医学技术和学术交流并就有关团体在结核病治疗，输液剂和抗生剂等现代药业生产，残疾人保健等方面对朝鲜提供援助等。C. 教育领域：韩朝双方以合作方式在中国丹东建立了HANA电子商务教育中心，其通过IT教育，贸易和英语教育帮助朝鲜一些幼儿园和中小学，平壤科学技术大学等实现教育设施现代化和定期开展韩朝之间医学，科技学术交流。D. 社会福利领域：帮助朝鲜平壤，沙里院，平北，咸镜北道等地建设托儿所，幼儿园，残疾人护理等社会福利设施，重点建设面包厂，豆奶厂，面条工厂等。E. 环境(山林绿化)保护领域：援助朝鲜开展护理森林，绿色统一祖国植树运动，在开城，金刚山，平壤，会宁等地建设育苗场，栗子树等山林示范园区并推行病虫害防治，植树等活动。[68] 韩国民间团体的对朝援助由韩国和海外团体合作推进。它们不仅在以上方面对朝鲜提供了多种多样的援助，而且向朝鲜提供了一系列的物品物资(详见下表4.12)。

2000-2011年，韩国地方自治团体对朝鲜援助总费用达6952万美元(约合787亿韩元)。各地自治团体对朝鲜提供援助各不相同，比如京畿道帮助朝鲜推进农场现代化和示范农业，全罗南道，全罗北道等地帮助朝鲜开展农业，畜产，蔬菜生产的示范经营等活动。对朝鲜提供资金援助的前三个地区是济州岛(2393万美元，约合271亿韩元)，京畿道(1581万美元，约合179亿韩元)，江原道(1024万美元，约合116亿韩元)。[69]

---

68) Lim　Eulchu：《2000-2010年韩国对朝鲜人道援助现状和评价》，韩国发展研究院《朝鲜经济评论》2011年2月号，第17-22页。

69) 宣玉京：《韩国对朝鲜人道主义援助及其政策》，《现代国际关系》2012年第5期，第58-62页。

表 4.12　韩国民间团体对朝鲜物资援助

年份	援助团体	援助物资	金额(亿韩元)
2006年	•大韩红十字社，韩国国际饥饿对策机构等58个团体	•儿童服，医药品，农用塑料，面粉，洪水回收材料，农业机械等	709
2007年	•大韩红十字社，国际玉米集团等66个团体	•服装，建筑材料，医疗用品，医药品，疫苗，农用塑料，面粉等	909
2008年	•大韩红十字社等64 个团体	•柑橘，辣椒种子，服装，医疗用品，大米，烘焙原料等	725
2009年	•EUGENE BELL基金会等59个团体	•玉米，医疗用品，大米，面粉，饲料原料，温室材料等	376
2010年	•大韩红十字社，韩国共享运动等36个团体	•服装，医药品，玉米，面粉，柑橘，肺结核药物，奶粉，疫苗，煤等	124
总额			2843

资料来源：韩国统一部编《南北交流合作动向》(2010-2011年)。

图 4.5　韩国各地对朝鲜物资援助情况

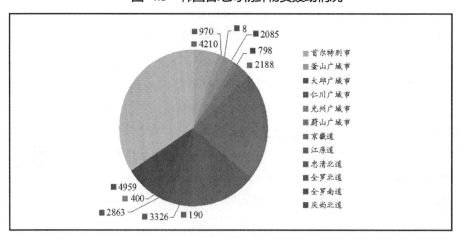

资料来源：LimEulchu：《2000-2010年韩国对朝鲜人道援助现状和评价》，韩国开发研究院编《朝鲜经济评论》2011年2 月号，第24页。

关于韩国对朝鲜经济援助政策的评价

从历届韩国政府对朝鲜经济援助政策的主观动机看，韩国方面考虑到南北关系的特殊性，过去20多年非常重视改善朝鲜民众生活并为此作出了巨大贡献。最具说服力的事实是，韩国政府在扩大对朝鲜援助的同时不断推进援助方式的多样化。这是韩国对朝鲜援助自1995年开始在广度和深度上日益发展的重要原因。

从客观效果看，韩国对朝鲜援助产生了重大的积极影响，突出表现在为韩朝民众创造了持续不断的接触机会，从而为日后南北双方加深了解打下了坚实的社会基础。首先，韩国实现了对朝鲜的大规模经济援助，而朝鲜方面也没有拒绝韩国的援助。这种援助活动使朝鲜民众直接或间接地接触了韩国生活，缓解了朝鲜民众对韩国的敌对情绪。其次，韩国对朝鲜援助在一定程度上成了韩国实施对朝鲜和解政策的手段，起到了缓和南北关系，促进朝鲜半岛和平的作用。

目前，朝鲜半岛冷战结构虽依旧存在，但在其终结之前的相当长时间里以韩国对朝鲜援助为主的双边交流与合作无疑对逐渐消除两国民众的敌对情绪并使其认识到长期共存的客观事实发挥了一定的积极作用。从某种意义上说，韩国对朝鲜援助既可防止因朝核问题而带来的内外危机感的扩散又可维持朝鲜半岛居民相对安定的正常生活。[70] 实事求是地说，韩国对朝鲜援助是朝鲜半岛和平运动和统一运动的一部分。它虽有这样那样的不足，但却在半岛历史对决和反目成仇的戏剧性剧目中书写了和平共处的新篇章；它表明民族和解始终是朝鲜半岛历史的主流和朝鲜民族的共同心愿。韩国对朝鲜经济援助尤其为双方不同年龄和不同阶层的民众参与半岛和平事业提供了契机。[71]

---

70) Choi Daeseok：《对朝鲜援助探讨及未来课题》，《中央日报》编《和解共荣论坛文集》，2009，第5-6页。
71) 宣玉京：《韩国对朝鲜人道主义援助及其政策》，《现代国际关系》2012年第5期，第62-64页。

3. 南北经济合作主要产业

(1) 开城工业园事业
开发开城工业园对朝鲜经济发展的意义

开城工业园是韩国现代集团已故名誉董事长郑周永北进事业的重要组成部分，是朝鲜西海岸工业地区开放计划中的一个具体项目。1998年12月和1999年2月，郑周永访问朝鲜，向朝鲜当局提出了建设规模约为2640万平方米的西海岸工业地区计划并获得朝鲜同意。2002年下半年，开城地区的开发事业正式启动。同年11月，朝鲜颁布《开城工业园法》，正式设立开城工业园经济特区。12月，现代峨山会社取得了开城工业园土地50年使用权。随后，韩国统一部发表关于开城工业园第一阶段建设事业宣言。至此，开城工业园在韩国和朝鲜都获得了合法地位。

开城工业园和罗津—先锋贸易区不同之处[72]在于：A. 开城工业园符合朝鲜经济政策的支持方向，能够增强朝鲜当局的开发意志。在这里实施的是一个有限制的，示范性的开发战略，是一个借以保障朝鲜体制安定和取得显著效果的"一石二鸟"的开发战略。考虑到开城工业园一年不仅可为朝鲜带来2.18兆韩元的经济效益，而且还可增加73万个工作岗位以及7200亿韩元(工资和所得税)，[73] 朝鲜为此2次派遣由25人组成的考察团来到与开城工业园面积相近的中国苏州进行学习交流，同时还到深圳，天津等地进行实地考察。B. 开城工业园距离首尔约60公里，可利用韩国的社会间接资本(SOC)与基础设施带动当地的消费和人员流通。C. 考虑到朝鲜半岛终端铁路与中国铁路(TCR)，俄罗斯西伯利亚铁路(TSR)以及蒙古铁路(TMR)相连，从理论上说，东北亚—亚太地区的物流能够从朝鲜半岛经中国和俄罗斯到达欧洲，从而可以开辟一条远东丝绸之路，进而使位于经纬线轴端的开城工业园由朝鲜半岛的贸易中心发展成为东北亚的物流中心(即不仅

---

72) Hong Sunjik：《对开城工业园开发的思考》，《朝鲜经济论坛文集》(2004)，第8-9页。
73) Park Seoksam：《开城工业园建成的经济效果分析》，韩国金融经济研究院编《金融经济研究》(第183号)2004年8月，第32-34页。

可以把朝鲜的开城，平壤，海州，南浦等内陆地区连接起来，而且可以同时把韩国的仁川港口和永宗岛新空港连接起来，为开城发展成为东北亚地区的中心提供地理优势）。[74] D. 在生产方面有三通（通行，通信，通关）的便利条件以及有比韩国和中国更廉价的劳动力，企业所得税低，无关税和无签证等优势。E. 古都开城拥有非常丰富的观光资源，再加上有与韩国比较接近的地理优势，文化观光产业也可以得到巨大发展。

为了推动开城工业园建设，2002年朝鲜颁布了《开城工业园法》。该法共5章46条，[75]另外还有3条附则。[76] 其中，关于开城工业园的性质，其明确规定："开城工业园是根据共和国法律进行管理和运营的国际性工业，贸易，商业，金融，观光地区"（第1条总则）。颁布《开城工业园法》的意义在于：A. 将韩国视为主要合作对象。"南侧海外同胞，其他外国法人，个人，经济组织都可以对开城工业园区进行投资"（第3条），"南北之间签订的关于开城工业园的协定与此法律一样具有效用"（附则第2条）。B. 完善直接贸易体系，开启了直接访问朝鲜的先河。考虑到当时南北贸易中只有物资运输通过仁川—南浦这条航路，韩国商务人员访问朝鲜以及他们与朝鲜的通信与贷款结算都需通过中国间接实现，为此，《开城工业园法》规定"拥有工业地区管理机关签发的出入证明书即可访问朝鲜"（第28条）。C. 开城工业园是韩国对朝鲜投资事业的一个实验场地，标志着南北经济合作正式转向投资发展阶段。韩国过去对朝鲜的投资事业因朝鲜属于被动开放均未创造出一种收益模式。实践证明，以往单纯依靠贸易扩大南北经济合作总量，提高韩朝经济相互依存度，借以构建南北经济共同体的目标是难以实现的。

---

74) 2004年3月17日，现代峨山会社金润圭副会长在仁川市政府大会所做《关于开城工业园推进状况和发展前景》的主题演讲中，认为开城工业园生产的产品通过仁川运输到国内外是最经济的运输渠道。为此，他提出了把开城工业园，江华郡，仁川港湾这一地区通过物流连接起来的具体方案，借以充分利用开城地区与韩国临近的地理优势，将其发展成为南北朝鲜之间的物流集中地。

75) 《开城工业园法》的主要内容是：第一章，《开城工业园法》总则；第二章，开城工业园的开发；第三章，开城工业园的管理；第四章，开城工业园的企业建设运营；第五章，纷争解决。

76) Sin Jiho：《开城工业园地区法分析——以经济协议为中心》，韩国开发研究院，2002，第3页。

开城工业园的发展现状

2002年4月3日，韩国总统特使对朝鲜进行了为期4天的访问。南北双方以此为契机对有关开发开城工业园和民间合作事业进行了协商，并达成了相关原则合作协定。

表 4.13　开城工业园官方会谈(2002-2007年)主要协议内容

2002年8 月(第7 次)	•召开经济促进委员会第二次会议，对开城工业园地区建设等问题进行协商
2002年10 月(第8 次)	•开城工业园建设实务协商会决定：开城工业园开始建设时韩国将设立相关部门事务所
2003年4 月(第10 次)	•韩朝双方在开城工业园奠基仪式上达成协议，重声将积极推进预定合作事业的发展
2004年2 月(第13 次)	•尽快推进开城工业园第一阶段330 万平方米项目建设，2004年上半年积极合作开发规模为33058平方米示范项目
2005年9 月(第16 次)	•协商对开城工业园第二阶段项目开发，促进民族共同利益和民族经济统一均衡发展，并采取一些促进南北经济合作的实质性措施
2005年12 月(第17 次)	•为解决第二阶段项目开发和通行，通关，通信等问题，组建经营者促进委员会
2006年4 月(第18 次)	•成立经营者促进委员会，达成开城工业园建设协议等
2007年2 月(第20 次)	•协商采取必要措施，推进开城工业园建设

资料来源：韩国统一部2002-2007年发布的《开城工业园概况》。

开城工业园位于开城市和板门店一带，包括工业地区和卫星城，总面积达66.1万平方米，计划分三个阶段进行开发。

2003年6月，正式启动开城工业园建设。历经约5年建设，基本上完成了第一阶段用地征用和出售。2007年开始进行第二阶段开发。期间，开城工业园月生产额达2000万美元，月出口额达400万美元，有2万名朝鲜劳动者在园区工作。

截至2014年12月，开城工业区共入住125家公司。2014年开城工业园贸易额达23.38亿美元，同比增加106.5%，占全部贸易额的99.8%。开城工业园成为南北经济交流中最重要的合作事业，生产总值从2005年0.14亿美元增加到2015年5.15亿美元。其间，除2013年因关闭5个月导致产值出现波动外，其他年份产值均一路攀升。2015年首次突破5亿美元，同比增产20%以上。

表 4.14　开城工业园生产状况　　　　（单位：万美元）

年度	2005年	2006年	2007年	2008年	2009年	2010年	2011年	2012年	2013年	2014年	2015年
产值	1491	7373	18478	25142	25648	32332	40185	46950	22378	46997	56330

资料来源：韩国统一部2005年至2015年发布的《开城工业园概况》。

图 4.6　开城工业园年度生产状况　　　　（单位：万美元）

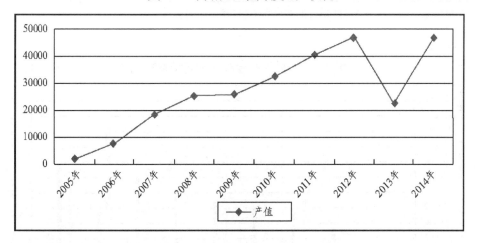

表 4.15　开城工业园入驻企业实际生产状况　　　　（单位：千美元）

年份 分类	2005年	2006年	2007年	2008年	2009年	2010年	2011年	2012年	2013年	2014年
纤维	6780	27793	85543	132179	152050	179235	215676	269383	134142	292588
化学	1768	10900	18262	21785	26179	32092	28636	30337	16040	23974
机械 金属	5250	20853	41947	49250	37312	48637	52617	65861	31653	74628
电气 电子	1108	14191	39027	47162	37584	59147	97221	93836	33851	67699
食品				976	2,003	2668	4187	4943	4539	2773
造纸 木材				70	1313	1469	1570	1941	1158	2293
其他					34	75	1941	3199	2401	6010
合计	14906	73737	184779	251422	256475	323323	401848	469500	223784	469965

资料来源：韩国统一部2014年12 月发布的《开城工业园百科全书》。

图 4.7　开城工业园入驻企业实际生产状况　　　　（单位：千美元）

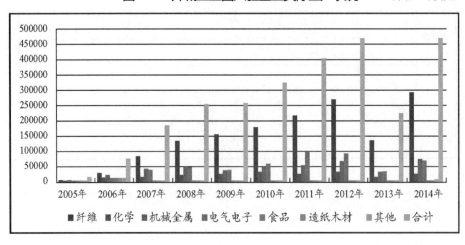

表 4.16 开城工业园入驻企业实际出口状况 （单位：千美元）

分类 ＼ 年份	2005年	2006年(增加率)	2007年 10 月(增加率)
化学	538	4974（825%）	8195（65%）
机械，金属	328	12855（298%）	19014（48%）
电气，电子	-	1996	4425（122%）
合计	866	19825（2189%）	31634（60%）

资料来源：韩国统一部2007年12 月发布的《开城工业园概况》。

　　总的说来，开城工业园建设确实取得过比较大的成就。特别是在建设早期，该工业园贸易额逐年增长。特别是2010年后在对朝援助的一般贸易和委托加工贸易大幅减少情况下，开城工业园贸易额却持续增长，成为推动韩朝贸易额增长的主要因素。然而，开城工业园的良好发展势头终究没有逃脱韩朝间不时紧张的政治关系的影响。继2013年曾短暂关闭5个月启动运营后，该工业园于2016年3月再次关闭且至今尚未恢复运营。

(2) 金刚山观光事业
韩朝南北观光事业发展背景

　　长期以来，朝鲜一度认为观光是一种浪费，是一种追求安逸生活的非生产性活动；观光事业会把朝鲜社会暴露给外部世界，给朝鲜带来不必要的外来思潮。因此，朝鲜一直对观光事业持消极态度。但是，进入20世纪80年代，随着经济危机的不断加重，朝鲜认识到发展观光事业可以带来大量的外币收入后，开始对观光事业产生浓厚兴趣并积极进行观光路线的开发和观光事业的宣介以期吸引外资。1987年9月，朝鲜认识到培养观光人才的必要性之后开始在平壤大学等高等学府设立观光专业。[77] 1989年7月，朝鲜和居美侨胞一起开设了金刚山国际观光公司，大力发展旅游观光事业。

---

77) Choe Yeongsuk：《关于对东北亚地区铁路连接朝鲜地区观光事业的可行性方案研究》，硕士学位论文，韩国庆熙大学，2004，第18页。

期间，朝鲜把平壤，貌相山，金刚山，咸兴，天津，新义州，开城，板门店，海州，月山，南浦，白头山等地开辟为对外国人开放地区，并且还在特别地方设立了外国人专用观光区域。此外，还限制允许外国人在罗津—先锋自由贸易地带进行观光并允许观光客通过新义州，温城等过境城市进行交流。

1972年《7·4南北共同声明》发表后，当时由韩国建设交通部制定的南北经济合作方案中就包含有提议共同开发金刚山观光事业的内容。1982年2月，韩国统一部提议把雪岳山，金刚山地区开辟为南北自由贸易地区，并表达了共同开发朝鲜观光事业的愿望。1989年现代集团名誉董事长郑周永访问朝鲜时，和朝鲜大成银行就金刚山共同开发计划达成了临时协议。

随后，韩国建设交通部以《南北交流合作法》的制定为契机，正式设立了促进韩朝观光合作事业发展的南北观光交流推进委员会，提议将金刚山和非武装地带开发为观光地区。继1990年12月南北总理会谈中就共同开发观光资源和推进观光事业问题达成协议后，韩国建设交通部于1991年1月颁布了连接东海岸，金刚山以及西海岸航路推进计划。同年12月，随着韩朝《南北基本协议》的正式签订，韩国出台了有关京义线，京元线，金刚山线的铁路，海路和航路的贯通计划。但是，由于1993年3月朝鲜宣布退出《不扩散核武器条约》以及1994年金日成的去世，南北观光事业交流项目由此被暂时中断。

美朝《关于解决朝鲜核问题的框架协议》签订后，在韩朝人员往来，经济合作不断热络的大背景下，韩朝南北观光合作事业终于迎来了难得的发展机遇。

金刚山观光事业发展历程

继现代集团名誉董事长郑周永多次访问朝鲜并签订开发金刚山观光事业临时合作协议后，1998年2月14日现代集团郑梦宪董事长在北京首次与朝鲜方面就金刚山观光事业进行了协商并发表共同声明。6月16日，现代集团同朝鲜亚太和平委员会正式达成共同开发金刚山的合作协议规定：韩方出任合营公司理事长，朝方担任合营公司经理。

表 4.17　南北观光事业主要推进历程

时间	主要内容
1972年7 月	共同开发金刚山提案
1982年2 月	开发雪岳山，金刚山自由贸易区提案
1990年8 月	将金刚山和非武装地带开发为观光地区提案
1991年1 月	颁布连接东海岸，金刚山和西海岸航路推进计划
1998年11 月	金刚山观光事业启动，游览船开始运行
2000年9 月	实施白头山和汉拿山交叉观光方案
2002年11 月	颁布《金刚山观光地区法》(11 月25日)
2003年2 月	实施金刚山陆路旅游项目
2003年3 月	确认开城观光事业合作者
2003年6 月	开城观光地区动工仪式(6 月30日)
2003年9 月	平壤观光事业启动(分9 阶段实施)
2004年7 月	金刚山饭店开业
2005年8 月	缔结开城示范观光协议书，金刚山离散家庭成员团聚会所动工
2006年9 月	开城示范观光(3 次)，金刚山玉流馆，BEACH饭店等开业
2006年6 月	外金刚饭店开业
2007年5 月	金刚山示范观光(2 次)

资料来源：韩国统一部编《朝鲜观光事业年》(2007)，参见
https://www.unikorea.go.kr/search.front/Search.jsp，访问时间：2016年1月26日。

　　20世纪90年代初，韩国现代集团报送韩国统一部的金刚山观光事业项目请示获批后，该项目也获得了朝鲜金正日国防委员长的同意和认可。1998年11月18日，"现代金刚山号"游轮在东海港启航。

　　金刚山观光事业开发主要包括以下几个方面：A. 朝鲜把金刚山观光事业的使用权长期租让给现代集团使用。B. 金刚山观光地区包括三一浦地区，海金刚和金刚山海边地区，温井里地区，成北里地区，长箭湾地区，内金刚地区，通川地区，金兰地区，从石亭地区，侍中湖地区以及连接各

地方的海路和陆路。C. 在观光设施项目投资和事业权方面，饭店，海水浴场，温泉，高尔夫球场，溜冰场等各种娱乐设施和销售设施等所有的事业权都归现代集团。D. 采取优惠措施，免除关税和各种附加费，保障外币直接交易，进出口贸易和汇款贸易，保障人员出入长箭港快捷简单及游客和所有人员的人身财产安全。E. 金刚山观光事业发生纷争时，如果是关于第三方的纷争则在第三国根据国际法进行解决。F. 现代集团长期拥有金刚山观光事业地区的单独使用权，与此同时，现代集团要对其按月支付费用到2004年(共6年)，总额约为9.06亿美元。G. 分3阶段继续推进金刚山综合开发事业。其中，第一阶段为游船观光期，2001年之前将有游船载1000-2000人进行观光；游客可选择1日游或者2天到10天不等的观光旅游。第二阶段为观光事业地区修建饭店，溜冰场，高尔夫球场，民俗村，飞机场等设施建设期并持续到2004年(保证利用游船的观光事业持续6年)。第三阶段为规模扩建期，指从2005年开始扩大第二个阶段的建设规模，添加新的文化园，研修院，大型国际会议场址等建设并维持年150万以上的观光客流量。

　　金刚山观光事业成效及评价

　　2003年9月，金刚山陆路观光事业启动。2004年1月，海路观光事业中断。至此，以前需12小时的金刚山观光路程现只需4个小时就可走完，旅行费用则减少了25%以上。随着游客增加，现代集团运营流量也有了大幅度提高，其他有意投资金刚山事业的询问量也相应增加。

　　2007年下半年，随着南北首脑会谈的举行以及南北关系和国际形势的缓和，金观山观光事业有了大幅度发展。至2007年6月1日，3天2夜内金刚观光项目启动之时，金刚山地区内外观光路线已连为一体。周边各类便利基础设施也趋于完善。如2006年外金刚饭店和农协金刚山支店先后营业；2007年5月，金刚山免税店也开始营业；11月，为金刚山观光地区提供天然气，暖气及温水的设施也先后竣工。此外，金刚山还修建了高尔夫球场并于2008年5月28日正式营业。[78]　2007年6月统计数据显示，自1998年到2007年6月期间，金刚山观光事业游客总量突破150万。其中，2007年有

---

78) 韩国统一部编《统一白皮书》(2008), 2008, 第127页。

34.5万名观光客；2008年有6.3万名游客（为1998年以来最高值）。

表 4.18　金刚山观光游客数量 （单位：人）

年度	1998年	2000年	2001年	2002年	2003年	2004年	2005年	2006年	2007年	2008年	总计
游客	10554	148074	57879	84727	74334	268420	298247	234446	345006	199966	1934662

资料来源：韩国统一部网, https://www.unikorea.go.kr/business/cooperation/trade/overview,
　　　　　访问时间：2017年5月29日。

图 4.8　金刚山观光游客数量 （单位：人）

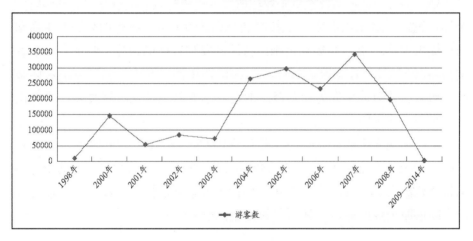

表 4.19　金刚山观光合作事业企业投资状况

企业	许可日期	事业内容
现代峨山会社和韩国观光公社	1998年8月7日	金刚山观光产业
EMERSON PACIFIC	2005年12月30日	建设经营金刚山高尔夫球场和STAR RESORT
KOREACHAIN MFG	2006年5月8日	金融业
HANGUK LP GAS	2007年12月31日	金刚山观光地区内燃气供给事业

资料来源：韩国统一部编《统一白皮书》(2008)。

与此同时，现代峨山会社和朝鲜方面联合制定的"金刚山观光地区综合开发计划"包括在2005-2025年分两阶段继续开发金刚山地区旅游基础设施的内容。该计划预计投资总额达2.12兆韩元(约合22.6亿美元)。其中，对观光设施的投资额为1.39亿韩元，对基础设施的投资额为7247亿韩元。江原道的高城郡，金刚郡，通川郡，元山市一带的10个观光特别地区均为主要投资对象。79)

为对金刚山观光事业进行更加系统和有效的管理，韩国政府一直积极推进"金刚山观光地区管理委员会"的设立，并于2007年12月在开城与朝鲜名胜地综合开发指导局有关人员就设立管理委员会问题进行了实务性接触。按计划，该委员会将主要负责企业注册，入驻等行政后援事务，管理消防安全等设施，办理出入手续，支援产业基础建设并为保护韩国公民的生命和财产提供保障，设计和规划金刚山特区开发与管理机制等。但是，由于韩国游客2008年7月在金刚山被朝鲜士兵枪杀事件的发生，韩国要求关闭金刚山旅游区并对此事件进行调查。加之，后来韩朝关系时好时坏，金刚山观光事业被迫中断。

金刚山观光事业虽然给朝鲜带来了可观的外汇收入(2007年后，门票收入高达2000万美元)，同时也使韩朝两国人民的交流日益增多且有助于为半岛日后统一提供坚实的民众基础，但由于韩朝互信机制的缺失，该项目依旧未能逃脱失败的命运，韩朝贸易也由此损失巨大。

---

79) 韩国统一部编《统一白皮书》(2008)，2008，第129页。

三．南北经济合作中存在的问题及展望

1．南北经济合作中存在的问题

(1) 韩朝经济合作的障碍

从朝鲜方面来看，韩朝经济合作的障碍主要表现在以下几方面。

朝鲜坚持以农业经济为主而不是以工业经济为主的政策路线

朝鲜自1994年以来一直强调"贯彻农业，轻工业，贸易第一主义的革命经济战略"，即使1998年提出"优先发展重工业"，但仍强调要"发展轻工业和农业"。

朝鲜市场环境不透明

长期以来，朝鲜法律和制度不健全。在大多数情况下是由上级直接下达命令，下级部门被动执行。这违背了市场经济原理，导致政策执行僵硬。朝鲜最高人民会议常任委员会虽然于1999年2月26日发布的第384号政令(《外国人投资法》)第19条有关于"外国投资企业和外国投资者投资的财产不进行国有化"的明文规定，但还是提出在特殊情况下可以进行国有化。这一自相矛盾的规定，使人们认为对朝鲜投资中面临着被朝鲜国有化的危险。由此可见，韩国许多在朝企业根本无法得到朝鲜法律的充分保护。

朝鲜政府因受经济体制制约，无法对企业自由活动提供保障

从理论上说，为使外部资本的流入给朝鲜经济带来积极作用，朝鲜应该引入市场经济竞争机制并保障企业的自由经营活动，催生朝鲜经济的内在活力。但是，长期以来，朝鲜在此方面的作为极其有限。[80]

朝鲜不具备与国际接轨的贸易体制

朝鲜贸易管理大体可以分为党，内阁，军部，地方行政四类机关。各类机关都有上缴一定外币量的任务并需围绕这个任务开展事业活动。比如，

---

80) Yang Munsu：《关于朝鲜21世纪经济开发战略研究》，新进研究文集，韩国统一部，2002，第8-11页。

1997年朝鲜各道，直辖郡，市，郡等单位都开始独立运营贸易商社，各单位按照自己需要完成指标并通过海外分公司运营海外事业以赚取外币。朝鲜的基础资金主要来自海外(在美国，日本的)同胞，其海外事业主要在中国。据调查，朝鲜在中国设立的分公司就有几百个。这些背景深厚的事业机构不具备从事大型国际贸易功能。

　　朝鲜未完成自由经济贸易地带基础设施建设

　　完善基础设施建设是朝鲜发展经济和推动南北经济合作所不可或缺的重要环节。其中，最迫切需要发展的是包括发电站的建设以及相关铁路，道路，港湾等产业基础设施的建设。由于基础设施建设的投资是一个庞大的系统工程而且涉及南北关系是否稳定的大局(如必须考虑朝鲜的要求和承受能力，韩国政府的支援能力及产业连锁效果和资金到达的可能性等)，一般短期内难以见效。

　　此外，南北朝鲜之间的体制差异也是妨碍南北合作的因素之一。韩朝经济体制的不同导致对市场的需求不同。朝鲜经济发展水平相对落后，需要向国际市场寻求资源，但朝鲜又出于对国内市场的保护，相对封闭，无法达到国际市场对市场开放的要求。韩国经济发展水平相对领先，在完全开放的经济体制下，有产业转移的需求，而朝鲜却无法完全承接韩国的产业转移。两种体制的不同给韩朝经贸往来带来了很大阻碍。

(2) 开城工业园面临的问题

　　2000年，朝鲜吸取了1991年罗津—先锋经济特区失败的经验教训，开始调整特区政策。[81] 但与此同时，由于朝核问题与导弹试射问题，开城工业园商业基础设施建设问题以及南北军事对峙等原因，韩朝开始出现了不和谐声音，进而使以开城工业园开发事业为核心的南北合作事业面临全面或者部分中断的局面。[82]

---

81) Sin Dongcheol：《南北经济统合和东北亚合作》，原本出版社，2004，第108页。

82) 当时，朝鲜大宇会社南浦工业地区事业合作伙伴朝鲜三千里总社于1999年清算了合营公司的民族产业总社后，朝鲜公布了南浦工业地区的累积财政赤字，表示无法继续合营该项目。事实上，当时的情况是：朝鲜看到大宇资金情况不乐观，认为不能再从大宇获得更多投资资金后才做出了如不过，由于韩国政府把开城工业园事业看作是对朝鲜对外开放的支持，并且能够促进南北和解和合作，因此，一直积极主张：即使朝核问题得不到解决，韩国政府也要继续推进开城工业园开发事业。即便如此，随着2002年6月韩朝在半岛西海交战事件的发生，韩国大企业对朝鲜投资表现得更加小心谨慎。[83] 加之，其他诸多因素的影响，这时开城工业园开发事业的推进也面临如下困难。

推进计划遇到了诸多经济难题

这些问题涉及产业基础设施，企业维持，企业财政后援金额，人力资源和管理以及制度不透明等。其中最大问题是朝鲜能否提供大规模劳动力。所有这些使投资者顾虑重重。

新产品出口问题

韩国政府原计划把在开城工业园生产的产品与韩国国内生产的产品以统一标准出口到其他国家，并据此准备与其他国家进行自由贸易协定谈判。然而，要世界各国将开城工业园的产品认定为韩国制品在实际操作中有难度。比如开城工业园的产品出口到美国时，因原产地只能注明为朝鲜，这些产品被要求缴纳各种关税后将失去竞争力。

安全与互信问题

根据《瓦森纳协定》[84]安排机制规定：开城工业园的战略物资和最

此决定。从理论上说，南浦工业地区合作双方无论哪一方不执行合约都应该根据瑞典《投资法》来处理。韩国企业对朝投资最大担心是朝鲜某天突然以政治理由封锁其与工业地区的联系。大宇会社事件进一步影响了韩国企业对朝投资的信心。

83) Gwon Sunbeom：《2003年主要企业的南北经济合作现状和改善课题》(韩国经济联合会2003年8月研究成果)，第4-8页。

84)《瓦森纳协定》又称"瓦森纳安排机制"(Wassenaar Arrangement)，全称：《关于常规武器和双用物品及技术出口控制的瓦森纳协定》(The Wassenaar Arrangement on Export Controls for Conventional Armsand Dual-Use Good and Technologies)。1991年苏联解体后，以美国为首针对社会主义国家和民族主义国家(约30个国家)实行军事武器装备，尖端技术产品和稀有物资等禁运和贸易限制的巴黎统筹委员会(简称：巴统)因已失去存在意义于1994年4月1日宣告解散。1995年9月，包括巴统17国在内的28个国家在荷兰瓦森纳召开高官会议，讨论加快建立常规武器和双用途物资及技术出口控制机制，以弥补现行大规模杀伤性武器及其运载工具控制机制的不足。1996年7月，在美国操纵下，以西方国家为主的33个国家在奥地利维也纳正式达成《瓦森纳协定》，并决定从1996年11月1日起实施新的控制清单和信息交换规则。其中控制清单有2份：A.涵盖先进材料，材料处理，电子器件，计算机，电信与信息安全，传感与激光，导航与航空电子仪器，船舶与海事设备，推进系统等9类军民两用商品和技术清单；B.涵盖各类武器弹药，新技术的出口产品(如现代化机械设备及电脑等)在销售时也会因安全原因受到一定限制。当时, 朝鲜由于刚刚接触国际市场, 出于自我保护, 一直由政府出面掌控韩朝经贸交流的合同签订, 价格确定, 土地使用权, 原产地证发放等相关事宜。这使韩国企业在某种程度上对朝鲜经济状况了解甚少, 不利于韩朝经贸的顺利开展。加之, 朝鲜在开城工业园区合作中, 刻意将开城地区与其他地区隔离, 韩朝合作仅在园区进行合作, 从而使开城工业园区的经济波及效果无法呈现。这既不利于推动朝鲜经济的开放, 也减缓了两国经贸合作交流的进程。

(3) 金刚山观光事业面临的问题

南北朝鲜之间的分裂和敌对关系已持续了半个多世纪, 两国在社会, 文化, 经济和政治等方面都有许多不同。在金刚山观光事业的建设中, 合作双方也不可避免地产生了许多分歧。

合作基础脆弱

南北首脑会谈以后, 韩朝之间经常进行政治上的对话, 在鼓励进行政治经济和社会文化交流的同时, 双方原本都有意大力推进包含金刚山观光在内的经济合作事业。其中, 韩国政府和公民尤其期待经济合作事业给朝鲜社会带来变化。但是, 朝鲜不放弃核试验的立场使韩国上下大失所望, 以至于一次偶发的金刚山枪杀事件就引爆了固有的南北矛盾。

资金问题

在金刚山观光事业初期, 申请观光的韩国公民数量超出了现代峨山会社预想。但是, 由于朝鲜苛刻的管理条例和不菲的价格, 来此地观光的游客越来越少从而影响了投资者信心。由于资金不足, 现代峨山会社为继续发展金刚山观光事业而不得不寻求政府的帮助, 并接受韩国观光公社的共

设备及作战平台等共22类的军品清单。该协议美其名是要建立在自愿基础上的集团性出口控制机制, 实质是希望通过成员间信息通报制度, 提高常规武器和双用途物品及技术转让的透明度, 达到对常规武器和双用途物品及相关技术转让的监督和控制。其虽然声称不针对任何国家和国家集团, 不妨碍正常的民间贸易, 也不干涉通过合法方式获得自卫武器的权力, 但无论从其成员国的组成还是其运行机制来看, 均具有明显的集团性质和针对发展中国家特点。协定条款内容虽历经多次修订, 依旧包括有关于管制敏感性高科技输往中国, 朝鲜, 伊拉克等国家的条文。

同加入。

朝鲜对观光事业发展的戒惧

朝鲜担心金刚山地区完全开放可能会对本国居民的负面影响，因此，一直没有积极推动在该地区建设有关电力，通信，医疗，电信网等完善的观光产业基础设施。

2. 南北经济合作问题的解决方案

(1) 南北经济合作的脆弱性

20世纪90年代中后期，朝鲜半岛开启的南北经济合作应该说一开始就具有旨在推动半岛政治统一的目标属性。近30年的实践告诉我们：南北经济合作不论是在推动南北交流与合作方面，还是缓和东北亚局势方面都发挥过极其重要的促进作用。然而，另一个不争的事实是：虽然有太多的数据表明南北经济合作具有巨大的发展空间和潜能，但希望由此迈向半岛政治统一目标的路途并不平坦。

人们从以开城工业园事业和金刚山观光事业为标志的南北经济合作发展轨迹似乎可以得出如下结论：在南北经济合作中，往往会因为一次小小的"意外"就使韩国方面上百亿美元的投资付诸东流。究其原因是由于南北经济合作至今尚难摆脱韩朝之间政治经济体制及其决策机制的固有差异，东北亚地区中美俄日大国地缘政治经济的竞争态势以及美朝之间各自政治军事安全的不同关切等不确定因素的束缚。其中，朝鲜从维护自身安全出发执意发展核武器而引发的"朝核危机"是目前贯穿韩朝之间，东北亚中俄与美日之间以及美朝之间三组不同矛盾的最核心要素。这也是南北经济合作脆弱性之所在。由此可见，朝鲜半岛南北经济合作未来能否绽放出令人耀眼的时代光芒关键在于是否可以找到朝核问题的破解之方。

(2) 韩朝经济合作可持续发展的突破口

从朝鲜半岛分裂到现在，朝鲜一直坚持封闭的独立自主经济发展路线，既没有发展出具有国际竞争力的产业，也没有对国际经济环境的变化作出能动反应(即改变其经济体制以适应时代的发展)。结果，朝鲜在20世纪90年代不断遭受粮食，能源，原材料，生活必需品缺乏等各种危机的侵袭下，再加之苏联和东欧市场及外援的丧失，开始将目光投向韩国和日本，以寻求经济发展的突破口并摆脱危机。

当然，对韩国来说，与朝鲜进行经济交流与合作也有助于韩国把朝鲜的廉价劳动力和自然环境优势以及自己的资本和技术优势结合起来，以提高商品的价格竞争力。在此背景下，韩朝双方迎来了新的经济合作发展机遇。这时韩国的技术和资本注入到朝鲜的劳动市场不仅能为南北经济提供巨大的发展空间，而且也有利于促进南北经济共同体的形成。从这个意义上说，经过韩朝双方共同努力，不论是开城工业园建设，还是金刚山观光事业的发展，确实有可能成为"韩朝经济合作可持续发展的突破口"。然而，由于朝鲜半岛复杂局势尚未彻底发生改变，韩朝经济合作只有韩朝当事双方的共同努力并借力周边中美日俄的协同支持与配合，才能真正实现可持续发展的战略目标。

四，结束语

二战后，朝鲜半岛以北纬38度线为界，南北双方先后出现了以李承晚为总统的大韩民国和以金日成为主席的朝鲜民主主义人民共和国。值得注意的是，这时南北双方分别依仗美国和苏联的支持，彼此在全面否定对方的同时都主张通过吸收对方的方式实现半岛统一。但在如何吸收对方的方式上，双方一度都希望借助外来大国的支持以武力征服对方。然而，历时3年的战争灾难使南北双方不得不认识到：以武力"吸收"对方的方式行不通！

此后，北方朝鲜因为奉行类似苏联和东欧式的计划经济模式一度快速恢复了国民经济并取得了对南方韩国的经济优势。但是，随着时间推移，朝鲜所遵循的苏东经济模式弊端日益凸显。到20世纪80年代末90年代初，因苏联和东欧发生历史性剧变所导致的外援中断以及接二连三发生的自然灾难，粮食危机与外币危机，朝鲜的经济发展陷入了空前的"历史困境"。相比之下，韩国因实行开放的市场经济发展模式并在以美国为首的西方先进科学技术和巨量金融资本的牵引下，其经济在20世纪80年代开始飞速发展并取得了对朝鲜的经济优势。

在此背景下，自20世纪90年代以来，朝鲜为摆脱经济困境加大了与包括韩国在内的市场经济国家的接触和联系力度；韩国则希望依托其资本和技术优势，积极推动南北交流与合作并借力朝鲜的廉价劳动力和区位与环境优势，降低产品生产成本，提升国际经济竞争力。为此，韩朝开启了以开城工业园事业和金刚山观光事业为标志的南北经济合作，并一度取得了令人赞叹的佳绩。然而，由于韩朝南北关系受制于以朝核问题为核心的美朝对立关系以及东北亚地区的大国竞争态势，时至今日，南北经济合作尚未达到人们所期待的理想状态。从这个意义上说，日后韩朝南北关系的发展在很大程度上取决于朝核问题的解决方式和结果。

第五章

朝鲜经济发展前景可期

第五章 ——————————————————————

朝鲜经济发展前景可期

20 18年4月，朝鲜劳动党七届三中全会宣布"经核并进"战略路线已完成，现阶段的主要任务是集中力量进行社会主义经济建设，提高人民生活水平，改善民生。为此，世人对金正恩领导下的朝鲜经济发展充满期待。考虑到朝鲜过去几十年的特殊发展历程及其所处地缘政治经济环境，如何理解和认识目前朝鲜经济的发展现状并预测其未来发展趋势，自然是东北亚事务读者们所甚为关注的热点话题。

一. 中国经济改革成就对朝鲜的启示

1. 中国经济改革的巨大成就

自1978年中共十一届三中全会以来，中国通过实施以经济建设为中心的渐进式改革开放，不仅避免了类似苏联解体东欧剧变的危机，而且还极大地促进了经济的高速发展，取得了举世瞩目的"改革成就"。

中国经济长期持续，快速，平稳增长，经济总量连上新台阶

1978年我国国内生产总值为3679亿元，仅占世界经济比例1.8%，居全球第11位。改革开放以来，中国经济快速发展，1986年经济总量突破1万亿元（人民币）；2000年突破10万亿元大关，超过意大利成为世界第6大经济体；2010年达到41万亿元，超过日本并连年稳居世界第2；2018年达到90万亿元，占世界经济比例接近16%。按不变价计算，2018年国内生产总值比1952年增长175倍，年均增长8.1%。其中，1979-2018年年均增长9.4%，远高于同期世界经济2.9%左右的年均增速，对世界经济增长年均贡献率为18%左右，仅次于美国居世界第2。2018年，中国人均国民总收入达到9732美元，高于中等收入国家平均水平。

中国财政实力由弱变强，外汇储备与日俱增

新中国建国之初财政十分困难。1950年中国财政收入仅62亿元，1978年也只有1132亿元。改革开放后，随着经济快速发展，中国财政收入大幅增加，1999年全国财政收入首次突破1万亿元；2012年达到11.7万亿元；2018年达到18.3万亿元。1951-2018年中国财政收入年均增长12.5%，其中1979-2018年年均增长13.6%，为促进经济发展，改善人民生活提供了有力的资金保障。20世纪50-70年代，中国外汇储备相当紧张，1952年末外汇储备只有1.08亿美元，1978年末也仅为1.67亿美元，居世界第38位。改革开放以来，中国外汇储备稳步增加。2006年末突破1万亿美元，超过日本居世界第1位。2018年年末，外汇储备余额为30727亿美元，连续13年稳居世界第1。

中国国际地位显著提升，影响力日益彰显

新中国成立到改革开放前，受西方国家封锁等影响，中国与世界其他

国家的经济交往较少。改革开放以来，中国积极融入国际社会，在国际事务中发挥着日益重要的作用。1980年4月和5月，中国先后恢复了在国际货币基金组织和世界银行的合法席位；2001年，中国又加入了世界贸易组织，并以更加积极的姿态参与国际经济合作。2003年以来，中国与亚洲，大洋洲，拉美，欧洲等国家和地区先后合作建设自贸区。特别是2013年以来，中国积极推动"一带一路"国际合作，得到160多个国家(地区)和国际组织的积极响应；倡议构建人类命运共同体，积极参与以世界贸易组织改革为代表的国际经贸规则制定，在全球治理体系变革中贡献了"中国智慧"，展现了大国担当。

2. 朝鲜仿效中国进行经济改革的可能性

总的说来，20世纪50-70年代中国和朝鲜在社会主义社会的建设过程中均克服了许多困难，也有着很多相似的经验和教训。面对社会主义建设中所曾遭遇的困难，中国采取的是政经分离的渐进式改革开放政策。比如，中国一方面对资源(如对农村土地以推行家庭联产承包制形式)进行再分配，另一方面通过对宏观经济政策进行改革(如适当减少国家有关部委的计划职能)，成功实现了由社会主义计划经济向社会主义市场经济的转变。

中国改革开放取得成功主要有以下两方面原因：A. 中国改革开放之初，在中国共产党内部有一批持有改革思想的人士团结在邓小平的周围。他们在对"文化大革命""左"倾错误的否定以及改革开放的路径选择上形成了共识。B. 中国的改革开放首先从激活农村经济的家庭联产承包责任制以及在深圳和珠海等沿海地区建立经济特区扩大招商引资，发展外向型经济两个方向开始，然后逐步拓展到城市和地方国有企业。

农村经济改革和以经济特区建设为中心的对外经济发展不仅解决了人民大众的温饱问题，而且使当时一度陷入困境的中国经济恢复了活力。中国改革开放的这种早期策略既没有损害社会主义经济秩序的核心部分，又使广大青壮年农民从以往集体农业经济的束缚中解放出来，并为以轻工业和服务业为中心的乡镇企业与外商在华投资企业等提供了庞大的潜在劳动力。这种战略政策之所以能成功是由于中国在农村的经济改革得到了农民群众的积极呼应，同时中国的对外开放政策获得了美国等西方国家的支持和响应。随着乡镇经济的活跃，中国形成了巨大的内需市场，由此吸引了更多的外来资金，进而推动大中城市国有企业开展经济改革并实现向社会主义市场经济的转变。

中国改革开放的成功对一直渴望通过增强国家经济实力实现强国建设目标的朝鲜来说具有比较大的吸引力。

考虑到朝鲜和中国同属于社会主义国家，再加之在地缘战略安全上与中国唇齿相依，特别是在改革开放的步骤上与中国也有相似认识（如朝鲜认为只有在保障政治安定的前提下才能采取有步骤的经济改革），未来朝鲜仿效中国分步骤实施改革开放的可能性比较大。

3．朝鲜仿效中国进行经济改革的路径思考

在当前国际国内环境尚无重大变化的大背景下，鉴于苏联和东欧国家因同时追求政治改革和经济改革最终导致国家解体或政权易手的教训，朝鲜可能更倾向于选择像中国一样在维持社会主义体制和现有政权基础上，选择逐步推动经济体制转型的经济发展模式。

(1) 朝鲜仿效中国进行经济改革的制约因素

朝鲜由于国土面积狭小，特别是所处周边安全环境不同，其借鉴中国改革开放的成功经验还受如下几方面条件的限制：

农业在朝鲜产业结构中所占比例不大，农村经济和城市经济联系密切，农村经济改革使农民收入的增加有限，无法产生规模效应

中国改革开放前，农业人口占全国人口的80%，因此农村家庭联产承包责任制的实行不仅使农民收入大幅增加，而且促进了农村地区中小企业和

乡镇企业的发展，进而推动了城市经济的发展。但是，农业在朝鲜的产业结构中所占比例不大，农村经济与城市经济联系密切，农村发展同样受到中央指令计划的束缚。虽然"7·1改善措施"一度提高了农民的生产积极性，但是朝鲜政府随后出台的财政紧缩政策，使其他消费资料，生产资料价格像大米价格一样都得到增加，农民的实际收入增加并不大。因此，朝鲜"7·1改善措施"的实施并未像中国农村家庭联产承包责任制的实施那样产生立竿见影的成效。

在缺少非国有企业作为市场调节有效手段之一的条件下，朝鲜国有企业难以仅凭强化独立核算制就可获发展空间

中国在改革开放过程中，企业的不断发展是中国经济总量持续增长的源动力之一。中国企业改革初期先从广大农村地区非国有乡镇集体所有制企业开始。这些企业通过引进市场经济竞争机制吸收了农村的大量劳动力，从而促进了农村经济的发展。然而，朝鲜几乎没有非国有企业，对国有企业的改革仅限于强化企业的独立核算制和扩大企业的自主经营权，企业由此获得的利润空间有限。因此，朝鲜借鉴中国非国有企业改革的效果并不明显。

朝鲜因长期遭受国际制裁，企业对外贸易创汇能力严重萎缩，国际拓展空间受限

自20世纪90年代中期第一次朝核危机爆发以来，朝鲜因在核武器研制以及导弹试射上越走越远，其所遭受国际社会的制裁越来越严。在此背景下，朝鲜外贸创汇能力严重萎缩，朝鲜经济随之承受着越来越大的下行压力，以往过度依赖外贸的弊端暴露无遗。此外，朝鲜的贸易对象也因此持续减少，不仅贸易活动无法均衡多元，而且国际拓展空间被大幅压缩。这样，朝鲜虽自2017年起持续强调发展自立经济，号召国内摒弃对"解除制裁的幼稚幻想"以及对"进口病"的依赖，但这并不能改变其所经受的国际压力。

(2) 朝鲜借鉴中国改革开放经验的前进方向
当前，朝鲜还有可以根据自身情况选择效仿中国改革开放的余地，

因而一直强调在"朝鲜式变化路径"上谨慎摸索。在可预见的未来，朝鲜借鉴中国改革开放经验重点发力的地方不外乎以下两方面。

针对国内经济，重点完善圃田责任制并培育新型市场元素

从2019年11月23日朝鲜所推介的浦城联合农场经验来看，目前朝鲜圃田责任制所面临的主要困难包括圃田分级标准化，按劳分配原则落实与后进人员处置等问题，预计朝鲜未来基于平衡，平等和公平等标准，有可能进一步强化圃田责任制的可操作性和灵活性。

当今，朝鲜经济体系中的市场元素虽有所扩大，但仍处于较为边缘状态，可发展空间大。随着市场因素在朝鲜整体经济发展中所具优势的日渐体现，特别是政府对市场控制能力的增强及其控制手段的成熟，预计朝鲜经济政策中市场因素会进一步增大（比如扩大住房私有化范围）。2019年3月，朝鲜罗先经济特区公布了住房私有化方案，允许当地居民一次性或25年分期购买住房所有权。如该试点方案顺利实施，不排除未来将进一步扩大适用范围。

针对国际制裁，完备经济体系建设

建立自立，完备的经济体系是朝鲜提升应对制裁耐力的重要保证。预计朝鲜短期内将进一步提高国民生产积极性，增强原料，能源，资金的合理分配，尽可能减轻制裁影响。在中长期，朝鲜将加大科技投入，逐步增设新厂，扩大和升级产能，提高产品的自给力和竞争力。金正恩指出，"科学技术是推动强盛国家建设的原动力，人民的幸福和祖国的未来取决于科学技术的发展"；要求所有部门和单位"要基于科技解决所有问题"的认识加大发展科技力度。目前，朝鲜科技投入年增长率维持在5%以上，预计未来将继续加大投入。此外，朝鲜将进一步扩大军队支援经济建设职能。比如，军方将利用自有农场，副业船只等自行从事经济生产活动，拓宽增产渠道；利用人力和技术设备在农忙时期开展支农活动；加大对国家重点难点工程的参与力度，弥补地方人力及技术上的不足等。

二．朝核问题的和平解决有助于朝鲜经济持续稳定发展

1．朝鲜半岛的和平发展曙光

以朝鲜半岛为核心的东北亚地区历来是大国博弈的主要舞台，也是一个相互依存的整体。在这里，任何国家都不能孤立地发展，也无法独自确保地区安全。东北亚地区的长治久安需要各有关国家的友好合作。在当今国际局势异常复杂的条件下，朝鲜半岛的和平与稳定是东北亚地区和平与稳定的关键。环顾朝鲜半岛四周，既有中国，日本，俄罗斯这样的周边大国，更有时刻影响朝鲜半岛乃至东北亚地区的安全局势并可发挥决定性作用的美国。从这个意义上说，中美日俄之间的大国合作将是包括朝鲜半岛在内的东北亚地区和平与稳定的核心。

2018年以来，东北亚地区一度迎来了金正恩执政后朝鲜外交最为活跃的时刻。这期间，国际社会对朝鲜的正面印象大幅提升，朝鲜面临的外部环境也得到了大幅改善。这一变化背后的最大动力就是朝鲜战略重心的转移。是年4月20日，在朝鲜劳动党中央委员会七届三次全体会议上，金正恩宣布"朝鲜将集中全部力量发展经济，提高人民生活水平"。2019年元旦，金正恩在新年贺词中明确表达了朝鲜在半岛无核化方面的态度和决心：建立朝美两国间新型关系，构筑朝鲜半岛永久和平机制，实现朝鲜半岛完全无核化；愿意进一步发展朝韩，朝美关系。特别是针对朝韩关系，他表示无条件重新开放靠近朝韩边界的开城工业园和金刚山旅游区，并从根本上停止双方军事对峙；同时指出阻止外来军事势力卷入和干涉半岛事务是半岛和平，繁荣和稳定的重要前提。

在这个过程中，金正恩展开了一系列外交活动。其中，2018年3月25-28日，5月7-8日，6月19-20日以及2019年1月7-10日，金正恩4次访问中国。2018年4月27日，5月26日，9月18-20日，金正恩与韩国总统文在寅举行了3次首脑会晤。2019年6月20-21日，金正恩接待了对朝鲜进行国事访问的

中国国家主席习近平(这是中国最高领导人时隔14年再次访问朝鲜)。

　　此外，金正恩继2018年6月12日和美国特朗普总统在新加坡举行首次历史性会晤并就"建立新型美朝关系"和"构建朝鲜半岛持久稳定的和平机制"达成一致之后，又分别于2019年2月，6月与特朗普在越南河内和朝鲜半岛板门店举行第二，三次会晤。目前，朝美之间虽然尚未就朝鲜完全弃核以及美国解除对朝所有制裁达成任何协议，但两国关系明显缓和。

　　与此同时，韩国以邀请朝鲜参加2018年平昌冬奥会为契机，通过连续多次韩朝首脑会晤极大地改善了韩朝关系；韩朝双方达成了将以朝鲜半岛完全无核化为中心，致力于推动停战宣言发表和构建永久和平体制谈判的协议。

　　在朝鲜半岛和平与稳定问题上，中国提出了标本兼治的"双暂停和双轨并进"主张。中国是朝鲜半岛问题的重要当事方，始终主张通过对话协商解决半岛问题，维护半岛的长期和平稳定。中国乐见朝美举行对话，并为使朝美保持对话势头，维护半岛来之不易的政治对话局面始终发挥积极的建设性作用。中国政府多次明确表示支持金正恩同特朗普在新加坡达成的"在半岛建立永久和平机制"和"实现半岛完全无核化"的重要共识。2019年12月17日，中国和俄罗斯共同向联合国安理会提交了关于政治解决朝鲜半岛问题的决议草案，提议部分解除对朝制裁以满足朝鲜人道民生领域的合理需求，并推进有关政治对话进程。

　　事实上，从2018年以来，朝鲜未进行过核导试验。虽然目前朝美对话依旧陷入僵局，但朝鲜半岛局势呈现出最近几十年少有的平静是不争的事实。

2．朝核问题的解决途径

　　朝核问题是在复杂的国际环境下产生的，它牵动着当今东北亚各有关利益攸关方的最敏感神经。目前，包括朝鲜在内的各有关国家虽在朝鲜半岛实现无核化目标方面达成了广泛共识，但如何推动朝鲜在"去核化"道路上迈出实质性的一步是世人尤为关注的国际热点话题。

　　在朝鲜半岛无核化问题上，对核力量的制约要对等和公平。美国为韩国提供的核保护伞是一种事实上的核威慑。这显然增加了朝鲜的不安全感。当前，朝鲜"去核化"的核心是美国应给予朝鲜安全保障以及韩朝之间建立互信机制。

通过美朝之间以及韩朝之间的双边协商或多边会谈(如六方会谈)达到使朝鲜"去核化"的目标是比较理想的和平解决模式，但目前看难度较大，主要原因是美朝分歧太大。就朝鲜而言，"以弃核换安全"是其可接受的战略选项之一，因其明白：坚持"拥核"并无多大好处。原因是：A. 朝鲜作为落后的贫穷小国，花费大量的人力，物力和财力发展既不能吃又不能用的核武器只会使其经济雪上加霜；B. 坚持"拥核"不仅会使其在国际上更加孤立，而且也会使自己在朝鲜半岛和平和稳定问题上难以获得中国和俄罗斯的充分支持。因此，只要美韩日通过一揽子"大交易"确保朝鲜政权稳固，国家安全，国际地位，经济合作以及朝美，朝韩和朝日关系正常化等战略目标的实现，朝鲜弃核是可能的。就美国而言，通过谈判和施加国际压力促使朝鲜彻底弃核无疑是其在东北亚地区所主要追求的外交目标之一。此外，美国在东北亚地区不排除还具有以朝弃核为突破口，实现更大，更复杂目标的深层次追求。由此可见，朝核问题解决的关键不在于朝鲜是否会弃核，而在于美国是否会改变其对朝长期奉行的敌视，强硬和僵化的外交政策。

三. 结束语

金正恩执政以来，通过在政治上以军稳政，经济上关注民生，外交上缓和对美对韩关系以及积极探索改革发展方略等举措，使朝鲜政治经济形势在一定程度上整体呈现出积极向好的发展态势。然而，由于朝核问题至今尚未找到解决良方，朝鲜经济发展前景还有较大不确定性。

目前看，朝核问题的解决早已超出了朝鲜一国所能努力达成的目标。它不仅需要朝韩彼此之间的协作互动，更需要朝鲜半岛事务所涉中美俄日大国的积极介入和推动。而朝核问题的和平解决无疑将使朝鲜彻底走出困扰其数十年的安全困境， 并将使朝鲜在无安全之虞的国际环境中大踏步地推行经济改革，进而步入经济发展的快车道。

参考文献

参考文献

一．中文文献

1．著作

- 薄一波：《若干重大决策与实践的回顾》(上卷)，中共中央党校出版社，1991。
- 程恩富，顾海良：《海派经济学》，上海财经大学出版社，2007。
- 陈峰军，王传剑：《亚太大国与朝鲜半岛》，北京大学出版社，2002。
- 陈峰军：《亚太安全析论》，中国国际广播出版社，2004。
- 金熙德等：《中国的东北亚研究》，世界知识出版社，2001。
- 江西元：《大国战略与未来中国》，中国社会科学出版社，2003。
- 江泽民：《论"三个代表"》，中央文献出版社，2001。
- 金哲，于治贤，高爱华，禹颖子：《朝鲜投资指南》，大连出版社，2005。

- 刘金质, 潘京初, 潘荣荣, 李锡遇编《中国与朝鲜半岛国家关系文件资料编》, 世界知识出版社, 2006。
- 刘金质等：《当代中韩关系》, 中国社会科学出版社, 1998。
- 刘金质：《中国同朝鲜半岛国家关系文件资料汇编》(1919-1949), 中国社会科学出版社, 2000。
- 刘金质, 杨准生：《中国对朝鲜和韩国政策文件汇编》(1949-1994), 中国社会科学出版社, 2000。
- 孟庆义, 赵文静, 刘会清：《朝鲜半岛：问题与出路》, 人民出版社, 2006。
- 黄义珏著：《朝鲜经济启示录》, 郭荣星等译, 中国发展出版社, 1996。
- 裴坚章：《中华人民共和国外交史》(1949-1956), 世界知识出版社, 1994。
- 闰韵, 余承飞, 高鸣编《江泽民同志理论论述大事纪要》(上册), 中共中央党校出版社, 1998。
- 吴敬链：《当代中国经济改革》, 上海远东出版社, 2003。
- 吴寄南, 陈鸿赋：《中日关系 "瓶颈论"》, 时事出版社, 2004。
- 王正泉, 姚渭玉：《剧变后的原苏联东欧国家》(1989-1999), 东方出版社, 2001。
- 徐文吉：《朝鲜半岛时局与对策研究》, 山东大学出版社, 2007。
- 杨军, 王秋彬：《中国与朝鲜半岛关系史论》, 社会科学文献出版社, 2006。
- 中共中央文献研究室编《毛泽东文集》(第六卷), 人民出版社, 1999。
- 中共中央文献编辑委员会编《邓小平文选》(第二卷), 人民出版社, 1994。
- 中共中央文献研究室编《周恩来年谱》(1949-1976), 中央文献出版社, 1997。
- 中华人民共和国外交部, 中共中央文献研究室编《毛泽东外交文选》, 中央文献出版社/世界知识出版社, 1994。
- 中共中央文献研究室编《十六大以来重要文献选编》(中), 中央文献出版社, 2006。
- 中国社会科学院经济研究所发展室编《中国经济体制改革一一巴山轮：宏观经济管理国际讨论会》, 中国经济出版社, 1987。

2. 论文

- 陈龙山：《我观朝鲜经济》, 《当代亚太》2002年第9期。
- 陈龙山：《中朝经济合作对朝鲜经济的影响》, 《当代亚太》2006年第1期。
- 胡锦涛：《坚持一个中国原则, 促进祖国统一大业》, 《中共中央文献研究》, 2006

年第2期。
- 郭锐，徐文吉：《中朝韩经贸关系纵深发展的战略进路》，《世界经济》2006年第4期。
- 景璟：《中朝经贸关系的现状探索及原因反思》，《东北亚经济研究》2017年12月第6期。
- 李宏剑：《胡锦涛重大战略思想是中国特色社会主义的伟大学说》，《今日论坛》
  2009年1月号。
- 琳今淑，金华：《论朝鲜对外开放的'三边带动战略'》，《东北亚研究》2003年1月号。
- 李南周：《朝鲜的变化与中朝关系：从传统友好合作关系到实利关系》，
  《现代国际关系》2005年第9期。
- 冷晓玲：《布什上台以来美国的对华政策》，《当代亚太》2001年第7期。
- 李勇辉，李小平：《中韩朝地区经济合作研究》，《经济纵横》2005年第1期。
- 苗萌：《试析六方会谈各方在朝核问题上的考虑及所扮演的角色》，《理论观察》
  2008年第1期。
- 徐文吉：《中朝经贸关系的发展及其努力方向》，《东北亚论坛》2003年第1期。
- 徐文吉：《东北振兴战略与中朝韩合作前景》，《东北亚区域合作》2005年第3期。
- 张宝仁：《朝鲜经济合作现状与前景分析》，《东北亚论坛》2003年第6期。
- 张慧智：《朝韩经济交流与合作的现状及展望》，《东北亚论坛》2001年第2期。

二. 韩国文献

1. 著作

- JinSenggwon：《东欧脱离社会主义体制改革的政治经济学》(1989-2000)，
  首尔大学出版社，2003。
- GangBonggu：《现代俄罗斯对外政策的理解》，首尔大学出版社，1999。
- SeoJinyeong：《现代中国政治论》，罗南出版社，1997。
- ParkGeonil：《金正日传略》，京畿外文出版社，2001。
- SinDongcheol：《南北经济统合和东北亚合作》，原本出版社，2004。
- GoSeunghyo：《朝鲜社会主义发展研究》，青史出版社，1988。
- OJinyong：《金日成时期的中苏与南朝鲜》，罗南 出版社，2004。
- Lee Jongseok：《现代朝鲜新论》，历史批评出版社，2000。
- Lee Jongwon：《统一经济论》，海南出版社，1997。
- SongYeongu：《韩中关系论》，志学出版社，2002。

- 韩国统一部《开城工业园区5年》，2007。
- 韩国统一部2010年至2018年发布的《统一白皮书》。
- 韩国统一部2013年至2018年发布的《南北交流动向》。
- 韩国国防部编《国防白皮书》(2017)。
- 大韩贸易投资振兴公社《朝鲜经济情报》(2018)
- 大韩贸易投资振兴公社编《朝鲜对外贸易动向》(1999-2000)。

2．论文

- SinSangjin：《中国关于朝鲜半岛和平体制构筑的立场和战略》，《统一研究》1998年。
- LeeWuyeong：《转型期朝鲜社会体制》，《统一研究》1999年。
- HongYongpyo：《朝鲜导弹开发战略》，《统一研究》1999年。
- ChuiChunheum：《中国对朝鲜半岛政策展望：以外交.安全为中心》，《统一研究》2000年。
- ParkHyeongjung：《经济体制转型的激进论和进化论：以理论比较为中心》，《统一政策研究》1997年。
- JomYeongcheol：《体制转型国的研发费用研究》，《对外经济政策研究》2000年。
- Jom Yeongcheol等：《朝鲜经济对中国依存度的深化和韩国的对应方案》，《对外经济政策研究》2005年。
- KimGyeonggeun：《社会主义国家的言论研究》，《韩国言论研究》1989年。
- GoJeongsik：《中国的价格改革和市场化进展》，《产业研究》1997年。
- LeeJangchun：《统一和观光开发：朝鲜半岛观光振兴长期综合计划》，《朝鲜半岛观光振兴研究》1994年。
- KimYeongyun：《南北经济合作现状和问题》，《三星经济研究》2008年。
- YangYuncheol：《关于中国式经济发展战略作用于朝鲜的研究》，《世宗研究》2000年。
- LeeJongseok等：《南北首脑会谈以后周边四强的对北政策变化与我们的应对方向》，《世宗研究》2001年。
- YangYuncheol：《南北经济合作和韩美经济合作的发展过程比较研究：从国家利益视角》，《世宗研究》2005年。
- ParkDubok：《中国式改革发展模型与朝鲜》，《外交安报研究》2001年。

- SinJiho：《开城工业园地区法分析》，《韩国开发研究》2002年。
- YunTaeyeong：《卢武铉政府的对北和平繁荣政策：政策课题和促进战略》，《韩国世界地域研究》2003年。
- SeoJinyeong：《朝鲜半岛周边四强的理解与政策展望》，韩国国家统一院编《朝鲜统一问题学术研究论文集》1992年。
- JoYongjin：《冷战结束后中国对朝鲜的同盟政策》，《国际问题研究》1995年。
- LeeHocheol：《朝鲜社会主义经济体制的变化和展望：改革，开放的政治经济》，《统一问题研究》1996年。
- LeeJongseok：《韩国对朝鲜政经政策的原因和问题》，《民族统一研究》1998年。
- KimNamdu：《南北经济合作成果》，《大学统一问题研究》2000年。
- GwakSeungji：《金正日时代朝鲜的理念》，《统一政策研究》2000年。
- JeongGuno：《通过朝鲜社会间接资本活跃南北经济共同体》，《统一问题研究》2000年。
- Kim Changhui：《朝鲜国家战略和南北经济合作》，《韩国政治外交史论丛》2002年。
- YangHyeonmo：《有效推进地方自治团体——南北交流合作事业方案研究》，《韩国行政研究》2002年。
- KimGeunsik：《朝鲜体制的安全保障和对外政策变化：从阵营外交到全方位外交》，《国际政治研究》2002年。
- HuangJiangyeop：《公开秘录》，《朝鲜月刊》2002年合刊。
- HaSangsik：《朝鲜经济的改革展望——以对7.1经济管理改善措施的性质评价为中心》，《韩国东北亚研究》2004年。
- AnSeongho：《朝鲜改革开放政策的局限性和南北经济合作研究》，《韩国北方学会论集》2004年。
- HongSunjik：《对开城工业园开发的思考》，《朝鲜经济论坛文集》2004年。

三.　朝鲜文献

- 《百科全书》(第3卷)，(平壤)科学百科词典综合出版社，1983。
- 《朝鲜概览》(1983-1993)，(平壤)平壤出版社。
- 《朝鲜语大辞典》(第1卷)，(平壤)社会科学出版社，1992。
- 《朝鲜中央统计年鉴》，(平壤)朝鲜中央通信社，1961。

- 林岗泽：《金日成体制和朝鲜的经济政策研究》, (平壤)朝鲜研究学会(第3卷第1辑), 1999。
- 《金日成著作选集》(第1卷), (平壤)朝鲜外文出版社, 1976。
- 《金日成著作选集》(第2卷), (平壤)朝鲜劳动党出版社, 1953。
- 《金日成著作选集》(第4卷), (平壤)朝鲜劳动党出版社, 1968。
- 《金日成著作选集》(第8卷), (平壤)朝鲜劳动党出版社, 1982。
- 《金日成著作选集》(第19卷), (平壤)朝鲜劳动党出版社, 1982。
- 《金日成著作选集》(第42卷), (平壤)朝鲜劳动党出版社, 1990。
- 金正日：《关于主体思想：敬爱的金正日同志文选》, (平壤)朝鲜劳动党出版社, 1982。
- 金在镐(KimJaeho)：《强盛大国建设战略》, (平壤)社会出版社, 2000。
- 社会科学院主体经济研究所：《我们党自主型民族经济建设路线》, (平壤)朝鲜劳动党出版社, 1963。
- 社会科学院主体经济研究所：《关于社会主义经济管理问题》, (平壤)朝鲜劳动出版社, 1999。
- 《伟大革命领袖金日成同志的主体思想》, (平壤)社会科学出版社, 1997。
- 《经济词典》(第2卷), (平壤)社会科学出版社, 1970。
- 《经济研究》, (平壤)科学百科词典综合出版社, 2003。

四. 英文文献

1. 著作

- Aslund Anders, *Post-Communist Economic Revolutions: How Big a Bang* (Washington D.C.: The Center for Strategic and International Studies, 1992).
- Barrington Moore, *Social Origins of Dictatorship and Democracy* (Boston: Beacon Press Black, C.E, 1966).
- C.H. Moore(eds), *Authoritarian Politicsin Modern Society* (New York: Basics Books, 1970).
- Daniel Gros and Alfred Steinherr, *Winds of Change, Economic Transition in Central and Eastern Europe* (London: Longman,1995).
- David Miller, *Market, Stateand Community Theoretical Foundation of Market Socialism* (Oxford: Clarendon Press, 1990).

• Janos Komai, *Rush versus Harmonic Growth: Mediation on the Theory an on the Policies of Economic Growth* (Amsterdam: Nirth-Holland Publishing Company, 1972).

• Janos Komai, *The Socialist System: The Political Economy of Communism* (Princeton: Princeton University Press, 1992).

• Pelmutter Amos, *Modern Authoritarianism: A Comparative Institutional Analysis* (New Haven and LONDON: Yale University Press, 1981).

• Wlodzimierz Brus, *The Market in a Socialist Economy* (London: Routledge & Kegan Paul, 1972).

2. 论文

• I.C. Brada, "The Transition from Communism to Capitalism How Far? How Fast?" *Post-Soviet Affairs*, 1993.

• Peter Murrell, "Evolutionary and Radical Approaches to Economic Reform," *Poznansky*, 1993.

• Peter Murrell, "What is Shock Therapy? What Did It Do in Poland and Russia?" *Post-Soviet Affairs*, 1993.

• Wlodzimierz Brus, "From Revisionism to Pragmatism: Sketches toward a Self-Portait of a 'Reform Economist," *Acta Oeconomica*, Vol.40, 1989.

朝鲜经济变迁与中韩因素

著　　者　[韩]宣玉京(선옥경)
發 行 人　李命權
出版发行　友林書院(열린書院)
社　址　首尔特别市钟路区昌德宫路117，102号
版　次　2024年 1月 8日 首尔第1版
印　次　2024年 1月 8日 第1次印刷
书　号　979-11-89186-40-1 9330
定　价　140.00元(KRW 26,000)
E-mail: imkkorea@hanmail.net

如有印装质量问题,请与本社图书销售中心调换。电话:01021281215